English-Somali
Somali-English

Word to Word®
Bilingual Dictionary

Compiled by:
C. Sesma, M.A.

Translated & Edited by:
Abdisalam Farah
Omar Osman

Bilingual Dictionaries, Inc.

Somali Word to Word® Bilingual Dictionary
2nd Edition © Copyright 2013

All rights reserved. No part of this book may be reproduced or transmitted in any form or by any means.

Published in the United States by:

Bilingual Dictionaries, Inc.
PO Box 1154
Murrieta, CA 92564
T: (951) 296-2445 • F: (951) 296-9911
www.BilingualDictionaries.com

ISBN13: 978-0-933146-52-5
ISBN: 0-933146-52-3

Order Information

To order our Word to Word® bilingual dictionaries or any other products from Bilingual Dictionaries, Inc., please contact us at (951) 296-2445 or visit us at **www.BilingualDictionaries.com**. Visit our website to download our current catalog/order form, view our products, and find information regarding Bilingual Dictionaries, Inc.

 **Bilingual Dictionaries, Inc.**

PO Box 1154 • Murrieta, CA 92564 • Tel: (951) 296-2445 • Fax: (951) 296-9911
www.BilingualDictionaries.com

Special Dedication & Thanks

Bilingual Dicitonaries, Inc. would like to thank all the teachers from various districts accross the country for their useful input and great suggestions in creating a Word to Word® standard. We encourage all students and teachers using our bilingual learning materials to give us feedback. Please send your questions or comments via email to **support@bilingualdictionaries.**

Word to Word® Bilingual Dictionary Series

Language - Item #
ISBN #

Albanian - 500X
ISBN - 978-0-933146-49-5

Amharic - 820X
ISBN - 978-0-933146-59-4

Arabic - 650X
ISBN - 978-0-933146-41-9

Bengali - 700X
ISBN - 978-0-933146-30-3

Burmese - 705X
ISBN - 978-0-933146-50-1

Cambodian - 710X
ISBN - 978-0-933146-40-2

Chinese - 715X
ISBN - 978-0-933146-22-8

Farsi - 660X
ISBN - 978-0-933146-33-4

French - 530X
ISBN - 978-0-933146-36-5

German - 535X
ISBN - 978-0-933146-93-8

Gujarati - 720X
ISBN - 978-0-933146-98-3

Haitian-Creole - 545X
ISBN - 978-0-933146-23-5

Hebrew - 665X
ISBN - 978-0-933146-58-7

Hindi - 725X
ISBN - 978-0-933146-31-0

Hmong - 728X
ISBN - 978-0-933146-31-0

Italian - 555X
ISBN - 978-0-933146-51-8

Japanese - 730X
ISBN - 978-0-933146-42-6

Korean - 735X
ISBN - 978-0-933146-97-6

Lao - 740X
ISBN - 978-0-933146-54-9

Nepali - 755X
ISBN - 978-0-933146-61-7

Pashto - 760X
ISBN - 978-0-933146-34-1

Polish - 575X
ISBN - 978-0-933146-64-8

Portuguese - 580X
ISBN - 978-0-933146-94-5

Punjabi - 765X
ISBN - 978-0-933146-32-7

Romanian - 585X
ISBN - 978-0-933146-91-4

Russian - 590X
ISBN - 978-0-933146-92-1

Somali - 830X
ISBN- 978-0-933146-52-5

Spanish - 600X
ISBN - 978-0-933146-99-0

Swahili - 835X
ISBN - 978-0-933146-55-6

Tagalog - 770X
ISBN - 978-0-933146-37-2

Thai - 780X
ISBN - 978-0-933146-35-8

Turkish - 615X
ISBN - 978-0-933146-95-2

Ukrainian - 620X
ISBN - 978-0-933146-25-9

Urdu - 790X
ISBN - 978-0-933146-39-6

Vietnamese - 795X
ISBN - 978-0-933146-96-9

All languages are two-way:
English-Language / Language-English.
More languages in planning and production.

Table of Contents

Preface	4
Word to Word®	5
List of Irregular Verbs	7-10
English - Somali	11-186
Somali - English	187-344
Order/Contact Information	345-348

Preface

Bilingual Dictionaries, Inc. is committed to providing schools, libraries and educators with a great selection of bilingual materials for students. Along with bilingual dictionaries we also provide ESL materials, children's bilingual stories and children's bilingual picture dictionaries.

Sesma's Somali Word to Word® Bilingual Dictionary was created specifically with students in mind to be used for reference and testing. This dictionary contains approximately 19,500 entries targeting common words used in the English language.

Word to Word®

Bilingual Dictionaries, Inc. is the publisher of the Word to Word® bilingual dictionary series with over 30 languages that are 100% Word to Word®. The Word to Word® series provides ELL students with standardized bilingual dictionaries approved for state testing. Students with different backgrounds can now use dictionaries from the same series that are specifically designed to create an equal resource that strictly adheres to the guidelines set by districts and states.

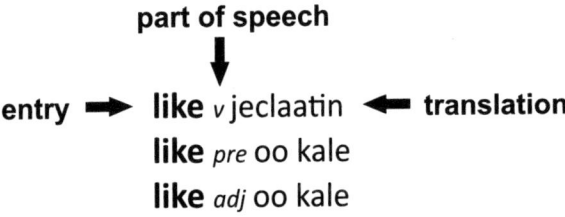

entry: our selection of English vocabulary includes common words found in school usage and everyday conversation.

part of speech: part of speech is necessary to ensure the translation is appropriate. Entries can be spelled the same but have different translations and meanings depending on the part of speech.

translation: our translation is Word to Word® meaning no definitions or explanations. Purely the most simple common accurate translation.

List of Irregular Verbs

present - past - past participle

arise - arose - arisen
awake - awoke - awoken, awaked
be - was - been
bear - bore - borne
beat - beat - beaten
become - became - become
begin - began - begun
behold - beheld - beheld
bend - bent - bent
beseech - besought - besought
bet - bet - betted
bid - bade (bid) - bidden (bid)
bind - bound - bound
bite - bit - bitten
bleed - bled - bled
blow - blew - blown
break - broke - broken
breed - bred - bred
bring - brought - brought
build - built - built
burn - burnt - burnt *
burst - burst - burst
buy - bought - bought
cast - cast - cast
catch - caught - caught
choose - chose - chosen
cling - clung - clung
come - came - come
cost - cost - cost
creep - crept - crept
cut - cut - cut
deal - dealt - dealt

dig - dug - dug
do - did - done
draw - drew - drawn
dream - dreamt - dreamed
drink - drank - drunk
drive - drove - driven
dwell - dwelt - dwelt
eat - ate - eaten
fall - fell - fallen
feed - fed - fed
feel - felt - felt
fight - fought - fought
find - found - found
flee - fled - fled
fling - flung - flung
fly - flew - flown
forebear - forbore - forborne
forbid - forbade - forbidden
forecast - forecast - forecast
forget - forgot - forgotten
forgive - forgave - forgiven
forego - forewent - foregone
foresee - foresaw - foreseen
foretell - foretold - foretold
forget - forgot - forgotten
forsake - forsook - forsaken
freeze - froze - frozen
get - got - gotten
give - gave - given
go - went - gone
grind - ground - ground
grow - grew - grown
hang - hung * - hung *
have - had - had

hear - heard - heard	**ring** - rang - rung
hide - hid - hidden	**rise** - rose - risen
hit - hit - hit	**run** - ran - run
hold - held - held	**saw** - sawed - sawn
hurt - hurt - hurt	**say** - said - said
hit - hit - hit	**see** - saw - seen
hold - held - held	**seek** - sought - sought
keep - kept - kept	**sell** - sold - sold
kneel - knelt * - knelt *	**send** - sent - sent
know - knew - known	**set** - set - set
lay - laid - laid	**sew** - sewed - sewn
lead - led - led	**shake** - shook - shaken
lean - leant * - leant *	**shear** - sheared - shorn
leap - lept * - lept *	**shed** - shed - shed
learn - learnt * - learnt *	**shine** - shone - shone
leave - left - left	**shoot** - shot - shot
lend - lent - lent	**show** - showed - shown
let - let - let	**shrink** - shrank - shrunk
lie - lay - lain	**shut** - shut - shut
light - lit * - lit *	**sing** - sang - sung
lose - lost - lost	**sink** - sank - sunk
make - made - made	**sit** - sat - sat
mean - meant - meant	**slay** - slew - slain
meet - met - met	**sleep** - sleep - slept
mistake - mistook - mistaken	**slide** - slid - slid
must - had to - had to	**sling** - slung - slung
pay - paid - paid	**smell** - smelt * - smelt *
plead - pleaded - pled	**sow** - sowed - sown *
prove - proved - proven	**speak** - spoke - spoken
put - put - put	**speed** - sped * - sped *
quit - quit * - quit *	**spell** - spelt * - spelt *
read - read - read	**spend** - spent - spent
rid - rid - rid	**spill** - spilt * - spilt *
ride - rode - ridden	**spin** - spun - spun

spit - spat - spat
split - split - split
spread - spread - spread
spring - sprang - sprung
stand - stood - stood
steal - stole - stolen
stick - stuck - stuck
sting - stung - stung
stink - stank - stunk
stride - strode - stridden
strike - struck - struck (stricken)
strive - strove - striven
swear - swore - sworn
sweep - swept - swept
swell - swelled - swollen *
swim - swam - swum
take - took - taken
teach - taught - taught
tear - tore - torn

tell - told - told
think - thought - thought
throw - threw - thrown
thrust - thrust - thrust
tread - trod - trodden
wake - woke - woken
wear - wore - worn
weave - wove * - woven *
wed - wed * - wed *
weep - wept - wept
win - won - won
wind - wound - wound
wring - wrung - wrung
write - wrote - written

Those tenses with an * also have regular forms.

English-Somali

Bilingual Dictionaries, Inc.

Abbreviations

a - article
n - noun
e - exclamation
pro - pronoun
adj - adjective
adv - adverb
v - verb
iv - irregular verb
pre - preposition
c - conjunction

abandon *v* ka tagid
abandonment *n* ka tagitaan
abbey *n* guri kaniisad
abbot *n* wadaad-madax
abbreviate *v* soo-yarayn
abbreviation *n* soo-gaabin
abdicate *v* ka dagid
abdication *n* ka dagitaan
abdomen *n* calool
abduct *v* afduubid
abduction *n* afduub
aberration *n* weecasho
abhor *v* karhid
abide by *v* raacid sharci
ability *n* awood
ablaze *adj* holca
able *adj* awooda
abnormal *adj* caadi ahayn
abnormality *n* caadiga ka baxsan
aboard *adv* saaran
abolish *v* joojin
abort *v* joojin
abortion *n* dhicisiin
abound *v* tirabadnaan
about *pre* la xiriira
about *adv* ugu-dhawaan
above *pre* ka sarreeya
abreast *adv* is-garab socda
abridge *v* ku koobid

abroad *adv* dibad
abrogate *v* ka noqod
abruptly *adv* kadis ah
absence *n* maqnaansho
absent *adj* maqan
absolute *adj* dhammaystiran, run ah
absolution *n* cafis
absolve *v* ka cafin
absorb *v* dhuuqid
absorbent *adj* dhuuqa
abstain *v* ka aamusid
abstinence *n* goyn
abstract *adj* ku salaysan aragti guud
absurd *adj* dhici karin
abundance *n* siyaado
abundant *adj* tiro badnaan
abuse *n* dhibaateyn
abuse *v* ku talax tagid
abusive *adj* dhibaateeya
abysmal *adj* aad u xun
abyss *n* aad u hooseeya
academic *adj* aqooneed
academy *n* dugsi waxbarasho
accelerate *v* xawaareyn
accelerator *n* sheellare
accent *n* lahjad
accept *v* aqbalid
acceptable *adj* la aqbali karo
acceptance *n* yeelis
access *n* gaarid

accessible

accessible *adj* la gaari karo
accident *n* shil
accidental *adj* si kama ah
acclaim *v* si fiican loo ammaaney
acclimatize *v* la qabsasho
accommodate *v* hoy-siin
accompany *v* wehelin
accomplice *n* gacansiin
accomplish *v* guulaysi
accomplishment *n* guul gaarey
accord *n* ku raacid
according to *pre* la tixraacayo
accordion *n* qalab muusik
account *n* koonto
account for *v* la sugay
accountable *adj* ka ma'suul ah
accountant *n* xisaabiye
accumulate *v* dhoobo
accuracy *n* saxnaansho
accurate *adj* sax ah
accusation *n* dacwo
accuse *v* dacwayn
accustom *v* qabatin
ace *n* kawle, yeeke
ache *n* xanuun
achieve *v* hadaf gaar
achievement *n* waxqabad
acid *n* aashito
acidity *n* aashitada ku jirta
acknowledge *v* qiritaan
acorn *n* geyd
acoustic *adj* dareen maqal

acquaint *v* aqoonid
acquaintance *n* aqoonis
acquire *v* helid, yeelo
acquisition *n* haysasho
acquit *v* danbi ku waa'iyd
acquittal *n* sii dayn
acre *n* dhul cabir
acrobat *n* qalaama rogad
across *pre* dhinaca kale
act *v* samayn
act *n* xeer; wax qabad
action *n* talaabo qaadid
activate *v* dhaqaajin
activation *n* ka shaqaysiin
active *adj* firfircoon
activity *n* wax qabasho
actor *n* jilaa
actress *n* gabar jilaa ah
actual *adj* run ah
actually *adv* run ahaantii
acute *adj* aad u sarreeya
adamant *adj* ku adkaysi
adapt *v* qabatin
adaptable *adj* la qabitin leh
adaptation *n* qabatino
adapter *n* xiriiriye koronto
add *v* isku gayn
addicted *adj* la qabatimey
addiction *n* qabatin
addictive *adj* la qabatin leh
addition *n* isku dar
additional *adj* dheeraad ah

address *n* cinwaan
address *v* ku hagaajin
addressee *n* loo dire
adequate *adj* deeqa
adhere *v* ku dhag, haysad
adhesive *adj* ku dhage
adjacent *adj* ku qabsan
adjective *n* sifo, tilmaame
adjoin *v* ku dhagan
adjoining *adj* ku dhagaya
adjourn *v* dhib u dhig
adjust *v* toosin, hagaajin
adjustable *adj* la hagaajin karo
adjustment *n* aadin
administer *v* maamulid
admirable *adj* ixtiraam leh
admiral *n* taliye
admiration *n* maamuus
admire *v* ixtiraam
admirer *n* ixtiraame
admissible *adj* la ogolaan karo
admission *n* galitaan
admit *v* qiratin
admittance *n* gelitaan
admonish *v* digniin
admonition *n* digniin
adolescence *n* dhalinyaro
adolescent *n* dhalinyaranimo
adopt *v* korsad
adoption *n* korsasho
adoptive *adj* korsade
adorable *adj* qurux badan

adoration *n* la dhicid
adore *v* tixgalin
adorn *v* qurxin
adrift *adv* sabaynaya
adulation *n* ammaan
adult *n* wayn, waayeel
adulterate *v* barxid
adultery *n* sinaysasho
advance *n* dhaqaaqid
advance *v* hore u dhaqaaq
advantage *n* faa'iido
Advent *n* soo fooleh
adventure *n* kororsi
adverb *n* falkaab
adversary *n* cadaw isku ah
adverse *adj* ku lid ah
adversity *n* nasiib xumo
advertise *v* xayaysiin
advertising *n* xayaysiis
advice *n* waano, talo
advisable *adj* talin leh
advise *v* ku talin
adviser *n* tala siiye
advocate *v* u doodid
aesthetic *adj* xiiseeya quruxda
afar *adv* si aad u fog
affable *adj* bulshaawi ah
affair *n* arrin, khiyaano
affect *v* saamayn
affection *n* taabasho
affectionate *adj* gacaltooyo
affiliate *v* xiriir

affiliation *n* xirii dhow
affinity *n* ka hel
affirm *v* xaqiijin
affirmative *adj* raaca, yeela
affix *v* ku dhajin
afflict *v* saamayn dhibaato
affliction *n* dhib, halaag
affluence *n* hanti badan
affluent *adj* hanti badan leh
afford *v* awoodid
affordable *adj* la awoodi karo
affront *v* caayid
affront *n* cay, af lagaado
afloat *adv* sabeeya
afraid *adj* cabsada
afresh *adv* si cusayb ah
after *pre* ka dib
afternoon *n* galab
afterwards *adv* wakhti ka dib
again *adv* mar kale
against *pre* lid ku ah
age *n* da'
agency *n* wakaalad
agenda *n* ujeedo
agent *n* wakiil
agglomerate *v* uruurin, meel isugu keenid
aggravate *v* ka darid, sii siyaadin
aggravation *n* dhibid
aggregate *v* iskudar guud
aggression *n* gardaro
aggressive *adj* gardarrooda

aggressor *n* gardaroole
aghast *adj* naxdin leh
agile *adj* fudfudud
agitator *n* walaaq, kiciye
agnostic *n* aaminsanaan la'aan
agonize *v* silcid, dhibtood
agonizing *adj* aad u xanuun badan
agony *n* dhib, silic
agree *v* ku raacid
agreeable *adj* lagu qanci karo
agreement *n* heshiish
agricultural *adj* beer la xiriira
agriculture *n* cilmiga beeraha
ahead *pre* ka horeeya
aid *n* caawimo
aid *v* caawin
aide *n* kaaliye
ailing *adj* liita, ildaran
ailment *n* xanuun
aim *v* ula jeedid
aimless *adj* ujeedo lahayn
air *v* hawada
air *n* hawo
aircraft *n* diyaarad
airfare *n* sicirka diyaaradda
airfield *n* garoon diyaarad yar
airline *n* diyaarad
airliner *n* diyaarad rakaab
airmail *n* boos cireed
airplane *n* diyaarad
airport *n* garoon dayuuradeed

alternate

airspace *n* xadka hawada
airtight *adj* ningaxan
aisle *n* wadiiqo
ajar *adj* wax yar furan
akin *adj* isku eeg
alarm *n* qaylo, sawaxan
alarm clock *n* saacadda hurdada
alarming *adj* digniin leh
alcoholic *adj* alkahool leh
alcoholism *n* alkahool si xun loo cabo
alert *adj* digniin
alert *v* foojignaan galin
alert *n* heegan, foojigan
algebra *n* xisaabta aljebra
alien *n* qalaad, shisheeye
alight *adv* holcaya, gubanaya
align *v* simid, aadin
alignment *n* isku toosin
alike *adj* isku eg
alive *adj* nool
all *adj* dhamaantood
allegation *n* dacwo
allege *v* eedayn
allegedly *adv* lagu soo eedeeyey
allegiance *n* daacad u ahaan
allegory *n* sheeko gaaban
allergic *adj* xasaasiyad u leh
allergy *n* xajiino, xasaasiyad
alleviate *v* fududayn, yarayn
alley *n* luuq, surin
alliance *n* is bahaysi
allied *adj* xulufooba
alligator *n* yaxaas ka u eg
allocate *v* qoondayn
allot *v* qaybin
allotment *n* qayb
allow *v* ogolaatin
allowance *n* qoondo
alloy *n* macmal
allure *n* soo jiidasho
alluring *adj* soo jiidasho leh
allusion *n* sheegidyo
ally *v* midayn
ally *n* xulafo
almanac *n* majallad
almighty *adj* quwad leh
almond *n* miro loows
almost *adv* ku dhaw, agta ah
alms *n* sako, sakada
alone *adj* keli ah
along *pre* dhinac jooga
alongside *pre* dhinac yaala
aloof *adj* ka yara duruqsan
aloud *adv* qaylo dheer
alphabet *n* alif ba'da
already *adv* imikaba
alright *adv* caadi ahaansho
also *adv* sidoo kale
alter *v* badal
alteration *n* badalaad
altercation *n* muran
alternate *adj* isku daba xig ah
alternate *v* mid kale

alternative *n* kala doorasho
although *c* in kasta oo
altitude *n* joog sare
altogether *adj* gabi ahaan
aluminum *n* macdanta aluminyum
always *adv* markasta
amass *v* aruurin
amateur *adj* bilaabe xirfad
amaze *v* ka yaabid
amazement *n* yaab
amazing *adj* yaab leh
ambassador *n* danjire
ambiguous *adj* macno badan leh
ambition *n* hiigsad
ambitious *adj* la hiigsado
ambivalent *adj* meel raac lahayn
ambulance *n* ambalaas
ambush *v* gaadid
amenable *adj* wax maqal leh
amend *v* badalid
amendment *n* badalaad sharci
amenities *n* daruuri ahayn
American *adj* Maraykan ah
amiable *adj* qalbi furan leh
amicable *adj* saaxiibnimo leh
amid *pre* ku xeeran
ammunition *n* rasaas
amnesia *n* xasuus-guuryo
amnesty *n* cafis
among *pre* ka mid ah
amoral *adj* wax kala jeclayn

amorphous *adj* aan lahayn qaab
amortize *v* tartiib milmid
amount *n* caddad, tiro guud
amount to *v* gaarid
amphibious *adj* bari biyood leh
amphitheater *n* masrax taariikh horey
ample *adj* ku filan
amplifier *n* cod dheereeye
amplify *v* cod kordhin
amputate *v* xubin jar
amputation *n* xubin goyn
amuse *v* ka qoslin
amusement *n* madadaalo
amusing *adj* madadaalo leh
an *a* qaab shaqal
analogy *n* is-shabihid
analysis *n* qaadaa dhigid
analyze *v* falanqayn
anarchist *n* arbushaad
anarchy *n* dawlad la'aan
anatomy *n* cilmiga dhiska jirka
ancestor *n* ab
ancestry *n* qof asalkiis
anchor *n* baroosin
anchovy *n* nooc kaluun
ancient *adj* qadiimi
and *c* iyo
anecdote *n* warbixin kooban oo ku saabsan dhacdo xiiso leh
anemia *n* dhiig yari
anemic *adj* dhiig yari hayso

anesthesia *n* dareen la'aan
anew *adv* markale
angel *n* malaa'ig
angelic *adj* la xiriira malaa'ig
anger *v* ka xanaaqid
anger *n* xanaaq
angina *n* laab xanuun
angle *v* aragti
angle *n* xagal
Anglican *adj* masiixiga Kaniisidda Ingiriiska
angry *adj* xanaaqa
anguish *n* murugo
animal *n* noole
animate *v* noolayn
animation *n* nolol
animosity *n* cadaawad
ankle *n* canqow, kuraan
annex *n* ku daba darid
annexation *n* isku xirid
annihilate *v* baabi'in
annihilation *n* baabi'in
anniversary *n* sanad guuro
annotation *n* raacin sharxid
announce *v* ku dhawaaq
announcement *n* ku dhawaaqid
announcer *n* xiriiriye
annoy *v* kahsad, dhib
annoying *adj* ka xanaajiya
annual *adj* sanadle
annul *v* ka noqod
annulment *n* burin

anonymity *n* la magac dhabin
anonymous *adj* magac dhab la'aan
another *adj* mid kale
answer *n* jawaab
answer *v* ka jawaabid
ant *n* quraanjo
antagonize *v* galin cadaawad
antecedent *n* ka ab
antecedents *n* jiil hore
antelope *n* deero
antenna *n* dareeme
anthem *n* hees qaran
antibiotic *n* antibaayootig
anticipate *v* rajayn
anticipation *n* rajo, filasho
antidote *n* daawo sumeed
antipathy *n* nacayb
antiquated *adj* hab laga gudbay
antiquity *n* duug
anvil *n* dubbe
anxiety *n* walwal
anxious *adj* walaacsan
any *adj* kasta
anybody *pro* qof kasta
anyhow *pro* si kastaba
anyone *pro* qof walba
anything *pro* wax kasta
apart *adv* kala furid
apartment *n* guryo taxan
apathy *n* danayn la'aan
ape *n* nooc daanyeer

aperitif *n* cabbitaan cunto ka hor la cabo
apex *n* fiiq, korka sare
aphrodisiac *adj* kacsi-abuure
apiece *adv* mid kiiba
apocalypse *n* aduunyo gadoon
apologize *v* raalli galin
apology *n* raalli galis
apostle *n* rasuul
apostolic *adj* la xiriira rasuul
apostrophe *n* hakad, xamsa
appall *v* yaayakhsi
appalling *adj* yaayakhsi leh
apparel *n* dharka
apparent *adj* la garan karo
apparently *adv* sida ay u muutaqo
apparition *n* cafriit, ruux
appeal *v* waydiisad
appeal *n* xiiso, jiidasho
appealing *adj* soo jiidasho leh
appear *v* muuqad
appearance *n* muuqasho
appease *v* qancin
appeasement *v* xanaaq ka bi'in
appendicitis *n* qabsin barar
appendix *n* qabsin
appetite *n* nafsad, cirwayni
appetizer *n* cunsiiye
applaud *v* sacbin
applause *n* sacbis
apple *n* tufaax
appliance *n* alaab guri
applicable *adj* ku habboon
applicant *n* arji qorte
application *n* arji
apply *v* marin
apply for *v* codsasho
appoint *v* ku magacaabid
appointment *n* ballan
appraisal *n* qiimaynyo
appraise *v* qiimayn
appreciate *v* mahdin
appreciation *n* mahdis
apprehend *v* qabatin, xirid
apprehensive *adj* baqdin leh, cabsi leh
apprentice *n* gacan yare
approach *v* ku dhawaad
approach *n* soo dhawaan
approachable *adj* la gaari karo
approbation *n* ogolaansho
appropriate *adj* ku haboon
approval *n* ogolaansho
approve *v* ogolaan
approximate *adj* ku dhaw
apricot *n* mishmish
April *n* Abriil
apron *n* dhaaraan
aptitude *n* xirfad ku dhalasho
aquarium *n* qafis biyo
aquatic *adj* biyo ku nool
aqueduct *n* biriij biyo kor mara
Arabic *adj* Carabi

arable *adj* la beeran karo
arbiter *n* dhex dhexaadiye
arbitrary *adj* gar naqid
arbitrate *v* gar qaadid
arbitration *n* dhex dhexaadis
arc *n* jeegaan
arch *n* dhig
archaeology *n* barashada qadiimiga
archaic *adj* aad u duq ah
archbishop *n* wadaad masiixi wayn
architect *n* naqshad dhismeed
architecture *n* cilmiga naqshada
archive *n* aruurin diiwaan
ardent *adj* xamaad leh
ardor *n* xiiso
arduous *adj* adag
area *n* bed
arena *n* fagaare
argue *v* murmid
argument *n* muran
arid *adj* dhul qalalane ah
arise *iv* kicid
aristocracy *n* dabaqad bulsho
aristocrat *n* ka dhasha dad sare
arithmetic *n* nooc xisaab
ark *n* doontii nabi nuux
arm *n* gacan
arm *v* hubayn
armaments *n* hubka, qalab ciidan

armchair *n* kursi gacmo leh
armed *adj* hubaysan
armistice *n* xabbad joojis
armor *n* gaashaan
armpit *n* kil kil, kil kilo
army *n* ciidan
aromatic *adj* carfaya
around *pro* si wareegaysi
arouse *v* toosid
arrange *v* nadaamin
arrangement *n* habayno
array *n* ban dhigyo
arrest *v* xabisid
arrest *n* xiris
arrival *n* imaansho
arrive *v* imaatin
arrogance *n* is lawayni
arrogant *adj* is lawayni
arrow *n* falaar, leeb
arsenal *n* hub waxguba
arsenic *n* budo sun ah
arson *n* guri gubid
arsonist *n* hanti gube
art *n* farshaxan
artery *n* halbowle
arthritis *n* xannuunka kala goysyada jirka
artichoke *n* nooc khudrad
article *n* qodob
articulate *v* hadal cad
articulation *n* hadal cadaan
artificial *adj* macmal ah

artillery *n* madfac
artisan *n* farsamo yaqaan
artist *n* sawiryahan
artistic *adj* xirfad leh
artwork *n* shaqo sawir
as *adv* is le'eg
as *c* islamarkiiba
ascend *v* kicid
ascendancy *n* talinyo
ascertain *v* hubsasho
ascetic *adj* saahid
ash *n* danbas
ashamed *adj* qajila
ashore *adv* xeebta bada
ashtray *n* qorof danbaseed
aside *adv* dhinac ah
aside from *adv* ka gooyn
ask *v* waydiin
asleep *adj* hurdaya
asparagus *n* asberjos
aspect *n* aragti
asphalt *n* laami
asphyxiate *v* haftoon, hafad
asphyxiation *n* hafasho
aspiration *n* higsasho
aspire *v* higsatin
aspirin *n* aasbariin
assail *v* weerarid
assailant *n* dagal wade
assassin *n* dilaa
assassinate *v* dilid
assassination *n* dilitaan

assault *v* handadid
assault *n* weerar gaadmo
assemble *v* isku imaad
assembly *n* shir
assent *v* ogolaansho
assert *v* cadayno
assertion *n* hubanti
assess *v* qiimayn
assessment *n* qiimaynyo
asset *n* raasamaal
assets *n* hanti
assign *v* u qoondayn
assignment *n* hawl
assimilate *v* ku milmid
assimilation *n* milmitaan
assist *v* gargaarid
assistance *n* taageero
associate *v* isku soo soocid
association *n* wax wadaag
assorted *adj* kala soocnaan
assortment *n* kala duwan
assume *v* malayn
assumption *n* moodyo
assurance *n* hubaal
assure *v* xaqiijin
asterisk *n* calaamad xiddigtu u eg
asthma *n* neef, naqas
asthmatic *adj* neef hayso
astonish *v* yaabid
astonishing *adj* leh yaab
astound *v* la yaabid
astounding *adj* yaab leh

auspicious

astray *v* marin habaab ah
astrologer *n* cilmi falagle
astrology *n* xidigis
astronaut *n* cirbixiyeen
astronomer *n* xidigiye
astronomic *adj* xidiginta
astronomy *n* cilmiga xidigiska
astute *adj* xariifa
asunder *adv* kala furfurid
asylum *n* magangalyo
at *pre* meel
atheism *n* mulxidnimo
atheist *n* bilaa diin
athlete *n* cayaartooy
athletic *adj* xirfad ciyaareed leh
atmosphere *n* hawada dhulka ku xeeran
atmospheric *adj* la xiriira hawada
atom *n* qurubka ugu yar
atomic *adj* atom ah
atone *v* raali galin
atonement *n* raalli galis
atrocious *adj* dhibaatayn
atrocity *n* saxariir
atrophy *v* dhimid
attach *v* ku xirid
attached *adj* ku xiran
attachment *n* ku xirid
attack *n* dagaal, weerar
attack *v* weeradid
attacker *n* weerare
attain *v* higsad

attainable *adj* hiigsi leh
attainment *n* gaaris
attempt *n* isku day
attempt *v* isku dayid
attend *v* ka qayb gal
attendance *n* ka qayb galid
attendant *n* caawiye
attention *n* feejignaan
attentive *adj* taxadara
attenuate *v* daciifin
attenuating *adj* la daciifiyo
attest *v* xaqiijin
attic *n* gorbo, rako
attitude *n* hab dhaqan
attorney *n* qareen
attract *v* soo jiidad
attraction *n* soo jiidasho
attractive *adj* soo jiidasho leh
attribute *v* sababid
auction *n* xaraash
auction *v* xaraashid
auctioneer *n* xaraashle
audacious *adj* geesi ah
audacity *n* xishood li'i
audible *adj* cod la maqli karo
audience *n* dhagaystayaal
audit *v* hanti dhawrid
auditorium *n* tiyaatar
augment *v* kordhin
August *n* Ogoosto
aunt *n* eedo
auspicious *adj* guul leh

austere

austere *adj* qabiida
austerity *n* qabiid
authentic *adj* asal ah
authenticate *v* xaqiijin shay
authenticity *n* asal hubin
author *n* qoraa
authoritarian *adj* awood talis
authority *n* awood
authorization *n* ogolaan
authorize *v* ogolaatin
auto *n* baabuur
autograph *n* saxiixyo magac
automatic *adj* qalab is haga
automobile *n* baabuur
autonomous *adj* xor ah
autonomy *n* xor
autopsy *n* mayd baarid
autumn *n* dayr
auxiliary *adj* caawiye ah
avail *v* caawin
availability *n* heli karid
available *adj* la helikaro
avalanche *n* qar jab
avarice *n* lacag u ciil qabid
avaricious *adj* hanti bursad ah
avenge *v* aarsad
avenue *n* jid
average *n* celcelis
averse *adj* la nacbaysto
aversion *n* nacayb
avert *v* ka hortag
aviation *n* duulista hawada

aviator *n* duuliye
avid *adj* haliila
avoid *v* iska dhawrid
avoidable *adj* laga weecan karo
avoidance *n* ka fogaansho
avowed *adj* cadaysta bareere
await *v* sugid
awake *adj* hurdo ka toosa
awake *iv* toosid
awakening *n* baraarugo
award *v* abaalmarin
award *n* abaalmaris
aware *adj* yaqiinsan
awareness *n* yaqiinsanaan
away *adv* si ka fogaad
awe *n* dareen
awesome *adj* aad u fiican
awful *adj* aad u xun
awkward *adj* qaab darnaan ah
awning *n* sharaac, shiraac
ax *n* faas
axiom *n* iska aaminid
axis *n* ubuc
axle *n* shakal

B

babble *v* bakh bakhlayn
baby *n* cunug, ilmo
babysitter *n* caruur ilaaliye
bachelor *n* doob
back *n* dhabar
back *adv* gadaale ah
back *v* taageerid
back down *v* ka noqosho
back up *v* gadaal u bixid
backbone *n* laf dhabar
backdoor *n* irid danbe
backfire *v* kugu soo noqda
background *n* aasaas, asal
backing *n* taakulo gadaale
backlash *n* gadoodyo
backlog *n* is gaaryo
backpack *n* boorsada dhabarka
backup *n* taakule gadaale
backward *adj* dhinaca gadaale
backwards *adv* gadaal aadid
backyard *n* dayr danbeed
bacon *n* hilib doofar
bacteria *n* baakteeriyada
bad *adj* xun
badge *n* aqoonsi
badly *adv* si anshaxumo ah
baffle *v* ku mashquulid
bag *n* boorso
bag *v* soo kuusin
baggage *n* boorsooyin
baggy *adj* dhar fidsan
baguette *n* rooti, furun
bail *n* damaanad
bail out *v* damiinasho
bailiff *n* dambiile ilaaliye
bait *n* callaaf, lacaaf
bake *v* dubid
baker *n* dube
bakery *n* foorno
balance *n* dheeli tiris
balance *v* miisaan
balcony *n* baalkoone
bald *adj* basa xiir ah
bale *n* raso, xirmo
ball *n* kubad; qoob ka ciyaar
balloon *n* buufin duusha
ballot *n* warqada codka
ballroom *n* qolka qoob ka ciyaarta
balm *n* saliid-udug
balmy *adj* macaan, qandacan
bamboo *n* nooc dhireed
ban *v* mamnuucid
ban *n* mamnuucyo
banality *n* soo celcelis
banana *n* moos, muus
band *n* ningax
bandage *v* daboolid dhaawac
bandage *n* sharooto
bandit *n* jiri, shufto
bang *v* jug

banish v musaafirin
banishment n ka cayrin
bank n bangi; xeeb webi
bankrupt v falisid, kicid
bankrupt adj musalifidey, fakhriyey
bankruptcy n musalifid ah
banner n calam
banquet n casha sharaf
baptism n kiristaamin
baptize v gaalaysiin
bar n dhuub
bar v maqaaxi, baar
barbarian n reerbaaddiye
barbaric adj jaahilnimo ah
barbarism n waxashnimo
barbecue n dubid
barber n tima jare
bare adj qaawan
barefoot adj caga cadaan
barely adv si kali ah
bargain v gorgortamid
bargain n gorgortanyo
bargaining n baayactan
barge n doon wayn
bark n ciyid, jirid
bark v diirid
barley n heed
barmaid n naagta ka adeegta baarka
barman n ninka ka adeega baarka
barn n bakaar weyn

barometer n haweedka
barracks n baraakooyin
barrage n daldalmid
barrel n foosto
barren adj ma dhasho
barricade n jid xiryo
barrier n xanib
barring pre mooyaane
bartender n khamri qaybiye
barter v is dhaafsasho
base v ku salaysan
base n sal
baseball n kubadda usha
baseless adj sal lahayn
basement n taxti
bashful adj xishooda
basic adj aasaas ah
basics n asaas
basin n baaf
basis n qoton
bask v qoraxaysad
basket n danbiil
basketball n kubada koleyga
bass n cod aan xabeeb lahayn
bastard n wacal, garac
bat n ul; ul ku dhufad
batch n xoogaa
bath n qabays
bathe v mayrad
bathrobe n maro musquleed
bathroom n musqusha qubeyska
bathtub n saxanka qubeyska

baton *n* nooc uleed
battalion *n* urur ciidamo
batter *v* burayn, garaacid
battery *n* batari, xajaar
battle *n* dagaal
battle *v* dagaalid
battleship *n* markab
bay *n* gol
bayonet *n* soor
bazaar *n* suuq
be *iv* ahaansho
be born *v* dhalasho
beach *n* xeeb
beacon *n* oog, iftiin
beak *n* shimbirta afkeeda
beam *n* tiir, iftiin
bean *n* digir
bear *iv* wadatin
bearable *adj* loo adkaysan karo
beard *n* gar, gadh
bearded *adj* garle
bearer *n* qaade
beast *n* dugaag
beat *n* karar roob
beat *iv* tumid
beaten *adj* la garaacay
beating *n* ciqaab
beautiful *adj* qurux leh
beautify *v* qurxin
beauty *n* qurux
beaver *n* dooli biyood
because *c* waayo

because of *pre* sababta oo ah
beckon *v* gacan haadin
become *iv* ahaatin
bed *n* sariir
bedding *n* gogol
bedroom *n* qolka hurdada
bedspread *n* go wayn
bee *n* shini
beef *n* hilib lo'aad
beef up *v* xoogayn
beehive *n* gaguur, xabag-barsheed
beer *n* khamri lacabo
beet *n* baytaraaf
beetle *n* cayayaan
before *adv* hadda ka hor
before *pre* ka hor
beforehand *adv* dhacdada ka hor
befriend *v* la saaxiibid
beg *v* baryid
beggar *n* maskiin
begin *iv* bilaabid
beginner *n* bilaabe
beginning *n* bilaabmida
beguile *v* sirid
behalf (on) *adv* fadliga, u hadlid
behave *v* muujin asluub
behavior *n* hab dhaqan
behead *v* qoorgooyn
behind *pre* gadaal
behold *iv* arkid
being *n* noole

belated *adj* soo daaha
belch *v* daacid
belch *n* daacida
Belgian *adj* Biljan ah
Belgium *n* Biljam
belief *n* rumays
believable *adj* la rumaynkaro
believe *v* rumayn
believer *n* rumaysne
belittle *v* yasid
bell *n* jalas
bell pepper *n* barbarooni
belligerent *adj* dagaal doon
belly *n* dhex
belly button *n* xundhur
belong *v* lihid
belongings *n* leedahay
beloved *adj* la jecel yahay
below *adv* hooseeya
below *pre* hooseeya meel
belt *n* suun
bench *n* bankiine
bend *iv* qaloocin
bend down *v* foorarsi
beneath *pre* si hoos ah
benediction *n* baraka
benefactor *n* tabarruce
beneficial *adj* faa'iido leh
beneficiary *n* ka faa'iidaysasho
benefit *n* faa'iido
benefit *v* ka faa'iidaysad
benevolence *n* ixsaan fal

benevolent *adj* ixsaan falid
benign *adj* khatar u lahayn
bequeath *v* ka dardaarmid
bereaved *adj* murugoode
bereavement *n* murugoonsho
beret *n* nooc koofiyadeed
berserk *adv* wareerid
berth *n* sariir markab
beseech *iv* ka tuugid
beset *iv* dhibaatayn
beside *pre* dhinac yaal
besides *pre* ku daryo
besiege *iv* hareerayn
best *adj* ka saraysa
best man *n* malxiis, mixiis
bestial *adj* dabeecad axmaqnimo
bestiality *n* xayawaan kudid
bestow *v* siin, bixin
bet *n* dhigadyo sharad
bet *iv* sharatamid
betray *v* khiyaamid
betrayal *n* mardabo, hodid
better *adj* u fiican, u wacan
between *pre* laba dhexdood
beverage *n* cabitaan
beware *v* taxadarid
bewilder *v* jahawareerid
bewitch *v* sixrid
beyond *adv* gediga kale
bias *n* eex
bible *n* kitaab masiixi
biblical *adj* kitaabka kiristaanka la xiriira

bibliography *n* tixraac qoraal
bicycle *n* baaskiil
bid *iv* ku yaboohid
bid *n* yaboohyo
big *adj* weyn
bigamy *n* laba xaasle
bigot *adj* isla qumanaansho
bigotry *n* isla qumani
bike *n* baaskiil
bile *n* mooto
bilingual *adj* laba luuqadood
bill *v* biil dirid
bill *n* qaansheeg; biil
billiards *n* bilyaardi
billion *n* kun milyan
billionaire *n* bilyan dheere
bimonthly *adj* laba-biloodle ah
bin *n* baldi qashin
bind *iv* isku xirid
binding *adj* isku haya
binoculars *n* diirad
biography *n* taariikh-nololeed
biological *adj* isku fir ah
biology *n* cilmiga barashada nafleyda
bird *n* shimbir
birth *n* dhalasho
birthday *n* maalin dhalasho
biscuit *n* buskud
bishop *n* wadaad sare masiixi
bison *n* dibi dibadeed
bit *n* jab yar; birta wax lagu dhacaayo

bite *iv* qaniinid
bite *n* qaniinyo
bitter *adj* kharaar
bitterly *adv* si kharaar
bitterness *n* kharaarka
bizarre *adj* mucjiso
black *adj* madow
blackberry *n* nooc miro
blackboard *n* sabuurad
blackmail *v* handadaad
blackmail *n* ku handadid
blackness *n* mugdinimo
blackout *n* mugdiyaynyo
blacksmith *n* tumaaal
bladder *n* kaadi hays
blade *n* mindi afkeed
blame *n* eed
blame *v* eedayn
blameless *adj* eed laawe
bland *adj* deganaan
blank *adj* banaan
blanket *n* buste
blaspheme *v* ilaah caayid
blasphemy *n* ilaah cay
blast *n* xugun
blaze *v* holac
bleach *v* cadayn
bleach *n* warankiilo
bleak *adj* meel gabaahir ah
bleed *iv* dhiigid
bleeding *n* dhiigbixid
blemish *n* bar

blemish *v* bilic
blend *v* isku labid
blend *n* isku qas
blender *n* qase
bless *v* barakayn
blessed *adj* la barakeeyey
blessing *n* barako
blind *v* indha beelid
blind *adj* indhoole ah
blindfold *v* indha duubid
blindfold *n* indha xire
blindly *adv* si indha la'aan ah
blindness *n* indho la'aan
blink *v* il biriqsad
bliss *n* farxad wayn
blissful *adj* farxad aad ah
blister *n* hambalaaluq
blizzard *n* baraf aad u qabaw
bloat *v* fuurid
bloated *adj* fuuray, buuxda
block *n* damal
block *v* jid gooyn
blockade *n* xanibid
blockade *v* xanibyo
blockage *n* xirid, joojin
blond *adj* boyox ah
blood *n* dhiig
bloodthirsty *adj* dhiig u haraadan
bloody *adj* dhiig leh
bloom *v* fiilid, ubax
blossom *v* ubax
blot *n* calaamad madaw

blot *v* ku dhiimid
blouse *n* canbuur
blow *n* afufyo
blow *iv* afuufid
blow out *iv* banjarid
blow up *iv* qarxin
blowout *n* qarax
bludgeon *v* karbaash, budayn
blue *adj* buluug; murugaysan
blueprint *n* naqshad
bluff *v* booto, jar
bluff *n* falaxgoodin
blunder *n* khalad
blunt *adj* saawir ah
bluntness *n* kas hadlid
blur *v* caad, arag yar
blurred *adj* caad leh
blush *v* qajilid
blush *n* xishood
boar *n* lab doofaar
board *n* loox
board *v* raacid markab
boast *v* is tusid
boat *n* doon
bodily *adj* jir ahaan
body *n* jir
bog *n* dhiiqo
bog down *v* hakad
boil *v* karkarin
boil down to *v* u dhiganta
boil over *v* kar dhaafid
boiler *n* kariye

boisterous *adj* qaylo badan
bold *adj* indha adayga
boldness *n* indho adayn
bolster *v* tiirin
bolt *n* bool
bolt *v* kor u boodid
bomb *v* banbayn
bomb *n* banbo
bombing *n* bam garayn
bombshell *n* haraa bam
bond *n* isku xirnaansho
bondage *n* hab addonsasho
bone *n* laf
bone marrow *n* dhuux
bonfire *n* dabshid
bonus *n* buro
book *n* buug
bookcase *n* mirfash buugeed
bookkeeper *n* diiwaan ilaaliye
bookkeeping *n* buug dhigaalyo
booklet *n* buug yar
bookseller *n* buug iibiye
bookstore *n* dukaan buugeed
boom *v* bulaalid
boom *n* diryaan
boost *v* bari taarid
boost *n* kordhin
boot *n* kabo
booth *n* dabakaayo
booty *n* booli, bari
booze *n* khamro
border *n* xuduud

border on *v* ku dhawaansho
borderline *adj* khadka
bore *v* daloolin
bored *adj* lagu caajiso
boredom *n* caajisyo
boring *adj* caajisa
born *adj* dhasha
borough *n* degmo
borrow *v* daynsad
bosom *n* xabadka
boss *n* taliye
boss around *v* awood sheegad
bossy *adj* awood sheegto
botany *n* cilmi dhirta
botch *v* dayicid, halayn
both *adj* laba shay
bother *v* rabshid
bothersome *adj* rabsho leh
bottle *n* quraarad
bottle *v* quraaradayn
bottleneck *n* hakad
bottom *n* sal
bottomless *adj* aan lahayn sal
bough *n* jirid, caleen wayn
boulder *n* dhagax wayn
boulevard *n* jid balaaran
bounce *n* bood bood
bounce *v* bood boodin
bound *adj* hore u boodid
bound *v* xad lahaansho
bound for *adj* u jeedid jiho
boundary *n* soohdin

boundless

boundless *adj* bilaa xad
bounty *n* deeq
bourgeois *adj* dabaqada dhexe
bow *n* rukuuc
bow *v* rukuucid
bow out *v* ka bixid
bowels *n* malawad
bowl *n* baaquli
bowl *v* ciyaarta boojada
box *v* sanduuq ku xadayn; feerid
box *n* sunduuq
box office *n* xafiiska tikidhyada iibiyo
boxer *n* feeryahan
boxing *n* feertamid
boy *n* kuray, wiil
boycott *v* qaadicid
boyfriend *n* saaxib
boyhood *n* wiilnimo
bra *n* kayshali
brace for *v* u diyaar garaw
bracelet *n* jin jin
bracket *n* qob qob
brag *v* faanin
braid *n* tidac
brain *n* maskax
brainwash *v* maskax badal
brake *v* joojin
brake *n* joojiye
branch *n* laan
branch office *n* laan xafiis
branch out *v* fidin

brand *v* shaabadayn
brand *n* sumad
brand-new *adj* cusub ah
brandy *n* nooc khamri
brat *adj* ilmo akhlaaq xun
brave *adj* geesi ah
bravely *adv* si geesinimo ah
bravery *n* geesinimo
brawl *n* buuq
breach *n* jabinyo sharci
bread *n* rooti
breadth *n* dhumuc
break *n* jab
break *iv* jabin
break away *v* goosasho
break down *v* jabid
break free *v* dabcin
break in *v* guri u dhicid
break off *v* qaybyar jabin
break open *v* awood ku furid
break out *v* bilaabasho
break up *v* kala soocid
breakable *adj* jabi kara
breakdown *n* shaqayn waayo
breakfast *n* quraac
breakthrough *n* xal gaaryo
breast *n* naas
breath *n* neef
breathe *v* neefsad
breathing *n* neefsasho
breathtaking *adj* hiyikac leh
breed *iv* dhalid ilmo

breed *n* fir
breeze *n* neecaw
brethren *n* tiro rag diineed
brevity *n* soo gaabinyo
brew *v* qamiirin
brewery *v* samaynta khamri
bribe *n* laaluush
bribe *v* laaluushid
bribery *n* laaluushyo
brick *n* jaajuur
bricklayer *n* jaajuur ku dhise
bridal *adj* caruus la xiriira
bride *n* aroos
bridegroom *n* aroose
bridesmaid *n* malxiisad
bridge *n* buundo, biriij
bridle *n* hakame, hogaan
brief *adj* waqti gaaban
brief *v* warbixin
briefcase *n* boorso gacmeed
briefing *n* xog waran
briefly *adv* kooban
briefs *n* nigis, kastuumo
brigade *n* guuto
bright *adj* dhalaalaaya; caqli badan
brighten *v* iftiimin
brightness *n* cadaanta
brilliant *adj* caqli badan
brim *n* qarka weel
bring *iv* keenid
bring back *v* dib u soo celin

bring down *v* kufin
bring up *v* soo korin
brink *n* qarka
brisk *adj* socod degdega
Britain *n* Ingiriis wayne
British *adj* Ingiriisa
brittle *adj* jabi og
broad *adj* balaaran
broadcast *v* baahin
broadcast *n* baahino
broadcaster *n* baahiye
broaden *v* balaarmid
broadly *adv* waynaan leh
broadminded *adj* maskax-furan
brochure *n* buug xayaysiis ah
broil *v* solid
broiler *n* sole
broke *adj* cayrtoobay
broken *adj* jaban
bronchitis *n* dilaaca, jaba
bronze *n* naxaas
broom *n* xaaqin
broth *n* duxda
brothel *n* guri dhilo
brother *n* walaal
brotherhood *n* walaalnimo
brother-in-law *n* seedi
brotherly *adj* walaaltinimo
brow *n* indho kood
brown *adj* midab buni ah
browse *v* il marin
browser *n* il maris

bruise

bruise *n* jug
bruise *v* jug ġaarid
brunch *n* barjo
brunette *adj* timo yara cas
brush *n* buraash
brush *v* cadayid, rumayid
brush aside *v* iska dhaga tirid
brush up *v* naqtiimid
brusque *adj* hadal qalafsan
brutal *adj* waxshinimo ah
brutality *n* waxashnimada
brutalize *v* samayn waxshimino
brute *adj* xoog sheegad
bubble *n* xunbo
bubble gum *n* xanjo
buck *v* afar qaad-layn
buck *n* deero lab ah
bucket *n* baaldi
buckle *n* cilaaqad, birta sunta
buckle up *v* dhuujin
bud *n* iqbaalid
buddy *n* wadeey, saaxiib
budge *v* sikin
budget *n* dakhli
buffalo *n* lo' duur
bug *n* cayayaan
bug *v* xuuraansad
build *iv* dhisid
builder *n* dhise
building *n* dhisme
buildup *n* dhismasho
built-in *adj* ku-dhisan

bulb *n* nal kuusan; buruq
bulge *n* kuus ama fooc
bulk *n* tira badan
bulky *adj* qaata meel wayn
bull *n* dibi
bull fight *n* dagaal lo'eed
bull fighter *n* lo la dagaalame
bulldoze *v* qaadid, banayn
bullet *n* xabad
bulletin *n* warbixin gaaban
bully *adj* awood ku sheegasho
bulwark *n* gidaar difaac
bum *n* caajis badane
bump *n* ku dhicid
bump into *v* isku dhigid
bumper *n* jug dhawre
bumpy *adj* jug badan leh
bun *n* muufo
bunch *n* rucub
bundle *v* isku xirid
bundle *n* xirmo
bunk bed *n* laba sariir oo is-dulsaaran
bunker *n* sariiro is dulsaaran
buoy *n* salal
burden *n* rar
burden *v* raran
burdensome *adj* dhibaato leh
bureau *n* xafiis dawladeed
bureaucracy *n* maamuul dawladeed
bureaucrat *n* sarkaal maamul

burger n xaafiis khaas ah
burglar n tuug, guri u dhace
burglarize v guryo u dhicid
burglary n guri u dhac
burial n duug, aasid
burly adj qof xoog leh
burn n gubasho
burn iv gubatin
burp v daacid
burp n daaco
burrow n god
burst iv furanto, buqid
burst into v qarxid, furtuurid
bury v xabaalid
bus n bas
bus v raacid
bush n geedo yar yar
busily adv si mashquula
business n ganacsi
businessman n ganacsade
bust n jabin
bustling adj camiran
busy adj mashquul ah
but c laakiin
butcher n hilible
butchery n xasuuqyo
butler n adeege
butt n hardin, dabo
butter n burcad
butterfly n balanbaalis
button n badhan, guluus
buttonhole n jeex

buy iv gadatin
buy off v iibsatid
buyer n iibsade
buzz v la hadal hayo
buzz n naanuus
buzzard n nooc dhimbireed
buzzer n qaylisada
by pre dhinac
bye e nabad galyayn
bypass v dhaafid
bypass n garab maryo
by-product n shay soo baxa markii wax la warshadeynaayo
bystander n dhinac jooge

cab n tagsi
cabbage n kaabaj
cabin n guri alwaaxa
cabinet n armaarjo
cable n fiilo dheer
cafeteria n maqaayad kafee
caffeine n maaddo kimiko ee kafeega iyo shaha ku jiro
cage n saab
cake n doolshe
calamity n ayaan daro

calculate v xisaabid
calculation n xisaabyo
calculator n xisaabiye
calendar n taariikh
calf n dibi sac yar; kubka lugta
caliber n tayo qofeed
calibrate v sixid qalab
call n qaylo
call v yeerin
call off v baajin
call on v yeerid
call out v u qaylin
calling n aadaan
callous adj jixin jix lahayn
calm n dagani
calm adj deganaan leh
calm down v dejin qof
calorie n cabir duxeed
calumny n masabid
camel n geel
camera n sawir qaado
camouflage n dhalanrog
camouflage v dhalanrogid
camp v dibad seexad
camp n xero
campaign v ololayn
campaign n olole
campfire n dab duureed
can v awoodid
can iv karid
can n koombo
can opener n qasacad furto

canal n biyomareen
canary n dhimbir heesta
cancel v baajin
cancellation n baajis
cancer n kansar
cancerous adj kansar qaba
candid adj daacad u hadal
candidacy n u sharaxan
candidate n musharrax
candle n shamac
candlestick n shamac kaabe
candor n caadil
candy n nacnac
cane n ul socod
canister n qasacad
canned adj la qasacadeeyey
cannibal n dadcun
cannon n madfac
canoe n huuri, huudhi
canonize v wadaad magacaabid
cantaloupe n bartiikh
canteen n buraashad
canvas v daboolid
canvas n darbaal
canyon n gebi dheer
cap v ka saramarid
cap n koofiyad, dabool
capability n awood
capable adj awooda
capacity n mug
cape n cirifka biyo
capital n caasimad; raasummaal

capital letter *n* xaraf wayn
capitalism *n* hanti goosad
capitalize *v* ka faa'iidaysi
capitulate *v* isku dhiibid
capsize *v* gadoomid
capsule *n* kaniini
captain *n* madax kooxeed
captivate *v* soo jiidad
captive *n* la hayste
captivity *n* xirasho
capture *v* qabatin
capture *n* xiris
car *n* gaari
carat *n* halbeega cabbirka dahabka
caravan *n* geedi
carburetor *n* kaarburatoore
carcass *n* raq
card *n* qardhass, kaar
cardboard *n* baakad
cardiac *adj* wadnaha la xiriira
cardiac arrest *n* wadne joogsad
cardiology *n* cilmiga wadnaha
care *v* ka helid
care *n* xanaano
care about *v* tixgelin, daryeelid
care for *v* ilaalin
career *n* xirfad
carefree *adj* bilaa walwal
careful *adj* taxadarnaan
careless *adj* taxadar aan lahayn
carelessness *n* taxadar la'aan

caress *n* salaax
caress *v* salaaxid
caretaker *n* xanaaneeye
cargo *n* rar
caricature *n* sawir shactireed
caring *adj* xanaano leh
carnage *n* xasuuq
carnal *adj* la xiriira jirka
carnation *n* nooc ubax
carol *n* digri
carpenter *n* looxqore
carpentry *n* geeda qorid
carpet *n* kabad
carriage *n* sidid
carrot *n* daba case
carry *v* qaadid
carry on *v* samayn, sii wadid
carry out *v* qaadid
cart *n* gaari faras
cart *v* gaari gacan
cartoon *n* sawir shactireed
cartridge *n* khasnad
carve *v* jar jarid
cascade *n* biya dhac yar
case *n* kiish, kartoon; arrin, xaalad
cash *n* mood
cashier *n* lacag haye
casino *n* kaasiino
casket *n* laxash
casserole *n* nooc maraq
cassock *n* dhar baadari
cast *iv* ku tuurid

cast

cast *n* qaab
castaway *n* ka fakasho markab quusay
caste *n* dabaqad
castle *n* qalcad
casual *adj* iska yimid
casualty *n* khasaaro dhimasho
cat *n* mukulaal
cataclysm *n* masiibo dhuleed
catacomb *n* qabuuro isku furan
catalog *v* diiwaangalin
catalog *n* nooc joornaal
cataract *n* caad
catastrophe *n* aafo
catch *iv* qabatin
catch up *v* gaarid
catching *adj* gaaraya
catchword *n* hadal qabsi
catechism *n* su'aalo waydiin
category *n* dabaqad
cater to *v* u nuglaansho
caterpillar *n* diir
cathedral *n* kaniisad masiixi
catholic *adj* nooc masiixinimo
Catholicism *n* Masiixinimo
cattle *n* lo'
cauliflower *n* nooc khudaar
cause *v* keenid
cause *n* sabab
caution *n* taxadar
cautious *adj* taxadar leh
cavalry *n* fardoolay
cave *n* god
cave in *v* dumis
cavern *n* bohol
cavity *n* dalool
cease *v* joogsad
cease-fire *n* xabbad joojis
ceaselessly *adv* dhamaad lahayn
ceiling *n* saqafka
celebrate *v* dabaaldegid
celebration *n* ciid
celebrity *n* qof layaqaan
celery *n* nooc khudradeed
celestial *adj* samada la xiriira
celibacy *n* doob ahaansho
celibate *adj* aan guursan
cellar *n* makhsin dhulka hoostiisa ka dhisan
cellphone *n* mobile
cement *n* sibidh, shamiito
cemetery *n* xabaalo
censorship *n* faaf-reeb
censure *v* canaanad
census *n* tiro koob
cent *n* dhururuq
centenary *n* boqol guuro
center *n* bartan
center *v* dhex dhigid
centimeter *n* santi mitir
central *adj* bartamaha u dhaw
centralize *v* bartamayn
century *n* qarni
ceramic *n* weel dhoobo

chastisement

cereal *n* xubuub
cerebral *adj* maskaxda la xiriirta
ceremony *n* munaasabad
certain *adj* la hubo
certainty *n* hubaal
certificate *n* cadayn qoraal ah
certify *v* cadayn
chagrin *n* qajilyo
chain *v* katiinadayn
chain *n* silsilad
chainsaw *n* miishaar weyn
chair *v* gudoomin
chair *n* kursi
chairman *n* guddoomiye
chalet *n* cariish, nooc guri
chalice *n* kalax
chalk *n* jeeso
chalkboard *n* sabuurad
challenge *n* loolan
challenge *v* tartamid
challenging *adj* loolan leh
chamber *n* guri
champ *n* la mid
champion *n* horyaal
champion *v* u halgamid
chance *n* fursad
chancellor *n* madax ah
chandelier *n* nalal laalaada
change *v* badalid
change *n* is badalyo
channel *v* gudbin
channel *n* kanaal; marsiin

chant *n* ku dhawaaqyo
chaos *n* nidaam la'aan
chaotic *adj* nidaam lahayn
chapel *n* mawlac kaniiseed
chaplain *n* wadaad masiixi
chapter *n* cutub
char *v* dhuxul shidid
character *n* dabci; xaraf
characteristic *adj* dabeed gaara
charade *n* matalid
charbroil *v* sagxad ku karin
charcoal *n* dhuxul
charge *n* ka qaadyo
charge *v* qaadid lacag; mas'uuliyad
charisma *n* shakhsiyad
charismatic *adj* shasiyad leh
charitable *adj* sadaqaysta
charity *n* samafal
charm *v* farxadgalin
charm *n* soo jiidad
charming *adj* soo jiidasho leh
chart *n* kaarto
charter *v* sharci siin
charter *n* xeer
chase *v* bursad
chase *n* raacsi
chase away *v* fogayn
chasm *n* dhul dilaac
chaste *adj* bikro ah
chastise *v* ciqaabid
chastisement *n* ciqaab, sixid

chastity *n* dhawrsani
chat *v* hadal caadi ah
chauffeur *n* shufeer
cheap *adj* rakhiis ah
cheat *v* qishid, khiyaamid
cheater *n* khiyaanloow
check *v* baarid
check *n* baaritaan
check in *v* imaansho
check up *n* baarid
checkbook *n* buug jeeg
cheek *n* dhaban
cheekbone *n* laf goon
cheeky *adj* edab daran
cheer *v* dhiiri galin
cheer up *v* niyad dhisid
cheerful *adj* faraxsan
cheers *n* shifo
cheese *n* burcad
chef *n* kariye
chemical *adj* la xiriira kimistari
chemist *n* farmashiistaha
chemistry *n* cilmiga kimida
cherish *v* jeclaan
cherry *n* nooc miro
chess *n* jes
chest *n* shaf; sanduuq yar
chestnut *n* nooc miro
chew *v* calalin
chick *n* shimbirta yar
chicken *n* digaag
chicken out *v* biqid

chicken pox *n* bus bus, furuqa
chide *v* canaanasho yar
chief *n* caaqil
chiefly *adv* inta badan
child *n* ilmo
childhood *n* ilmanimo
childish *adj* ciyaalnima
childless *adj* gablannimo
children *n* caruur
chill *v* qarqarid
chill *n* qarqaryo
chill out *v* baashaal
chilly *adj* qarqaryo leh
chimney *n* qiiq-qaade
chimpanzee *n* nooc daayeer
chin *n* gar
chip *n* jab
chisel *n* soofe
chocolate *n* shukulaato
choice *n* doorasho
choke *v* ceejin
cholera *n* daacuun
cholesterol *n* dufan, dux
choose *iv* kala bixid
choosy *adj* yabaal ah
chop *n* jar jar
chop *v* kidfid
chopper *n* helikabtar
chore *n* howl joogta ah
chorus *n* koox isla heesta
christen *v* masiixisiin
christening *n* masiixiyayn

cleanliness

Christian *adj* masiixi
Christianity *n* masiixinimo
Christmas *n* ciida masiixiga
chronic *adj* cudur raaga
chronicle *n* diiwaan taarikheed
chronology *n* taxane dhacdo
chubby *adj* kuusan, buuran
chuckle *v* qosol, ilko cadays
chunk *n* kuul cad
church *n* kiniisad
chute *n* isku cufan
cider *n* tufaax shiidan
cigar *n* duub sigaar
cigarette *n* sigaar
cinder *n* dhimbiilo yar yar
cinema *n* sinimoo, shineemo
cinnamon *n* qolfe
circle *v* goobo
circle *n* wareeg
circuit *n* xarun koronto
circular *adj* wareegsan
circulate *v* ku wareegid
circulation *n* wareegyo
circumcise *v* gudid
circumcision *n* gudniin
circumstance *n* xaqiiqo
circumstantial *adj* duruf ah
circus *n* carwo cayaareed
cistern *n* haan dhuleed
citizen *n* wadani
citizenship *n* wadaninimo
city *n* magaalo

city hall *n* qolka shirka
civic *adj* la xiriira magaalo
civil *adj* shacab ah
civilization *n* ilbaxnimo
civilize *v* ilbixid
claim *v* sheegad
claim *n* sheegasho
clamor *v* bulaan
clamp *n* kalbad
clan *n* reer
clandestine *adj* qarsoodi ah
clap *v* sacbin
clarification *n* cadayn
clarify *v* sharixid
clarinet *n* qalab muusik
clarity *n* muuqda
clash *v* qalalawlayn
clash *n* qalalawlayn
class *n* fasal; heer
classic *adj* heer sare
classify *v* isku habayn
classmate *n* isku fasal
classroom *n* fasal
classy *adj* heer sare ah
clause *n* hadal kala dhiman
claw *n* cidi
claw *v* cidiyaysad
clay *n* dhoobo
clean *v* nadiifin
clean *adj* nadiifsan
cleaner *n* nadiifiye
cleanliness *n* nadiif ahaansho

cleanse

cleanse *v* nadiifin
cleanser *n* lagu nadiifiyo
clear *v* banayn
clear *adj* caad lahayn, cad
clearance *n* cidlayn, faaruqin
clear-cut *adj* wax la hubo
clearly *adv* si cadaana
clearness *n* cadaysanaan
cleft *n* faruur
clemency *n* naxariisasho
clench *v* isku xajin
clergy *n* wadaad
clergyman *n* wadaad
clerical *adj* karaaninimo
clerk *n* karaani
clever *adj* xariif ah
click *v* gujin
client *n* macmiil
clientele *n* macaamiil
cliff *n* jar, qar
climate *n* cimilo
climatic *adj* xiisa leh
climax *n* xiisa badan; biya baxa
climb *v* korid
climbing *n* buur kor
clinch *v* laabid musbaar
cling *iv* ku dhagid
clinic *n* daryeelka
clip *v* jarid
clip *n* qayb
clipping *n* jarniin
cloak *n* qarin

clock *n* saacad
clog *v* xirid, xanibid
cloister *n* marin dhisan
clone *v* unkid
cloning *n* bacramin
close *adj* isku dhawaan
close *v* xirid
close to *pre* ku dhawaan
closed *adj* xiran
closely *adv* si ku dhaw
closet *n* qolka dharka la surto
closure *n* xiryo
clot *n* dhiig xiran, xinjirow
cloth *n* maro
clothe *v* hu
clothes *n* dhar
clothing *n* dharka la xirto
cloud *n* daruur
cloudless *adj* daruur lahayn
cloudy *adj* mid daruuro leh
clown *n* shactiroole
club *v* burayn
club *n* naadi; karaawil; ul
clue *n* raad
clumsiness *n* qaabdaran
clumsy *adj* sargaxan
cluster *v* ku xoomid
cluster *n* rucub
coach *v* tababar
coach *n* tababare
coaching *n* tababarid
coagulate *v* dhafaagid

coagulation *n* xinjiroow
coal *n* dhuxul dhagax
coalition *n* is bahaysi
coarse *adj* xanaf leh
coast *v* ag marin
coast *n* xeeb
coastal *adj* dhul xeebaad
coastline *n* xariiq xeebeed
coat *n* jaakad
coax *v* baryid
cobblestone *n* qaruurax
cobweb *n* xuub caaro
cocaine *n* nooc maandooriye
cock *n* diiq
cockpit *n* shirka diyaaradda
cockroach *n* baranbaro
cocktail *n* nooc khamri
cocky *adj* isla wayni
cocoa *n* geedka kookaha
coconut *n* qunbe
cod *n* nooc kaluumeed
code *n* xuruufo
codify *v* xarfayn
coerce *v* ku khasbid
coercion *n* khasab
coexist *v* kawada jirid meel
coffee *n* kafee
coffin *n* laxash
cohabit *v* isla nool
coherent *adj* isku xirnaan leh
cohesion *n* midnimo
coin *n* qadaadiic

coincide *v* dhicid isku mar
coincidence *n* isku aadmis
coincidental *adj* isku hagaaga
cold *adj* qabow
coldness *n* qabawga
colic *n* calool-xanuun
collaborate *v* wadashaqayn
collaboration *n* gacan-siin
collaborator *n* la shaqeeye
collapse *v* dumid
collapse *n* dumis
collar *n* kuleeti
collarbone *n* kalxan
collateral *adj* rahaamad
colleague *n* jaalle
collect *v* uruurin
collection *n* aruuris
collector *n* uruurshe
college *n* kuleejo
collide *v* isku dhacid
collision *n* isku dhacis
cologne *n* cadar
colon *n* midhicir
colonel *n* gaashaanle sare
colonial *adj* gumeysi
colonization *n* gumaysasho
colonize *v* gumaysad
colony *n* gumayste
color *n* midab
color *v* midabayn
colorful *adj* midab badan
colossal *adj* aad u wayn

colt *n* darmaan
column *n* tiir
coma *n* miyir beel
comb *v* shanlayn
comb *n* shanlo
combat *n* dagaal
combat *v* galid dagaal
combatant *n* dagaale
combination *n* isku dar
combine *v* isku darid
combustible *n* guban kara
combustion *n* gubasho
come *iv* imaatin
come about *v* ka imaatin
come across *v* kula kulmid
come apart *v* kala jajabin
come back *v* soo noqod
come down *v* soo degid
come forward *v* talaabo qaadid
come from *v* ka yimid
come in *v* imaatin
come out *v* soo bixid
come over *v* soo meerid
come up *v* la imaansho
comeback *n* soo rogaal celin
comedian *n* shactiroole
comedy *n* shactirayn
comfort *n* dajin
comfortable *adj* nafis leh
comforter *n* dajiye
comical *adj* jilid qosol leh
coming *n* imaansho

coming *adj* soo dhow
comma *n* hakad
command *v* amrid
commander *n* taliye
commandment *n* sharci
commemorate *v* usid
commence *v* bilaamid
commend *v* amaanid
commendation *n* amaan
comment *v* faalayn
comment *n* faalo
commerce *n* ganacsi
commercial *adj* xiriir ganacsi leh
commission *n* gudi, saami
commit *v* samayn
commitment *n* xilqaadis
committed *adj* is xilqaan
committee *n* gudi
common *adj* waqaf ah
commotion *n* buuq
communicate *v* wada xiriirid
communication *n* is gaarsiin
communion *n* wax wadaag
communism *n* hanti wadaaga
communist *adj* hanti wadaag ah
community *n* bulsho
commute *v* u socdaalid shaqo
compact *v* isku cufid
compact *adj* isku fucan
companion *n* wehel
companionship *n* rafiiqnimo
company *n* shirkad

comparable *adj* isku dhigma
comparative *adj* la bar-bar dhigi karo
compare *v* is barbar dhig
comparison *n* is barbardhigyo
compartment *n* qoqob
compass *n* jiheeye
compassion *n* naxariis
compassionate *adj* naxariista
compatibility *n* isku dhigma
compatible *adj* is qaadan kara
compatriot *n* isku waddan ah
compel *v* ku khasbid
compelling *adj* xiiso keena
compendium *n* qoraal dhammeystiran
compensate *v* xaqbixin
compensation *n* magdhaw
compete *v* ku tartamid
competence *n* awood
competent *adj* awood leh
competition *n* tartan
competitive *adj* lagu tartamo
competitor *n* tartame
compile *v* isku aruurin
complain *v* cabatin
complaint *n* cabasho
complement *n* wax shay bila
complete *v* dhamayn
complete *adj* dhamaystiran
completely *adv* dhamaantood
completion *n* dhamaystirka

complex *adj* adag, kakan
complexion *n* muuqaal waji
complexity *n* adkaan
compliance *n* adeecyo
compliant *adj* mudeec
complicate *v* adkayn
complication *n* murug
complicity *n* dambiile gar-gaarid
compliment *n* amaan
complimentary *adj* bogaadin
comply *v* adeecid
component *n* qalab
compose *v* ka samaysnaan
composed *adj* daganaan
composer *n* muusik qore
composition *n* ka koobnaansho
compost *n* qoosh
composure *n* heer deganaansho
compound *v* isku darid
compound *n* isku darsan
comprehend *v* fahmid
comprehensive *adj* ku wada dhan
compress *v* cadaadin
compression *n* cadaadinyo
comprise *v* ka koobnaan
compromise *v* isku tanaasulid
compromise *n* tanaasul
compulsion *n* khasab
compulsive *adj* ku dhagid
compulsory *adj* khasab ah
compute *v* isku gayn

computer

computer *n* kombiyuutar
comrade *n* saaxiib
con man *n* khiyaanoole
conceal *v* qarin
concede *v* qirid
conceited *adj* is-cajabiyey
conceive *v* ka fakarid
concentrate *v* dhugma yeelad
concentration *n* dhugmo
concentric *adj* shay bu' leh
concept *n* aragti
conception *n* fikrad abuuryo
concern *n* khuseeya
concern *v* khuusayn
concerning *pre* ku saabsan
concert *n* riwaayad
concession *n* ogolaansho
conciliate *v* maslixid
conciliatory *adj* heshiis
concise *adj* qeexan
conclude *v* gunaanad
conclusion *n* gaba gabo
conclusive *adj* wax cadayn ah
concoct *v* isku dar dar
concoction *n* isku daryo
concrete *adj* la taaban karo
concrete *n* shub
concur *v* ku raacid
concurrent *adj* isku mar dhaca
concussion *n* shoog-maskaxeed
condemn *v* cambaarayn
condemnation *n* dhaleeco

condensation *n* biyo fariisad
condense *v* adkayn
condescend *v* yasid, xaqirid
condiment *n* waxyaabaha cuntada lagu carfiyo
condition *n* xaalad
conditional *adj* shardiyan
conditioner *n* jir qaabayn
condo *n* nooc guri
condolences *n* tacsi
condone *v* cafin
conducive *adj* sahla
conduct *n* hogaamineed
conduct *v* horkicid
conductor *n* kiro ururiye
confer *v* bixin, shirin
conference *n* kulan
confess *v* qiratin
confession *n* qirasho
confessional *n* qolka qiraalka
confessor *n* qiraadlaha
confidant *n* kalsooni
confide *v* sir sheegid
confidence *n* kalsooni
confident *adj* is huba
confidential *adj* qarsoodi
confine *v* ku xadidid
confinement *n* xad
confirm *v* xaqiijin
confirmation *n* hubinyo
confiscate *v* ka xayuubin
confiscation *n* ka qaadid

conflict *v* fikrad is burin
conflict *n* iska hor imaad
conflicting *adj* is burinaya
conform *v* a qabsi
conformist *adj* sharci raace
conformity *n* xeer la aqbali karo
confound *v* isku khaldid
confront *v* foolsaarid
confrontation *n* iska-horimad
confuse *v* isku dhexyaacid
confusing *adj* isku dhexyaac leh
confusion *n* isku dhexyaac
congenial *adj* isku dabeecad ah
congested *adj* cariiri ah
congestion *n* ciriiri
congratulate *v* u hambalyayn
congratulations *n* hambalyo
congregate *v* ku soo ururid
congregation *n* kulan
congress *n* gole la soo doorto
conjecture *n* odoros, saadaalin
conjugal *adj* guur isku keenay
conjugate *v* mataanoobid
conjunction *n* is goys
conjure up *v* kicin
connect *v* isku xirid
connection *n* isku xirnaansho
connive *v* mu'aamaradin
connote *v* sarbeebid
conquer *v* ka quulaysad
conqueror *n* guulayste
conquest *n* qabsasho

conscience *n* damiir
conscious *adj* miyir qab ah
consciousness *n* xis
conscript *n* qafaalid, raafid
consecrate *v* u hibayn
consecration *n* u hibayn
consecutive *adj* isku xiga
consensus *n* heshiis guud
consent *n* ogolaansho
consent *v* yeelid
consequence *n* miradhal
consequent *adj* cawaaqib
conservation *n* xafidyo
conservative *adj* muxaafid ah
conserve *n* dhawr, xafidid
conserve *v* dhawrid
consider *v* ka fakarid
considerable *adj* wax wayn
considerate *adj* ka fakirid
consideration *n* tixgelin
consignment *n* xamuul
consist *v* ka kooban
consistency *n* joogto
consistent *adj* joogto ah
consolation *n* murugo tir
console *v* murugo tirid
consolidate *v* midayn
consonant *n* shibane
conspicuous *adj* la arki karo
conspiracy *n* mu'aamaro
conspirator *n* shirqool-dhige
conspire *v* dambi moogid

constancy *n* isbadel la'aan
constant *adj* joogto ah
constellation *n* awrka cirka
consternation *n* baqdin
constipate *v* istaagid
constipated *adj* calool istaagtey
constipation *n* calool istaaga
constitute *v* ka samaysmid
constitution *n* dastuur
constrain *v* hayn
constraint *n* xanibaad
construct *v* dhisid
construction *n* dhisitaan
constructive *adj* wax tar leh
consul *n* qunsul
consulate *n* qusiliyad
consult *v* xog raadin
consultation *n* la tashi
consume *v* quudad
consumer *n* quute
consumption *n* quudasho
contact *v* la xiriirid
contact *n* taabasho
contagious *adj* la is qaadsiiyo
contain *v* xambaarsanid
container *n* weel
contaminate *v* wasakhaysid
contamination *n* wasakhayn
contemplate *v* ka baaraan
contemporary *adj* casri ah
contempt *n* xaqiraad
contend *v* halgamid

contender *n* tartame
content *v* qancin
content *adj* raali ku ah
contentious *adj* muran leh
contents *n* tusmada
contest *n* tartan
contestant *n* tartame
context *n* duluc hadal
continent *n* qaarad
continental *adj* qaarad ka mid ah
contingency *n* wax dhici kara
contingent *adj* wax aan la hubin
continuation *n* sii wadasho
continue *v* socda
continuity *n* xiriirsanaansho
continuous *adj* xiriira
contour *n* qaab
contraband *n* koontarabaan
contract *n* qandaraas
contract *v* yarayn
contraction *n* uruuryo
contradict *v* beenin
contradiction *n* is burin
contrary *adj* ka horjeed ah
contrast *v* farqi yeelasho
contrast *n* is bar-bar dhigis
contribute *v* siin
contribution *n* siinyo
contributor *n* tabaruce
contrition *n* qoomamo
control *v* xukumid
control *n* xukun

coronation

controversial *adj* laysku qilaafo
controversy *n* dood
convalescent *adj* bogsanaha
convene *v* kulmid, shirid
convenience *n* dhib yar
convenient *adj* sahal ah
convent *n* guriga sooroyinka
convention *n* kulan
conventional *adj* dhaqanka ku dabbakhan
converge *v* ku kulmid meel
conversation *n* wada hadal
converse *v* wada hadlid
conversely *adv* lid, caksi
conversion *n* badalis
convert *n* badalasho
convert *v* badalid
convey *v* qaadid
convict *v* ku cadayn
conviction *n* dambi ku cadaad
convince *v* ku qancin
convincing *adj* la rumaysan karo
convoluted *adj* duuban
convoy *n* kolonyo
convulse *v* ruxid
convulsion *n* qalal
cook *v* karin
cook *n* kariye
cookie *n* buskud
cooking *n* cunto karin
cool *adj* qabaw ah; degan
cool *v* qaboobid

cool down *v* qaboojin
cooling *adj* qabaabaya
coolness *n* degenaansho
cooperate *v* wada shaqayn
cooperation *n* wada shaqayn
cooperative *adj* wada shaqayn
coordinate *v* isku hagaajin
coordination *n* wadajir
coordinator *n* isku hagaajiye
cop *n* askari boliis ah
cope *v* ka libaysad
copier *n* minguuriye
copper *n* naxaas cas
copy *v* badin
copy *n* minguuris, nuqul
copyright *n* xuquuqda daabacaadda
cord *n* xarig
cordial *adj* kal iyo laab ah
cordless *adj* xarig lahayn
cordon *n* hareersan
cordon off *v* hareerayn
core *n* ubuc
cork *n* fur daboolka
corn *n* galleey, arabikhi
corner *n* cirif
corner *v* gees u ceyrin
cornerstone *n* aasaaska
cornet *n* qalab muusik
corollary *n* cawaaqib
coronary *adj* wadnaha ku xiran
coronation *n* boqrid

corporal *adj* jir ahaan
corporal *n* laba alifle
corporation *n* urur
corpse *n* mayd
corpulent *adj* baruur
corpuscle *n* unugyada dhiiga
correct *v* khalad bixin
correct *adj* saxsan
correction *n* saxitaan
correlate *v* isku-xiran
correspond *v* waafaqid
correspondent *n* soo qore
corresponding *adj* isku qaaba
corridor *n* marin dheer
corroborate *v* sii xaqiijin
corrode *v* daxalaysad
corrupt *adj* fasaad
corrupt *v* fasaadin
corruption *n* laaluush
cosmetic *n* isqurxinta
cosmic *adj* kawnka la xiriira
cosmonaut *n* cirbixiyeen
cost *iv* qiima siin
cost *n* qiimaha
costly *adj* qaali ah
costume *n* labbis
cottage *n* nooc guri
cotton *n* suuf
couch *n* fadhi
cough *n* qufac
cough *v* qufacid
council *n* gole

counsel *v* tala siin
counsel *n* talo
counselor *n* la taliye
count *v* tirin
count *n* tiro
countdown *n* gadaal u tirin
countenance *n* waji akhris
counter *v* fool saarid
counter *n* makhal
counteract *v* caabiyid
counterfeit *adj* been abuur ah
counterfeit *v* been abuurid
counterpart *n* dheelli tir
countless *adj* tiro beeshay
country *adj* baaddiye la xiriira
country *n* wadan
countryman *n* reer miyi ah
countryside *n* baadiyaha
county *n* degmo wayn
coup *n* inqilaab
couple *n* lamaane
coupon *n* kuuboon
courage *n* geesinimmo
courageous *adj* geesinimo leh
courier *n* dhambaal wade
course *n* tababar
court *n* maxkamad; qasriga boqortooyada; meel bannaan ah
court *v* shukaansad guur
courteous *adj* edboon
courtesy *n* xushmo
courthouse *n* aqalka maxkamadda

courtship *n* shukaansi
courtyard *n* dayr
cousin *n* ina adeer
cove *n* xeeb yar
covenant *n* wacad
cover *v* daboolid
cover *n* dahaar
cover up *v* qarinyo
coverage *n* inta ay daboosho
covert *adj* qarsoodi
cover-up *n* daboolyo
covet *v* damcid
cow *n* sac
coward *n* fulay
cowardice *n* fulaynimo
cowardly *adv* fulaynimo ah
cowboy *n* lo'jire
cozy *adj* dareen fiican leh
crab *n* carsaanyo
crack *v* dilaac
crack *n* tarrar
cradle *n* sariir
craft *n* farshaxan
craftsman *n* farshaxan yaqaan
cram *v* buuxin
cramp *n* muruq roor
cramped *adj* buuxa
crane *n* wiish
crank *n* giraan girin
cranky *adj* xaruuri ah
crap *n* saxaro, hadal xun
crappy *adj* aad u tayo xun
crash *v* ku dhicid
crash *n* meel ku dhac
crass *adj* qof xun
crater *n* takhtad
crave *v* rabid
craving *n* jamasho
crawl *v* gurguurad
crayon *n* jeeso midabeysan
craziness *n* waalinimo
crazy *adj* madaxa looga jiro
creak *v* jiiqlayn
creak *n* jiiqlays
cream *n* labeen
creamy *adj* la bataqiyay
crease *n* jactad
crease *v* jactadid
create *v* keenid
creation *n* abuuris
creative *adj* fikrad keena
creativity *n* fikrad leh
creator *n* qof wax curiya
creature *n* noole
credibility *n* karaan
credible *adj* la aamini karo
credit *v* aamminid
credit *n* dayn la bixiyo
creditor *n* dayn bixiye
creed *n* mad hab
creek *n* wabi yar
creep *v* gur guurad
creepy *adj* cabsi leh
cremate *v* danbasayn

crest *n* tuurta
crevice *n* dilaac yar
crew *n* shaqaale markab
crib *n* sariir ilmeed
cricket *n* nooc cayayaan
crime *n* danbi la galo
criminal *adj* danbiile
cripple *adj* curyaamid
cripple *v* dhutin
crisis *n* dhibaato
crisp *adj* adayg
crispy *adj* cunto la dubay
criterion *n* heerarka
critical *adj* xaalad degdega
criticism *n* dhaliilyo
criticize *v* dhaliilid
critique *n* qiimayn
crockery *n* maacuun
crocodile *n* yaxaas
crony *n* saaxiib dhaw
crook *n* qalooc
crooked *adj* aan sinnayn
crop *v* jarid
crop *n* midho
cross *adj* gooyaan
cross *v* gudbid
cross *n* isku talaab
cross out *v* tirtirid
crossfire *n* tacshiirad
crossing *n* isgoys
crossroads *n* go'aan wayn
crosswalk *n* dad-mareen
crossword *n* hal-xiraale
crouch *v* kuudadid
crow *v* diiq ciyid
crow *n* tuke
crowbar *n* sabarad
crowd *n* buuq
crowd *v* ku buuqid
crowded *adj* buuxa
crown *v* boqrid
crown *n* taaj
crowning *n* caleemo saar
crucial *adj* deg dega
crucifix *n* saliib
crucifixion *n* qaabkii nabi Ciise loo diley
crucify *v* dal-dalid
crude *adj* aan la sifayn
cruel *adj* arxan daran
cruelty *n* arxan daro
cruise *v* mushaaxid
crumb *n* jab jab
crumble *v* burburin
crunchy *adj* qardumleeya
crusade *n* jihaad masiixi
crusader *n* jihaade masiixi
crush *v* burburin
crushing *adj* burburinaya
crust *n* dusha rooti
crusty *adj* dusha ka adag
crutch *n* tukubad
cry *n* ilmayn
cry *v* ooyid

cry out v u ooyid
crying n oohin
crystal n saafi ah
cub n ilmo xayawaan
cube n lix geesle is le'eg
cubic adj qaab lixgees
cubicle n qoolad-yar
cucumber n qajaar
cuddle v habsiin
cuff n jeebbo
cuisine n cunto
culminate v dhamaadka
culpability n eed isa saarid
culprit n danbiile
cult n koox diineed
cultivate v caro gedin
cultivation n caro gedis
cultural adj la xiriira dhaqan
culture n dhaqan
cumbersome adj qalafsan, dhib badan
cunning adj xeelad-badni
cup n koob
cupboard n armaajo
curable adj la daaweyn karo
curator n maktabad dhawre
curb n kaabad, kaabi
curb v xakamayn, celin
curdle v garoorid
cure v daawoobid
cure n dawo
curfew n bandoo

curiosity n jeclaanta in wax kasta la ogaado
curious adj cajiib ah; qof rabaa in wax kasto ogaado
curl v duubmid, duubid
curl n timo galoolan
curly adj gal galoolan
currency n lacag wadaneed
current n qul-qul
current adj wax markaas dhaca
currently adv iminka
curse v habaar
curtail v gaabin
curtain n daah
curve n godnaan
curve v qaloocin
cushion n barkimo jilicsan
cushion v dabcin
cuss v dhiblow
custard n labaniyad
custodian n gudoomiye meel
custody n mas'uuliyad qaad
custom n dhaqan
customary adj caado ah
customer n rukun
custom-made adj loo-asteeyey
customs n canshuur-bixin; xafiiska canshuurta
cut iv goyn
cut n jaris
cut back v dhimis
cut down v yarayn, dhimis

cut off v goyn
cut out v ka saarid
cute adj qurux badan
cutlery n qaado, fargeeto
cutter n jarjare, googooye
cyanide n nooc sumeed
cycle n baaskiil
cycle v wareeg
cyclist n bushkuleetile
cyclone n duufaan
cylinder n dhuun
cynicism n dhinac xun eege
cypress n nooc geed
cyst n fiix, nabar
czar n awood badanle

dad n aabe
dagger n toorey
daily adv maalin kasta
dairy farm n beer caaneed
daisy n ubax guyeed
dam n biyo xidh
damage n waxyeelo
damage v waxyeeloobid
damaging adj waxyeelo leh
damn v lacnadid

damnation n halaak
damp adj qoyaan yar leh
dampen v qoyan
dance n qoobcayaar
dance v qoobka ciyaarid
dancing n cayaaraya
dandruff n agool
danger n waxyeelo
dangerous adj waxyeelo leh
dangle v laa laadin
dare v car
dare n loolan
daring adj si dhiiranaan leh
dark adj mugdi, gudcur
darken v mugdiyayn
darkness n mugdi dam ah
darling adj xabiib
darn v karkarid
dart v dhakhso u dhaqaaqid
dart n leeb lagu ciyaaro
dash v cararid, dhakhsad
dashing adj qof nafle, fiican
data n diiwaan
database n diiwaan-keydiye
date v taariikh ku qorid
date n taariikh; shukaansi
daughter n gabadh
daughter-in-law n gabadha sodohda
daunt v baqdin galin
daunting adj dhib-badan
dawn n waabari

declare

- **day** *n* dharaar
- **daydream** *v* hawaawi
- **daze** *v* la jahawareerid
- **dazed** *adj* la amakaak
- **dazzle** *v* la ashqaraar
- **dazzling** *adj* la ashqaraar leh
- **dead** *adj* mayd ah
- **dead end** *n* dhamaadka
- **deaden** *v* dhimid
- **deadline** *n* kama danbays
- **deadlock** *adj* isku mari waa
- **deadly** *adj* dilaa ah
- **deaf** *adj* dhagool ah
- **deafen** *v* maqal tirid
- **deafening** *adj* maqal tiraya
- **deafness** *n* maqal la'aan
- **deal** *iv* ka ganacsad
- **deal** *n* macaamil
- **dealer** *n* ganacsade
- **dealings** *n* xiriir ganacsi
- **dean** *n* hormuud jaamacadeed
- **dear** *adj* qaali ah
- **dearly** *adv* si aad ah
- **death** *n* dhimasho
- **death toll** *n* tirada dhimasho
- **death trap** *n* dabin, halisa
- **deathbed** *n* sarriirta dhimashada
- **debase** *v* fasahaadis
- **debatable** *adj* laga doodi karo
- **debate** *n* dood
- **debate** *v* doodid
- **debit** *n* dayn qab
- **debrief** *v* xog waraysi arimeed
- **debris** *n* firdhad
- **debt** *n* deyn
- **debtor** *n* dayn qabe
- **debunk** *v* cadayn khalad
- **debut** *n* masrax bilaabid koowaad
- **decade** *n* mudo toban sano ah
- **decadence** *n* dib u dhac akhlaaqeed
- **decaf** *adj* kafeeyinka laga saarey
- **decapitate** *v* qoor goyn
- **decay** *n* bolol, shuush
- **decay** *v* bololid
- **deceased** *adj* dhintay
- **deceit** *n* khiyaano, laqdabo
- **deceitful** *adj* khiyaano leh
- **deceive** *v* khaa'imid
- **December** *n* Diisambar
- **decency** *n* ixtiraam, xushmad
- **decent** *adj* fiican, la aqbali karo
- **deception** *n* khayaano
- **deceptive** *adj* khiyaano leh
- **decide** *v* go'aansad
- **deciding** *adj* go'aan doorasho
- **decimal** *adj* jajab-tobanle
- **decimate** *v* layn
- **decipher** *v* macnayn
- **decision** *n* go'aan
- **decisive** *adj* khalad lahayn, cad
- **deck** *n* sagxad
- **declaration** *n* qaraar
- **declare** *v* ku dhawaaqid

declension

declension *n* nooc naxwe
decline *n* hoos u dhac
decline *v* hoos u dhicid
decompose *v* gubatin
décor *n* guri qurxis
decorate *v* qurxin, sharaxid
decorative *adj* wax qurxiya
decorum *n* edab
decrease *v* yaraaday, dhinmay
decrease *n* yaraansho
decree *v* amar bixin
decree *n* amar masuul
decrepit *adj* duqooba
dedicate *v* hibayn
dedication *n* u hibayn
deduce *v* garatin, ogaatin
deduct *v* ka dhimid
deductible *adj* laga jari karo
deduction *n* jarasho
deed *n* camal
deem *v* maskax ku hayn
deep *adj* hoos u qodan
deepen *v* sii dheerayn
deer *n* deero
deface *v* waji bi'in
defame *v* sharaf dilid
defeat *n* guul daro
defeat *v* ka guulaysad
defect *v* baxsad
defect *n* cilad
defection *n* baxsasho
defective *adj* ciladaysan

defend *v* difaacid
defendant *n* eedaysane
defender *n* qof wax difaaca
defense *n* daafac
defenseless *adj* daafac la'aan
defer *v* dib u dhigid
defiance *n* diidmo
defiant *adj* diida
deficiency *n* ku yaraansho
deficient *adj* aysan ku filayn
deficit *n* hoos u dhac
defile *v* wasakhayn
define *v* qeexid
definite *adj* qeexan
definition *n* qeexista
definitive *adj* go'aan cad
deflate *v* ka neefin
deform *v* dhalan rogid
deformity *n* naafo
defraud *v* casayn
defray *v* kharaj ka bixin
defrost *v* baraf ka sifayn
deft *adj* gacan fudud
defuse *v* qarxid ka saarid; dejin
defy *v* diidid
degenerate *adj* fasaad leh
degenerate *v* hoos dhicid
degeneration *n* fasaad
degradation *n* dulinimo
degrade *v* hoos u dhigid
degrading *adj* hoos u dhigid leh
degree *n* halbeeg; heer

departure

dehydrate v engenjin
deign v hambaasid
deity n caabudid mudan
dejected adj murugaysan
delay v daahin
delay n dib dhac
delegate n ergay
delegate v wareejin
delegation n wafdi
delete v masixid
deliberate v ka fiirsid
deliberate adj kas
delicacy n cunto gaar macaan u ah
delicate adj jileec leh
delicious adj dhadhan leh
delight n faraxsanaansho
delight v ku farxid
delightful adj farax leh
delinquency n akhlaaq xumo
delinquent adj xad gudub sameeya
deliver v gaarsiin
delivery n gaysmo
delude v khiyaamayn
deluge n camir, buux dhaaf
delusion n dhunsanaan
deluxe adj qiimo leh
demand v waydiisad
demand n waydiisasho
demanding adj waydiis leh
demean v hoos u dhigid

demeaning adj yasid leh
demeanor n ula dhaqan
demented adj waalan
demise n dhimasho
democracy n dimuqraadiyada
democratic adj dimuqraadi ah
demolish v dumin
demolition n dumis
demon n jini, qof shaydaana
demonstrate v sharixid, tusid
demonstrative adj tusaaleeya
demoralize v niyad jabin
demote v hoos u dhigid darajo
den n guri habar dugaag
denial n diidyo
denigrate v masabidid
Denmark n Danmaark
denominator n xisaab jajabka
denote v tusid, muujin
denounce v canbaarayn
dense adj cufan
density n cuf
dent v diisid, riixid
dent n diisyo
dental adj ilko la xiriira
dentist n dhakhtarka ilkaha
dentures n ilko beena oo la xirto
deny v beenin
deodorant n shiirdhawr
depart v tagid
department n qayb, waax
departure n tagis

depend *v* ku xirnaan
dependable *adj* ku tashan karo
dependence *n* isku halaynsho
dependent *adj* ku nool
depict *v* ku muujin, ku tusin
deplete *v* gurin, madhin
deplorable *adj* laga xumaado
deplore *v* ka xumaatin
deploy *v* ciidan gayn
deployment *n* ciidamo
deport *v* ka dhoofin
deportation *n* masaafurin
depose *v* ka qaadid
deposit *n* lacag dhigasho
depot *n* bakhaar
deprave *adj* fasaadin
depravity *n* dulinimo
depreciate *v* qiimo jabid
depreciation *n* qayme jab
depress *v* niyad jabin
depressing *adj* niyad jab leh
depression *n* niyad jab; qayb hooseeya
deprivation *n* ka qaadyo
deprive *v* u diidid
deprived *adj* loo diiday
depth *n* qodnaanta
deranged *adj* isku khal khalid
derelict *adj* la dayacay
deride *v* ku dheel dheelid
derivative *adj* kasoo dhanbalmay
derive *v* ka yimid

derogatory *adj* xaqiraad
descend *v* soo degid
descendant *n* duriyad ama fir
descent *n* dagasho
describe *v* tilmaamid
description *n* tilmaan
descriptive *adj* wax tilmaama
desecrate *v* najaasayn
desert *v* ka tagid
desert *n* lamadagaan, abaal
deserted *adj* cidlayn, ka tagid
deserter *n* fakad, baxsad
deserve *v* istaahilid
deserving *adj* is taahila
design *n* naqsho, qaabayn
designate *v* cayimid
desirable *adj* wax la rabo
desire *v* rabid
desire *n* rabis
desist *v* joojin
desk *n* miis
desolate *adj* faaruqin
desolation *n* qax
despair *n* rajo beel
desperate *adj* kax ah
despicable *adj* karaahiyayso
despise *v* liidid, yasid
despite *c* iskastoo
despondent *adj* rajo beel
despot *n* amar-kutaagle
despotic *adj* kali talisnimo leh
dessert *n* macmacaan

diamond

destination *n* bar-dhammaadka safarka
destiny *n* qadar
destitute *adj* baahi qaba
destroy *v* burburin
destroyer *n* baabi'iye
destruction *n* burbur
destructive *adj* burbur leh
detach *v* ka furid, ka fujin
detachable *adj* kala furma
detail *v* tafa tirid
detail *n* xaqiiq
detain *v* xirid
detect *v* ka shifid, ogaatin
detective *n* danbi baare
detector *n* qalab wax sheega
detention *n* xiris
deter *v* ka celin
detergent *n* dareere wax sifeeya
deteriorate *v* ka sii darid
deterioration *n* ka sii dar
determination *n* hadaf gaarid
determine *v* gaarid go'aan
deterrence *n* casbi galin
detest *v* nacaybsad
detestable *adj* la necbaysto
detonate *v* qarxad, qarxin
detonation *n* qarxin
detonator *n* qarxiye
detour *n* wareeg
detriment *n* waxyeelo
detrimental *adj* waxyeelo leh

devaluation *n* hoos u dhig
devalue *v* qiimo ridid
devastate *v* burburin
devastating *adj* burbur leh
devastation *n* burbur, baaba
develop *v* korid, horumarin
development *n* koryo, horumar
deviation *n* weecasho
device *n* qalab
devil *n* shaydaan
devious *adj* khiyaamo ah
devise *v* qkhtiraacid
devoid *adj* aan lahayn
devote *v* u go'id
devotion *n* u hurid, u hibayn
devour *v* boobid cunto
devout *adj* cibaadaysta
dew *n* dhado
diabetes *n* sonkorow
diabetic *adj* sonkorow qaba
diabolical *adj* shar leh
diagnose *v* helid dhibaato
diagnosis *n* ogaanshaha
diagonal *adj* dadab ah
diagram *n* tusmo
dial *v* garaacid nambar
dial *n* wajiga saacadda
dial tone *n* dhawaaqa telefoonka
dialect *n* af guri
dialogue *n* wada-hadal
diameter *n* dhexroor
diamond *n* dheeman

diaper

diaper *n* saxaro qabte
diarrhea *n* shuban
diary *n* xasuus qor
dice *n* laadhuu
dice *v* si afar-gees ah u jarjarid
dictate *v* yeerin
dictator *n* kalitaliye
dictatorial *adj* xukun kali haysi
dictatorship *n* kali talisnimo
dictionary *n* qaamus
die *v* dhimatin
die out *v* dabargo'id
diet *n* cunto qaadasho nidaamsan
diet *v* cunto yarayn
differ *v* ka duwan
difference *n* kala duwanaansho
different *adj* kala duwan
difficult *adj* dhibaato leh
difficulty *n* dhibaato
diffuse *v* kala firdhin
dig *iv* faagid
digest *v* dheef shiidid
digestion *n* dheef shiid
digestive *adj* dheef-mareen
digit *n* nambar, far
dignify *v* sharfid
dignitary *n* madax
dignity *n* karaamo
digress *v* ka leexad
dike *n* biyo-xireen
dilapidated *adj* la dayacay
dilemma *n* laba daran midkood

diligence *n* hawl karnimo
diligent *adj* taxadir badan leh
dilute *v* barxid
dim *adj* shiiq ah, nuxuus ah
dim *v* shiiqin
dime *n* kumi
dimension *n* qiyaas
diminish *v* wiiqid, yarayn
dine *v* cashayn
diner *n* ka cunteeye
dining room *n* qol ka cunto
dinner *n* casho
diploma *n* shahaado aqooneed
diplomacy *n* siyaaso dawladeed
diplomat *n* diblomaasi
diplomatic *adj* diblomaasi ah
dire *adj* xaalad adag
direct *v* hogaamin, maamulid
direct *adj* toos ah
direction *n* jiho; agaasin
director *n* agaasime
directory *n* diiwaan
dirt *n* wasakh
dirty *adj* wasakhle
disability *n* curyaamid
disabled *adj* curyaan ah
disadvantage *n* faa'iid daro
disagree *v* is diidid
disagreeable *adj* aan la jeclayn
disagreement *n* is khilaaf
disappear *v* qarsoomid
disappearance *n* qarsoon, waayid

disillusion

disappoint v ka xumaatin
disappointing adj qalbijab
disappointment n qalbijab
disapproval n diidmo
disapprove v dhaliil
disarm v hubka dhigid
disarmament n hubka dhigis
disaster n masiibo
disastrous adj baaba leh
disband v kala burburid
disbelief n rumaysasho la'aan
disburse v qaybin lacag
discard v xoorid
discern v arkid, muuqad
discharge v ka saarid
discharge n siidayn
disciple n diin faafin
discipline n edab
disclaim v dafirid, inkirid
disclose v faydid
discomfort n raaxo la'aan
disconnect v ka gooyn
discontent adj qaneeca la'aan
discontinue v joojin
discord n iska horimaadyo
discordant adj aan is raacsanayn
discount n dhimis
discount v qayme dhimid
discourage v himad jabin
discouragement n quus
discouraging adj aan fiicnayn
discourtesy n edab daro

discover v soo saarid
discovery n soo saaryo
discredit v dilid qof magaciis
discreet adj gaabsada
discrepancy n kala gedisnaansho
discretion n caqli la kaashi
discriminate v kala soocid
discrimination n kala sooc
discuss v kawada hadlid
discussion n wada hadal
disdain n hoos u eegid
disease n cudur
disembark v ka dagid
disenchanted adj niyad go'ay
disentangle v ka furid guntin
disfigure v xumayn
disgrace n ceeb
disgrace v ceeboodid
disgraceful adj ceeb leh
disgruntled adj xanaaqsan
disguise n is qarin
disguise v iska dhigid
disgust n karaahiyo
disgusting adj la karhado
dish n saxan
dishearten v rajo lumin
dishonest adj daacad darooda
dishonesty n aamin daro
dishonor n sharafdhac
dishonorable adj ceeb leh
dishwasher n weel dhaqe
disillusion n khayaali ka baabi'in

disinfect

disinfect *v* jeermis dilid
disinfectant *v* jeermis dile
disinherit *v* dhaxal ka qadin
disintegrate *v* burburin
disintegration *n* kala burbur
disinterested *adj* xiiso lahayn
disk *n* xeero
dislike *n* nacayb
dislike *v* nacaybsad
dislocate *v* kala bixid
dislodge *v* xoog uga bixin
disloyal *adj* khaa'ina
disloyalty *n* khaa'in
dismal *adj* murugo leh
dismantle *v* fur furid
dismay *n* qaracan
dismay *v* qaracmid, baqdin
dismiss *v* ruqsayn fasaxid
dismissal *n* fasaxaad
dismount *v* ka dagid
disobedience *n* caasinimo
disobedient *adj* amar diido ah
disobey *v* amar diidid
disorder *n* nadaam daro
disorganized *adj* isku habaysnayn
disoriented *adj* jahawareerid
disown *v* inkirid
disparity *n* kala duwanaansho
dispatch *v* u dirid, hawl gelin
dispel *v* firdhin, kaxayn
dispensation *n* sharci dhaafyo
dispense *v* qaybin, siin

dispersal *n* fidin
disperse *v* kala firdhin
displace *v* baro bixin
display *n* bandhigyo
display *v* soo bandhigid
displease *v* ka caraysiin
displeasing *adj* ka xanaaq leh
displeasure *n* xumaansho leh
disposable *adj* mar isticmaal
disposal *n* xooryo
dispose *v* tuurid
disprove *v* beenayn
dispute *v* ka murmid
dispute *n* muran
disqualify *v* aan u qalmin
disregard *v* iska alaawid
disrepair *n* dayac tir u baahan
disrespect *n* xurmo daro
disrespectful *adj* xurmo daro leh
disrupt *v* qasid
disruption *n* qas
dissatisfied *adj* ku faraxsanayn
disseminate *v* baahin, faafin
dissent *v* ku diidid
dissident *adj* mucaarad
dissimilar *adj* kala duwan
dissipate *v* kala firdhin
dissolute *adj* akhlaaq xun
dissolution *n* bur bur
dissolve *v* milmid
dissonant *adj* israac lahayn
dissuade *v* ka celin

dogmatic

distance *n* fogaan
distant *adj* meel fog
distaste *n* nacayb
distasteful *adj* la necbaysto
distill *v* sifayn
distinct *adj* kala duwan
distinction *n* kala duwanaansho
distinctive *adj* ka duwanaansho
distinguish *v* kala garatin
distort *v* qaab badalid
distortion *n* qaab badal
distract *v* ka jeedin
distraction *n* ka mashquul
distraught *adj* aad u walwalsan
distress *n* walbahaar
distress *v* walbahaarid
distressing *adj* walbahaar leh
distribute *v* qaybin
distribution *n* qaybis
district *n* degmo, degaan
distrust *n* kalsooni daro
distrust *v* tuhmid
distrustful *adj* kalsooni daro leh
disturb *v* carqaladayn
disturbance *n* arbush
disturbing *adj* walwal leh
disunity *n* wadajir la'aan
disuse *n* isticmaal la'aan
ditch *n* jeex
dive *v* quusid
diver *n* quuse, muquurte
diverse *adj* kala duwan
diversify *v* kala duwid
diversion *n* weecasho
diversity *n* kala duwanaansho
divert *v* weecin
divide *v* qaybin
dividend *n* saami hel
divine *adj* awood Alleh
diving *n* quusaya
divinity *n* ilaahinimo
divisible *adj* la qaybin karo
division *n* qayb qaybin; kala qaybsanaan
divorce *v* furid
divorce *n* furiin
divorcee *n* garoob
divulge *v* sheegid
dizziness *n* dawakhaad
dizzy *adj* wareera
do *iv* hawl samayn
docile *adj* habad
docility *n* wadasho
dock *n* kaabiga maraakibta
dock *v* ku soo xirasho
doctor *n* dhakhtar
doctrine *n* caqiido
document *n* qoraal
documentary *n* warbaahin dhacdo soo bandhiga
documentation *n* tixraac xogeed
dodge *v* dhinac u bayr
dog *n* eey
dogmatic *adj* la xiriira caqiido

dole out

dole out *v* qaybin, waxsiin
doll *n* boombale
dollar *n* doolar
dolphin *n* hoombaro
dome *n* fiyaarad
domestic *adj* la xiriira guriga
domesticate *v* rabaayadayn
dominate *v* xukumid
domination *n* saamayn
domineering *adj* saameeye
dominion *n* awood xukun
donate *v* ku deeqid
donation *n* deeq
donkey *n* dameer
donor *n* deeqe
doom *n* dhimasho
doomed *adj* la inkaaray
door *n* albaab
doorbell *n* gambaleel
doorstep *n* jaranjaro
doorway *n* irid albaab
dope *v* daroogayn
dope *n* daroogo
dormitory *n* qol-jiif
dosage *n* xadiga daawo
dossier *n* warqado-warbixin
dot *n* dhibic
double *adj* laba isku mid ah
double *v* laba laabid
double-check *v* laba jeer hubin
double-cross *v* khiyaamid
doubt *n* shaki

doubt *v* shakiyid
doubtful *adj* aan la hubin
dough *n* cajiin
dove *n* qooley
down *adj* hoose
down *adv* si hoose ah
down payment *n* dabaaji
downcast *adj* hoos dhawra
downfall *n* dhicid
downhill *adv* degaandeg
downpour *n* roob wayn
downsize *v* yarayn
downstairs *adv* dabakha hoose
down-to-earth *adj* miskiin
downtown *n* faras magaalo
downtrodden *adj* xaqiran
dowry *n* dhibaad
doze *v* gam'id yar
doze *n* indha casays
dozen *n* darsan
draft *v* qoraal diyaarin
draft *n* qoraal koowaad
draftsman *n* naqshad sameeye
drag *v* jiidid
drain *v* engajin, marin
drainage *n* biyo saaris
dramatic *adj* la xiriira jilid
dramatize *v* ruwaayadayn
drape *n* huwin, sudhid
drastic *adj* talaabo adag
draw *n* qori tuur
draw *iv* sawirid

dumb

drawback *n* waxa xun ee shay
drawer *n* khaanad
drawing *n* sawirida
dread *v* baqdin ka qabid
dreaded *adj* cabsi wayn leh
dreadful *adj* keena dhibwayn
dream *iv* ku riyoon
dream *n* riyo
dress *v* dhar xirad
dress *n* labis
dresser *n* armaajo dhareed
dressing *n* faashad
dried *adj* qalalay
drift *v* iska-meeraysi
drift apart *v* kala lumid
drifter *n* daaduume
drill *n* dalooliye; carbis
drill *v* god daloolin; tababarin
drink *iv* cabid
drink *n* cabitaan
drinkable *adj* la cabi karo
drinker *n* cabe
drip *v* dhibiclayn
drip *n* jabaqda dhibicda
drive *iv* gaari wadid
drive *n* karti; kaxayn
drive at *v* meel u wadid
drive away *v* cayrin, kaxayn
driver *n* wade, darawal
driveway *n* wadiiqo guriyeed
drizzle *v* di'id yar, shuuxlayn
drizzle *n* roob dhibco yar

drop *n* dhibic
drop *v* ridid, ridmid
drop in *v* booqasho
drop off *v* dhicid, yarayn
drop out *v* saaqidid
drought *n* abaar
drown *v* hafad
drowsy *adj* hurdaysan
drug *n* dawo
drug *v* siin daawo
drugstore *n* dukaan daawo
drum *n* durbaan
drunk *adj* cabsan
drunkenness *n* cabsanaan
dry *v* qalajin
dry *adj* qalalan
dry clean *v* dhaqid qalajis
dryer *n* qalajiso
dual *adj* laba qaybood ah
dubious *adj* shaki leh
duchess *n* afada amiir
duck *n* boolo boolo
duck *v* gabad
duct *n* tuubo, dhuun
due *adj* wakhti cayiman
duel *n* loollan, dirir
dues *n* ujro
duke *n* amiir
dull *v* aan caddayn
dull *adj* xiiso lahayn; damiin ah
duly *adv* wakhtigii la rabay
dumb *adj* fahmad yar

dummy *n* masaasad
dummy *adj* waxba ma fahme
dump *v* daadin qashin
dump *n* qashin qub
dung *n* saalo, digo
dungeon *n* godka
dupe *v* sirid
duplicate *v* daabicid
duplication *n* daabacaad
durable *adj* adkaysi leh, waara
duration *n* muddo
during *pre* wakhtiga
dusk *n* fiid, cir guduud
dust *n* boor
dusty *adj* boor ka buuxo
Dutch *adj* u dhashey Holland
duty *n* waajib
dwarf *n* cilin
dwell *iv* ka bilaabasho
dwelling *n* guri
dwindle *v* sii yaraaday
dye *v* aslid, midabayn
dye *n* renji
dying *adj* dhimanaya
dynamic *adj* tamar-leh, fir-fircoon
dynamite *n* miino
dynasty *n* reerka boqortooyada

each *adj* mid kasta
each other *adj* midba midka kale
eager *adj* u xiiso qaba
eagerness *n* rabitaan
eagle *n* gor gor
ear *n* dhag
earache *n* dhag xanuun
eardrum *n* xuubka dhegta
early *adv* bilawga, hore
earmark *v* sumad
earn *v* helid
earnestly *adv* daacad ah
earnings *n* dakhli
earphones *n* dhag fage
earring *n* dhego-dhego, xilqad
earth *n* dhulgariir
earthquake *n* dhulgariir
earwax *n* dhukay
ease *n* dhib yari, fudayd
ease *v* fududayn, dabcin
easily *adv* si sahal ah
east *n* bari
eastbound *adj* xaga bari
Easter *n* ciid Masiixi
eastern *adj* dhinaca bari
easterner *n* bari ka socde
eastward *adv* ku aadan bariga
easy *adj* sahlan
eat *iv* cunid

elevate

eat away *v* dhamayn, cunid
eavesdrop *v* dheg-nuugsi
ebb *v* caaryid
eccentric *adj* aan ahayn caadi
echo *n* jabaq noqod
eclipse *n* qorax madoobaad
ecology *n* cilmiga xiriirka noolaha iyo beey'ada
economical *adj* tashiil leh
economize *v* tashiilid
economy *n* dhaqaalaha
ecstasy *n* farax dhalaal
ecstatic *adj* farax wayn leh
edge *n* dacal
edge *v* sikin
edgy *adj* xanaaq-badan
edible *adj* la cuni karo
edifice *n* dhisme wayn
edit *v* daabicid
edition *n* daabacaad
educate *v* baratin aqoon
educational *adj* wax-barasho la xiriira
eerie *adj* cabsi leh
effect *n* saamayn
effective *adj* saamayn leh
effectiveness *n* saamaynteeda
efficiency *n* wax-qabad fiicni
efficient *adj* tayo wax qabad leh
effigy *n* suurada
effort *n* dadaal
effusive *adj* af macaani been ah

egg *n* ukun
egg white *n* xabka cad ee ukun
egoism *n* is cajabis
egoist *n* is cajabiye
eight *adj* sideed
eighteen *adj* sideed iyo toban
eighth *adj* sideedaad
eighty *adj* siddeetan
either *adv* laba midkood
either *adj* labadaba
eject *v* soo tuurid
elapse *v* gudbid
elastic *adj* laastiko
elated *adj* aad u faraxsan
elbow *n* xusul, suxul
elder *n* waayeel
elderly *adj* waayeelnimo leh
elect *v* dooratin
election *n* doorasho
electric *adj* koronto leh
electrician *n* korontayaqaan
electricity *n* koronto
electrify *v* dardar galin
electrocute *v* koronto ku dhimasho
electronic *adj* elektaroonik
elegance *n* dhadhan qurxoon
elegant *adj* xarrago leh
element *n* walax
elementary *adj* fudud
elephant *n* maroodi
elevate *v* kor u qaadid

elevation

elevation *n* meel kacsan
elevator *n* wiish
eleven *adj* kow iyo toban
eleventh *adj* kow iyo tobnaad
eligible *adj* u qalma, xaq u leh
eliminate *v* tirtirid
elm *n* nooc geedeed
eloquence *n* aftahannimo
else *adv* wax kale
elsewhere *adv* meel kale
elude *v* ka baxsad
elusive *adj* baxsan-og
emaciated *adj* waydoobid
emanate *v* ka soo askumid
emancipate *v* xuquuqsiin
embalm *v* mayd kaydin
embark *v* raacid
embarrass *v* xishoodsiin
embassy *n* safaarad
embellish *v* qurxin
embers *n* xaabo sii ifaysa
embezzle *v* lunsad lacag
embitter *v* ka xanaajin
emblem *n* astaan
embody *v* koobid
emboss *v* xardhid
embrace *n* habsiin
embrace *v* habsiis
embroider *v* dhar dun ku qurxin
embroidery *n* xarar, haradh
embroil *v* dhexgalid muran
embryo *n* bu

emerald *n* nooc macdan
emerge *v* muuqad
emergency *n* gurmad
emigrant *n* muhaajir
emigrate *v* haajirid
emission *n* siidaynyo
emit *v* siidayn
emotion *n* qiiro, shucuur
emotional *adj* qiira leh
emperor *n* boqortooyo maamule
emphasis *n* xoog saaryo
emphasize *v* carab ku adkayn
empire *n* boqortooyo
employ *v* shaqayn
employee *n* shaqaale
employer *n* shaqaaleeye
employment *n* shaqo
empress *n* boqorad
emptiness *n* marnaansho
empty *adj* maran
empty *v* marnid
enable *v* awoodin
enchant *v* ku farxid
enchanting *adj* farxad leh
encircle *v* ku wareegsan
enclave *n* dhex ku-jir
enclose *v* ku hareeraysan
enclosure *n* xero
encompass *v* aqbalid
encounter *v* ku kulmid kadis
encounter *n* kulan kadisyo
encourage *v* geesi galin, dhiiri galin

encroach *v* ku xad gudbid
encyclopedia *n* abwaan
end *n* dhamaad
end *v* dhamayn
end up *v* ku danbayn
endanger *v* halis galin
endeavor *v* dadaalid
endeavor *n* dadaalid
ending *n* daba yaaqo
endless *adj* dhamaad lahayn
endorse *v* taageerid
endorsement *n* taageero
endure *v* adkaysad
enemy *n* cadaw
energetic *adj* firfircooni leh
energy *n* tamar
enforce *v* ku khasbid
engage *v* ka qayb qaadasho
engaged *adj* mashquul ah
engagement *n* balanqaadyo guur
engine *n* mishiin, ijiin
engineer *n* injineer
England *n* Ingiriiska
English *adj* Ingiriisi ah
engrave *v* ku xardhid
engraving *n* xarar, haradh
engrossed *adj* mashquul ku ah
engulf *v* wada qarin
enhance *v* balaarin
enjoy *v* xiisid
enjoyable *adj* xiise leh
enjoyment *n* xiisayn
enlarge *v* waynayn
enlargement *n* wayni
enlighten *v* barid, iftiimin
enlist *v* askari is qorid
enormous *adj* aad u wayn
enough *adv* ku filan
enrage *v* aad uga xanaaqid
enrich *v* taajirin
enroll *v* isqorid
enrollment *n* diiwaangalis
ensure *v* hubin
entail *v* u baahasho
entangle *v* murgid
enter *v* galid, soo galitaan
enterprise *n* mashruuc, ganacsi
entertain *v* maaweelin
entertaining *adj* xiiso leh
entertainment *n* maaweelo
enthrall *v* soo jiidad
enthralling *adj* niyad raac leh
enthuse *v* xiiso u dhihid
enthusiasm *n* xamaasad
entice *v* ka qalqaalin
enticement *n* qalqaalin
enticing *adj* soo xero geshi leh
entire *adj* gabi ahaan
entirely *adv* si buuxda
entrance *n* galid
entreat *v* bari
entree *n* ka baryid
entrenched *adj* adag, qalafsan
entrepreneur *n* ganacsi bilaabe**

entrust *v* u xil saarid qof
entry *n* galis
enumerate *v* hal hal u tirin
envelop *v* daboolid
envelope *n* gal, bushqad
envious *adj* muujiya xasadnimo
environment *n* beey'ad
envisage *v* maskax ku sawirasho
envoy *n* ergay
envy *n* xaasidnimo
envy *v* xasdid
epidemic *n* cudur faafa
epilepsy *n* qalal
episode *n* qayb dhacdooyin
epistle *n* warqad qoran
epitaph *n* qoraalka qabriga
epitomize *v* tusaale noqod
epoch *n* beri, waa
equal *adj* isku mid ah
equality *n* sinaansho
equate *v* simid
equation *n* xisaab is le'eg
equator *n* dhulbare
equilibrium *n* dheelitiryo
equip *v* qalabee
equipment *n* qalab
equivalent *adj* la mid ah
era *n* goor, waa
eradicate *v* ciribtir
erase *v* masixid
eraser *n* tirtire
erect *v* istaajin

erect *adj* taagin
err *v* khaldamid
errand *n* adeeg-gaaban
erroneous *adj* khalad ah
error *n* khalad
erupt *v* qarxid
eruption *n* qarax
escalate *v* siyaadin
escalator *n* jaranjaro socota
escapade *n* socdaal
escape *v* ka fakad
escort *n* raacyo, wehelin
esophagus *n* dhuun
especially *adv* si gaar ah
espionage *n* basaasnimo
essay *n* curis
essence *n* qaayo
essential *adj* lama huraan ah
establish *v* gundhigid
estate *n* dhul
esteem *v* xushmayn
estimate *v* qiyaasid
estimation *n* qiyaas
estranged *adj* qof la gooyay
estuary *n* gacanka webiga kaga darsamo badda
eternity *n* dhamaad lahayn
ethical *adj* edab ah
ethics *n* damiir
etiquette *n* adaab
euphoria *n* farax
Europe *n* qaaradda Yurub

exemplify

European *adj* Yurub u dhashay
evacuate *v* ka qaxid
evade *v* ka fakad
evaluate *v* qiimayn
evaporate *v* uumi bixid
evasion *n* cararis
evasive *adj* dhuumanaaya
eve *n* horranta dhacdo ama arin muhiim ah
even *adj* siman; xataa
even if *c* xataa haddii
even more *c* ka sii badan
evening *n* galin danbe
event *n* dhacdo
eventuality *n* dhacdo dhici kara
eventually *adv* ugu danbayntii
ever *adv* si mar kasta ah
everlasting *adj* waara
every *adj* mid kasta
everybody *pro* qof kasta
everyday *adj* maalin kasta
everyone *pro* mid walba
everything *pro* wax kasta
evict *v* ka saarid
evidence *n* xaqiiqo, daliil
evil *adj* baadil ah
evil *n* shar
evoke *v* xasuusin
evolution *n* taddawur
evolve *v* horumarin
exact *adj* saxda ah
exaggerate *v* buun buunin

exalt *v* weeynayn
examination *n* imtixaan
examine *v* imtaxaanid
example *n* tusaale
exasperate *v* ka caraysiin
excavate *v* qodid
exceed *v* ka badsiin
exceedingly *adv* aad u sareeya
excel *v* ugu heersarayn
excellence *n* ugu fiicnaasho
excellent *adj* aad u wanaagsan
except *pre* mooyaane
exception *n* ka baxsani
exceptional *adj* aan ahayn caadi
excerpt *n* xigasho
excess *n* dheeraad
excessive *adj* dheeraad ah
exchange *v* is waydaarsad
excite *v* xiisa galin
excitement *n* xiiso
exciting *adj* xiiso leh
exclaim *v* dhawaaqid farxadeed
exclude *v* ka saarid
excruciating *adj* xanuun aad u-daran
excursion *n* tamashle
excuse *n* cudurdaar
excuse *v* cudurdaarid
execute *v* fulin qorshe
executive *n* haya mas'uuliyad
exemplary *adj* tusaale ah
exemplify *v* tusaale tusid

exempt *adj* laga dhaafay
exemption *n* lagu darin
exercise *v* adeegsad
exercise *n* jimicsi
exert *v* xoog
exertion *n* dadaal
exhaust *v* daalid
exhausting *adj* daal leh
exhaustion *n* daalitaan
exhibit *v* soo bandhigid
exhibition *n* bandhig
exhilarating *adj* farxad galin leh
exhort *v* guubaabin
exile *n* fakade
exile *v* ka saarid
exist *v* jirid
existence *n* jiritaan
exit *n* bixitaan
exodus *n* ka haajirid
exonerate *v* dambi ku waayid
exorbitant *adj* qaymo xad dhaafa
exorcist *n* qofka furdaamiska sameeyo
exotic *adj* wax qalaad ah
expand *v* fidis
expansion *n* fidin
expect *v* filid
expectancy *n* filasho
expectation *n* rajo ku qab
expediency *n* miradhala
expedient *adj* keena miradhal
expedition *n* duullaan

expel *v* ka cayrin
expenditure *n* kharash
expense *n* kharash
expensive *adj* qaali ah
experience *n* waayo aragnimo
experiment *n* tijaabo
expert *adj* waaya arag
expiate *v* ciqaabid dambi
expiation *n* ciqaab
expiration *n* dhamaad mudo
expire *v* khaayisid
explain *v* sharxid
explicit *adj* wax cad, waadax ah
explode *v* qarxid
exploit *v* dheefsad
exploit *n* geesinimo gaar
exploration *n* sahan
explore *v* sahmin
explorer *n* sahamiye
explosion *n* qarax
explosive *adj* qarxa
export *v* dhoofin
expose *v* muujin
exposed *adj* muujiyay
express *v* muujin; ka-tuujin
express *adj* xawli sare leh
expression *n* cabiraad
expressly *adv* si ujeedo leh
expropriate *v* qaramayn
expulsion *n* cayro
exquisite *adj* aad u qurux badan
extend *v* fidin

faithful

extension *n* dhaba dheerays
extent *n* kala baxsanaansho
extenuating *adj* qiil leh
exterior *adj* la xiriira oogada
exterminate *v* dilid
external *adj* la xiriira dibada
extinct *adj* dabar go'ay
extinguish *v* damin
extort *v* dhicid, boobid
extortion *n* dhac
extra *adv* dheeraad
extract *v* saarid
extradition *n* dhoofis
extraneous *adj* la xiriirin arin jirta
extravagance *n* israaf, xad-dhaaf
extravagant *adj* aan lahayn tashiil
extreme *adj* aad u sareeya
extremist *adj* xag jire
extremities *n* dacalada jirka
extricate *v* isku dayid fakasho
extroverted *adj* qof furfuran
exude *v* siidayn dareere
exult *v* farxid
eye *n* il
eyebrow *n* suniyo
eye-catching *adj* il qabad leh
eyeglasses *n* muraayad indheed
eyelash *n* isha-baalkeeda
eyelid *n* daharka isha
eyesight *n* awood arag
eyewitness *n* markhaati

fable *n* sheeka xiriiro
fabric *n* dhar
fabricate *v* been abuurid
fabulous *adj* yaab leh
face *v* wajahid, la kulmid
face *n* waji
face up to *v* ka hortag
facet *n* waji shay midkood
facilitate *v* fududayn
facing *pre* kasoo horjeeda
fact *n* dhab
factor *n* cunsur
factory *n* warshad
factual *adj* runta la xiriira
faculty *n* awood; kulliyad; macaliminta kulliyad
fade *v* naxuusid
faded *adj* doorsoomid
fail *v* guul darraysad
failure *n* guul daro
faint *adj* naxuus ah
faint *v* suuxid
faint *n* suuxis
fair *n* carwo
fair *adj* xaq ah; fiican; waadax ah
fairness *n* daacadnimo
fairy *n* cirfiid, jin
faith *n* iimaan
faithful *adj* aamin ah

fake

fake *adj* aan run ahayn
fake *v* been abuurid
fall *n* dhicitaan; dayr
fall *iv* soo dhicid
fall back *v* dib u noqosho
fall behind *v* gaabin
fall down *v* ku dhicid
fall through *v* hirgali waayid
fallacy *n* fikrad khaldan
falsehood *n* been
falsify *v* been abuurid
falter *v* awood yaran
fame *n* caan
familiar *adj* caan ah
family *n* xaas
famine *n* cunto la'aan, gaajo
famous *adj* caan ah
fan *n* marwaxad
fanatic *adj* qof aad u xiiseeya shay
fancy *adj* qaali ah
fang *n* micida-xayawaanka
fantastic *adj* cajiib ah
fantasy *n* dhab ahayn
far *adv* fog
faraway *adj* meel fog
farce *n* majaajilo
fare *n* kiro
farewell *n* sagootis
farm *n* beer
farm *v* beerid
farmer *n* beeraley
farming *n* beerasho
farmyard *n* dhulka beeraha
farther *adv* in fog
fascinate *v* xiiso galin
fashion *n* hab dhar xirasho cusub
fashionable *adj* wakhtiga la socda
fast *adj* dheereeya
fast *v* soomid
fasten *v* xirid, dhuujin
fat *n* xayr
fat *adj* xayr leh
fatal *adj* keena dhimasho
fate *n* qadar
fateful *adj* qadari keento
father *n* aabe
fatherhood *n* aabanimo
father-in-law *n* sodog
fatherly *adj* aabbanimo leh
fatigue *n* daal
fatten *v* cayilin
fatty *adj* baruur
faucet *n* furaha qasabadda
fault *n* cilad
faulty *adj* cilad leh
favor *n* asxaan
favorable *adj* habboon, wanaagsan
favorite *adj* la jeclaado
fear *n* cabsi
fearful *adj* cabsi leh
feasible *adj* la samayn karo
feast *n* sab
feat *n* fal-xariiftinimo

fight

feather *n* baal
feature *n* astaan
February *n* Febraayo
fed up *adj* khaatiyaan laga istaago
federal *adj* gobolo maamul guud leh
fee *n* ujro
feeble *adj* xoog yar
feed *iv* cuntosiin
feedback *n* war celin, xog celis
feel *iv* dareemid
feeling *n* dareen
feelings *n* niyada qofka
feet *n* cago
feign *v* maldihid, qarin
fellow *n* saaxiib
fellowship *n* saaxiibnimo
felon *n* danbiile wayn
felony *n* danbi culus
felt *v* dareemid
felt *n* maro qiiro-adag
female *n* dumar
feminine *adj* dumarnimo leh
fence *n* deyr
fence *v* su'aal ka war-wareegasho
fencing *n* seeftan
fend *v* isku tashad
fend off *v* iska xirid
ferment *v* khamiiray
ferment *n* xanaaq
ferocious *adj* horor ah
ferocity *n* waxashnimo
ferry *n* markab qaada rarka
fertile *adj* bacran ah
fertility *n* bacrami kara
fertilize *v* bacramin
fervent *adj* xamaasad leh
fester *v* bislaaday, qurmay
festive *adj* farxad leh
festivity *n* damaashaad
fetid *adj* aad u qarmuun
fetus *n* uur jiif
feud *n* muran
fever *n* xumad
feverish *adj* xumadi hayso
few *adj* xoogaa yar
fewer *adj* ka yar
fiancé *n* nin gabar u doonan
fiber *n* fiber
fickle *adj* is gad gadiya
fiction *n* abuuryo
fictitious *adj* been ah
fiddle *n* muusik kabanka u eg
fidelity *n* daacadnimo, aaminimo
field *n* beer; garoon; majaal cilmi
field *v* qabasho
fierce *adj* shar miiran ah
fiery *adj* holcaya
fifteen *adj* shan iyo toban
fifth *adj* shanaad
fifty *adj* konton
fifty-fifty *adv* si is le eg
fig *n* geed khudaareed
fight *n* dagaal

fight

fight *iv* dagaalid
fighter *n* dagaalame
figure *n* lambar; muuqaal qof
figure out *v* xalin
file *v* codsi diiwaan gelin
file *n* saf; dhigid, kaydin
fill *v* buuxin
filling *n* shay buuxiya meel
film *n* filim
film *v* filim qaadid
filter *v* shaandhayn
filter *n* shaandho
filth *n* wasakh
filthy *adj* wasakhaysan ama ah
fin *n* babisyada kaluun
final *adj* dhamaad ah
finalize *v* gunaanadid
finance *v* maal gelin shirkadeed
financial *adj* la xiriira maal
find *iv* helid
find out *v* helid run
fine *adv* fiican
fine *adj* fiican
fine *n* ganaax
fine *v* khafiifid
fine print *n* qoraal yar yar
finger *n* far
fingernail *n* cidi
fingerprint *n* fara qaad
fingertip *n* far foodeed
finish *v* dhamayn
Finland *n* Fiinlaand
Finnish *adj* u dhasay Fiinlaand
fire *n* dab
fire *v* xabad ridid
firearm *n* qori, bunduq
firecracker *n* bulalayr
firefighter *n* dab damiye
fireman *n* dab damis
fireplace *n* dab guri la kulaalo
firewood *n* xaabo
fireworks *n* dab rid cireed
firm *n* arrimo ganacsi
firm *adj* ka kan ah
firmness *n* kakanaansho
first *adj* kowaad
fish *v* kallumaysasho
fish *n* kaluun
fisherman *n* kaluumayste
fishy *adj* ur kaluun leh
fist *n* tantoonyo, tantoomo
fit *adj* ladan
fit *n* leekaansho
fit *v* le'ekid
fitness *n* jirdhis
fitting *adj* munaasib ku ah
five *adj* shan
fix *v* ku xirid, samayn
flag *n* calan
flagpole *n* tiir calan
flamboyant *adj* soo-jiidad leh
flame *n* holac
flammable *adj* guban og
flank *n* hareer, dhinac

folder

flare *n* dhimbiilo holac
flare-up *v* muuqad, soo bixid
flash *n* walac iftiin
flashlight *n* toosh
flashy *adj* aad soo jiidasho u leh
flat *n* nooc guri
flat *adj* siman oo salax ah
flatten *v* simid
flatter *v* faanin
flattery *n* faan
flaunt *v* is tustusid
flavor *n* dhadhan
flaw *n* cilad
flawless *adj* aan lahayn cilad
flea *n* huunyo, takfi
flee *iv* cararid
fleece *n* dhogor ari
fleet *n* cutub maraakiib ah
fleeting *adj* waxyar socda
flesh *n* hilib
flex *v* laabid
flexible *adj* laabmi kara
flicker *v* danbaabuuro
flier *n* qof wax ku duula
flight *n* duulimaad
flimsy *adj* khafiif ah
flip *v* rogmid
flirt *v* is tustusid
float *v* sabayn
flock *n* koox
flog *v* jeedalayn
flood *n* daad
flood *v* ku furid, ku sii-dayn
floodgate *n* albaab daad-celis
flooding *n* fatahaad
floodlight *n* nal aad u if badan
floor *n* sagxad guri
flop *n* gataati dhac
floss *n* dun
flour *n* daqiiq
flourish *v* kobcid
flow *n* qul qul
flow *v* qulqulid
flower *n* ubax
flowerpot *n* dhari ubaxeed
flu *n* hargab
fluctuate *v* kacaa kufid
fluently *adv* si habsami ah
fluid *n* dareere
flunk *v* ku dhicid imtixaan
flush *v* jir casaadid
flute *n* nooc muusik
flutter *v* heehaabid
fly *n* duqsi
fly *iv* lal
foam *n* xoor
focus *n* u fiirsasho
focus on *v* u fiirsad
foe *n* cadaawe
fog *n* ceeryaamo
foggy *adj* ceeryaamo leh
foil *v* baajin, ka hortagid
fold *v* laab laabid
folder *n* gal

folks

folks *n* guud ahaan dadka
follow *v* raac
follower *n* raace
folly *n* nacasnimo
fond *adj* ka hela
fondle *v* salaaxid
fondness *n* jeclaansho
food *n* cunto
foodstuff *n* alaab-cunto
fool *n* khiyaamayn
fool *adj* nacas ah
fool *v* sirid
foolproof *adj* aan lahayn khalad
foot *n* cag; nooc halbeeg
football *n* kubada cagta
footnote *n* xog qorid yar
footprint *n* raad
footstep *n* talaabo socod
footwear *n* caga gashi
for *pre* ayidid, taageero
forbid *iv* ka reebid
force *n* awood
force *v* khasbid
forceful *adj* awood badan leh
forcibly *adv* si awood ah
forecast *iv* saadaalin
forefront *n* horaadka
foreground *n* muuqaalka-horey
forehead *n* waji
foreign *adj* qalaad
foreigner *n* shisheeye
foreman *n* hor jooge shaqaale

foremost *adj* ugu horeeya
foresee *iv* sii ogaansho
foreshadow *v* calaamad saadaleed u noqosho
foresight *n* aragti dheeris
forest *n* kayn
foretaste *n* hor dhac
foretell *v* saadaalin
forever *adv* waligeed
forewarn *v* u-digid
foreword *n* hordhac qoraal buug
forfeit *v* ganaax ku lumin
forge *v* been abuurid
forgery *n* been abuur
forget *v* ilaawid
forgivable *adj* cafin leh
forgive *v* cafin
forgiveness *n* cafis
fork *n* fargeeto
form *n* qaab
formal *adj* rasmi ah
formality *n* hanaanka nidaam
formalize *v* sharciyayn
formally *adv* si raacsan nadaam
format *n* qaab, khiddad
formation *n* qaabays
former *adj* ahaan jiray
formerly *adv* waayadii hore
formidable *adj* laga baqo
formula *n* habka
forsake *iv* ka tagid
fort *n* qalcad

forthcoming *adj* soo-socota
forthright *adj* toos ah
fortify *v* dhisid qalcad
fortitude *n* adkaysi
fortress *n* bar ciidan
fortunate *adj* nasiib leh
fortune *n* nasiib
forty *adj* afartan
forward *adv* hore
fossil *n* lafo qadiimi ah
foster *v* kobcin
foul *adj* wasakh leh
foundation *n* aasaas
founder *n* aasaase, hele
foundry *n* rugta birta lagu dhalaaliyo
fountain *n* meel biyo lagu qurxiyo
four *adj* afar
fourteen *adj* afar iyo toban
fourth *adj* afraad
fox *n* dawaco
foxy *adj* dawacow ah
fraction *n* xisaab jajab ah
fracture *n* dilaac, jajab shay
fragile *adj* nugul
fragment *n* faliir
fragrance *n* caraf
fragrant *adj* carfoon
frail *adj* nugloon
frailty *n* nugayl
frame *n* fareem
frame *v* qaabayn

framework *n* dusha dhisme
France *n* Faransiiska
franchise *n* xuquuqda woodida
frank *adj* daacad ah
frankly *adv* si daacad ah
frankness *n* daacadnimada
frantic *adj* waalan
fraternal *adj* walaalnimo
fraternity *n* urur isku-dan ah
fraud *n* khiyaamayn
fraudulent *adj* khiyaamo leh
freckle *n* huruuruc
freckled *adj* huruuruc leh
free *adj* xor ah
free *v* xorayn
freedom *n* xoriyo
freeway *n* jid xawaare lagu maro
freeze *iv* barafoobid
freezer *n* qaboojiye
freezing *adj* baraf
freight *n* rar
French *adj* Faransiiska u dhashay
frenetic *adj* aad u kacsan
frenzied *adj* la waalanaya xanaaq
frenzy *n* waali
frequency *n* firikuwansi
frequent *v* badanaa soo noqnoqda
frequent *adj* in badan dhaca
fresh *adj* daray
freshen *v* cusboonaysiin
freshness *n* daray ahaan

friar *n* wadaad kristaan ah
friction *n* is lis ama is xoq
Friday *n* Jimce
fried *adj* la shiilay
friend *n* saaxiib
friendship *n* saaxiibnimo
fries *n* baradho la shiilay
frigate *n* markab-dagaal
fright *n* argagax
frighten *v* argagixin
frightening *adj* argagax leh
frigid *adj* aad u qabaw
fringe *n* dacal ka laadlaada
frivolous *adj* aan macno lahayn
frog *n* rah
from *pre* ka bilawda
front *n* horey; jabhad
front *adj* la xiriira horada
frontage *n* wajiga dhismo
frontier *n* xuduud
frost *n* dhedo
frostbite *n* dhaawac qabowgu sababo
frostbitten *adj* qabaw dhaawacay
frosty *adj* dharab
frown *v* waji kuudadid
frozen *adj* baraf fariistay
frugal *adj* tashiila
frugality *n* tashiilitaan
fruit *n* khudrad
fruitful *adj* miro dhal leh
fruity *adj* miro u eg

frustrate *v* niyad xumaatin
frustration *n* niyad xumaan
fry *v* shiilid
frying pan *n* bir-taawo
fuel *n* shidaal
fuel *v* shidaalin
fugitive *n* fakad
fulfill *v* fulin
fulfillment *n* fulin, gaaris
full *adj* buuxa
fully *adv* si buuxda
fumes *n* uumi
fumigate *v* uumin
fun *n* raaxo
function *n* kaalin
fund *n* kayd, dhigaal
fund *v* maalgalin
fundamental *adj* aasaaska
funds *n* lacag
funeral *n* aas
fungus *n* fangaska
funny *adj* qosol leh
fur *n* dhogor
furious *adj* aad u caraysan
furiously *adv* si caro leh
furnace *n* foorno, meel kulul
furnish *v* alaab dhigid guri
furnishings *n* sharaxaad guri
furniture *n* saabaan
furor *n* xanaaq rabsho leh
furrow *n* duu-duub
furry *adj* dhogor leh

further *adv* si durkid, sii fogaain
furthermore *adv* ka si badan
fury *n* caro
fuse *n* fuyuus
fusion *n* isku mil
fuss *n* gunuunuc
fussy *adj* gunuunuc leh
futile *adj* macna-daran
futility *n* natiijo lahayn
future *n* aayatiin
fuzzy *adj* ciiro leh

gadget *n* qalab-yar
gag *v* af xirid
gag *n* af-xir
gage *v* qoraal kale ee
gain *v* helid
gain *n* ka faa''daysi
gal *n* gabar ama inan
galaxy *n* falag, ururka xiddigaha
gale *n* dabayl xoog-badan
gall bladder *n* xammeeti
gallant *adj* geesi ah
gallery *n* rugta-bandhiga farshaxanka
gallon *n* halbeeg cabir
gallop *v* habka farasku u ordo
gallows *n* tiir daldalaadeed
galvanize *v* ka nixin
gamble *v* khamaarid
game *n* dheel
gang *n* mooryaan
gangrene *n* qurmista jirka
gangster *n* mooryaan
gap *n* dalool
garage *n* geerash guriyeed
garbage *n* qashin
garden *n* beer
gardener *n* beer fale
gargle *v* luq luq
garland *n* xirmo wareegsan
garlic *n* toon
garment *n* maro
garnish *v* cunto qurxin
garnish *n* waxyaabaha cuntada lagu qurxiyo
garrison *n* xero ciidan
garrulous *adj* iska hadla
garter *n* laastiko
gas *n* neef
gash *n* sariin
gasoline *n* dareere
gasp *v* neeftuurid
gastric *adj* caloosha la xiriira
gate *n* albaab
gather *v* kulmid, ururid
gathering *n* shir, kulan
gauge *v* qalab wax lagu cabbiro

gauze *n* suuf
gaze *v* ku dhaygagid
gear *n* marsho
geese *n* nooc shimbireed
gem *n* dhagax qaali ah
gender *n* jinsi
gene *n* fir side
general *n* guud ahaan; janaraal
generalize *v* ka dhigid guud
generate *v* abuurid
generation *n* fac
generator *n* dab dhaliye
generic *adj* isku mid
generosity *n* deeq
genetic *adj* la xiriira fir, hido
genial *adj* saaxiibtinimo leh
genius *n* caqli badane
genocide *n* xasuuq
genteel *adj* asluub leh
gentle *adj* qof dabeecad dagan
gentleman *n* ikhyaar
gentleness *n* dabeecad deganaan
genuflect *v* jilba qabsad
genuine *adj* run ah
geography *n* juqraafi
geology *n* cilmiga waxyaabaha uu dhulka ka samaysan yahay
geometry *n* joomatari
germ *n* ilma aragto, jeermis
German *adj* Jarmal ah
Germany *n* Jarmalka
germinate *v* fiilid, soo bixid dhir

gestation *n* uur sid, uur ku qaad
gesticulate *v* dhaq-dhaqaajinta faraha ama gacmaha
gesture *n* baaq, tilmaan
get *iv* helid
get along *v* isla qabsi, is fahmid
get away *v* ka fakasho
get back *v* dib u helid
get by *v* ka gudbid dhibaato
get down *v* hoos u dhigid
get down to *v* hoos u dhigid hadi leh
get in *v* gelid
get off *v* ka dagid, ka socod
get out *v* ka bixid
get over *v* ka gudbid dhibaato
get together *v* kulan
get up *v* kac
geyser *n* biyo gantaal ah
ghastly *adj* naxdin xun leh
ghost *n* rooxaan
giant *n* noole aad u wayn
gift *n* hadiyad
gifted *adj* hibo leh
gigantic *adj* aad u wayn
giggle *v* qoslid
gimmick *n* khataal wax lagu soo jiito
ginger *n* sanjabiil
gingerly *adv* si taxadir leh
giraffe *n* geri
girl *n* gabar

girlfriend *n* saaxiibad
give *iv* sii
give away *v* bixin
give back *v* dib u siin
give in *v* is dhiibid
give out *v* qaybin
give up *v* iska dayn
glacier *n* baraf qul-qulaaya
glad *adj* faraxsan
glamorous *adj* soo jiidasho leh
glance *v* milicsad
glance *n* milicsi
gland *n* qanjir
glare *n* il ku gubid
glass *n* dhalo; koob, bakeeri
glasses *n* ookiyale
glassware *n* bakeeri
gleam *v* ifid
gleam *n* kaah
glide *v* taraarixid
glimmer *n* iftiin yar
glimpse *v* milicsad
glimpse *n* milicsi
glitter *v* birqid
globe *n* aduunka
globule *n* kubad yar
gloom *n* mugdi
gloomy *adj* mugdi leh
glorify *v* qirid Eebe
glorious *adj* sharaf leh
glory *n* sharaf la kasbado
gloss *n* dusha ka dhalaala

glossary *n* qaamuus-yare
glossy *adj* shay dhalaala ah
glove *n* gacmo gashi
glow *v* bidhaamid
glucose *n* nooc sonkor
glue *n* xabag
glue *v* xabkayn
glut *n* aad u badan
glutton *n* cirwayne
gnaw *v* ruugid
go *iv* aadid
go ahead *v* sii wadid
go away *v* tagid
go back *v* ku noqosho
go down *v* hoos u dhaadhicid
go in *v* galid
go on *v* sii socodsiin
go out *v* socotin, bixid
go over *v* il marin
go through *v* marid
go under *v* degid
go up *v* kor u socod
goal *n* ujeedo
goalkeeper *n* goolhaye
goat *n* ari
gobble *v* boobid cunto
God *n* Allah
godless *adj* kaafir
gold *n* dahab
golden *adj* laga sameeyay dahab
good *adj* wanaagsan
good-looking *adj* qurux badan

goodness *n* wanaagsani
goods *n* agab, saabaan
goodwill *n* saaxiibnimo
goof *n* gaf
goof *v* qofka hawl dayaca
goose *n* nooc shimbireed
gorge *n* garbo dheer uu biyo leh
gorgeous *adj* quruxsan
gorilla *n* nooc daayeer
gory *adj* dhiig badan leh
gospel *n* injiil
gossip *v* xamatin
gossip *n* xan
gout *n* cudur ku dhaca lugaha
govern *v* xukumid
government *n* dawlad
governor *n* gudoomiye gobol
gown *n* labis dumareed
grab *v* qabatin
grace *n* qurux badnaan
graceful *adj* muujiya wanaag
gracious *adj* maamuus
grade *n* heer; darajo
grade *v* kala saar-saarid
gradual *adj* qaabaysma
graduate *v* qalin jabis
graduation *n* qalin jabin
graft *v* laaluush-cunid
graft *n* tallaal, faxal, laaluush
grain *n* haruur
gram *n* halbeeg cabir
grammar *n* naxwe

grand *adj* muuqaal wayn leh
grandchild *n* cunugga awoowe ama ayeeyo loo yahay
granddad *n* awoowe
grandfather *n* awoowe
grandmother *n* ayeeyo
grandparents *n* ayeeyo, awoowe
grandson *n* wiilka awoowe ama ayeeyo loo yahay
grandstand *n* kuraasta garoomada
granite *n* nooc dhagaxeed
granny *n* ayeeyo
grant *n* deeq
grant *v* siin, ogolaatin
grape *n* canab
grapefruit *n* banbeelmo
grapevine *n* halka canabku ka baxo
graphic *adj* waadax-san
grasp *n* fara buuxsi
grasp *v* ku dhagid
grass *n* caws
grateful *adj* mahad celiya
gratify *v* maqsuudin
gratifying *adj* mabsuud leh
gratitude *n* shugri
gratuity *n* baqshiish
grave *adj* qabiid ah
grave *n* xabaal
gravel *n* qaruurax
gravely *adv* si aad u liita

gravestone *n* dhagaxa qabriga
graveyard *n* xabaalo
gravitate *v* u dheelmansho
gravity *n* cufis jiidad
gravy *n* fuud
gray *adj* midab dambas ah
grayish *adj* midab dambas leh
graze *v* daaqid
graze *n* xagatin
grease *n* xayr
grease *v* xayrayn
greasy *adj* dufan leh
great *adj* wayni leh
greatness *n* wanaag
Greece *n* Giriiga
greed *n* damaaci
greedy *adj* daamaci ah
Greek *adj* dadka giriiga
green *adj* cagaar
green bean *n* digir cagaar
greenhouse *n* goobta miro abuurka
Greenland *n* Greenland
greet *v* salaamid
greetings *n* isa salaan
gregarious *adj* bulshay ah
grenade *n* bambaano
greyhound *n* nooc ay
grief *n* murugo
grievance *n* murugoonsho
grieve *v* ka murogootin
grill *v* solid
grill *n* su'aalo badan weydiin
grim *adj* naxdin leh
grimace *n* waji kaduud
grime *n* bus
grin *n* ilka-caddeyn badan
grin *v* si weyn u ilka-caddeyn
grind *iv* daqiijin
grip *n* qabasho
grip *v* xoog ku hayn
gripe *n* cabatin
grisly *adj* naxdin leh
groan *n* taah
groan *v* taahid
groceries *n* dukaanka cuntada
groin *n* gumaar
groom *n* is qurxin, is nadiifin
groove *n* jeex jeex dhuuban
gross *adj* foolxumo la wayn
grossly *adv* si foolxumo leh
grotesque *adj* qaab daran leh
grotto *n* qaxaab
grouch *v* cabasho badan
grouchy *adj* cabashoole ah
ground *n* oogada dhulka
ground floor *n* dabaqa u hooseeya
groundless *adj* raad lahayn
groundwork *n* hawl-aasaasi
group *n* koox
grow *iv* korid
grow up *v* waynaadid
growl *v* gurxan

grown-up

- **grown-up** *n* waayeel ah
- **growth** *n* waynaansho
- **grudge** *n* godob
- **grudgingly** *adv* si cuqdad leh
- **grueling** *adj* qaxar-badan
- **gruesome** *adj* argagax leh
- **grumble** *v* gunuunicid
- **grumpy** *adj* xanaaq badan
- **guarantee** *n* balan qaad
- **guarantee** *v* balan qaadid
- **guarantor** *n* dammaanad-qaade
- **guard** *v* ilaalin
- **guard** *n* ilaalo
- **guardian** *n* mas'uul
- **guerrilla** *n* jabhad
- **guess** *n* malo
- **guess** *v* qiyaasid
- **guest** *n* marti
- **guidance** *n* talo
- **guide** *n* hage
- **guide** *v* tusid
- **guidebook** *n* buug tilmaameed
- **guidelines** *n* xeer la xaaro
- **guild** *n* urur-xirfadeed
- **guile** *n* khatal
- **guillotine** *n* qor-gooye
- **guilt** *n* danbiile
- **guilty** *adj* danbiile ah
- **guise** *n* ula bisasho
- **guitar** *n* kaman
- **gulf** *n* khaliij
- **gullible** *adj* la siri karo
- **gulp** *v* qurqurin cunto
- **gulp** *n* qurquro
- **gulp down** *v* deg deg ku cunid
- **gum** *n* xabag, cirrid
- **gun** *n* bunduq
- **gun down** *v* xabad ku ridid
- **gunfire** *n* xabad rid
- **gunman** *n* toogte
- **gunpowder** *n* baaruud
- **gunshot** *n* qarax xabad
- **gust** *n* dabayl xoog badan
- **gusto** *n* ku raaxaysasho
- **gusty** *adj* dabayl xoogan leh
- **gut** *n* calool
- **guts** *n* calool adayga
- **gutter** *n* majaroor
- **guy** *n* nin
- **guzzle** *v* qurqurin
- **gymnasium** *n* gole jimicsi
- **gynecology** *n* cilmiga cudurka haweenka
- **gypsy** *n* guur guure

H

habit *n* caado
habitable *adj* lagu noolaan karo
habitual *adj* joogto
hack *v* jarid
haggle *v* ku gorgortamid
hail *n* roob-baraf; u-baaqid
hail *v* u dhawaaqid; wacid
hair *n* timo
hairbrush *n* tima feere
haircut *n* tima jar
hairdo *n* hab timo-qurxineed
hairdresser *n* qof jara timaha
hairpiece *n* tima kar
hairy *adj* xaad
half *n* bar
half *adj* laba isle'eg midkood
hall *n* marin
hallucinate *v* arkid waxaan jirin
hallway *n* marin
halt *v* joojin
halve *v* kala barid
ham *n* hilib doofaar
hamburger *n* rooti iyo hilib
hamlet *n* buulo
hammer *n* buris
hammer *v* dubbeyn, garaacid
hammock *n* leexo
hand *n* dhamaadka gacan
hand down *v* ku dhaafid
hand in *v* siin
hand out *v* qayb qaybin
hand over *v* ku wareejin
handbag *n* shandad dumareed
handbook *n* tilmaan-bixiye
handcuff *v* katiinadayn
handcuffs *n* katiinad
handful *n* cantoobo
handgun *n* qori gacan ku ridid
handicap *n* curyaan
handkerchief *n* masar
handle *n* gacan qabsi
handle *v* xanaanayn
handmade *adj* gacanta lagu sameeyey
handout *n* siin
handrail *n* gacan cuskad
handshake *n* gacan qaad
handsome *adj* qurxoon
handwriting *n* qoraal gacmeed
handy *adj* la gaari karo
hang *iv* laa laadin
hang around *v* raac-raacid, war-wareegid
hang on *v* ku dhagid
hang up *v* surid
hanger *n* ka tabaan
hang-up *n* ka laad laadin
happen *v* dhicid
happening *n* dhacdo
happiness *n* farax
happy *adj* farxad leh

harass

harass *v* handadid
harassment *n* dhibaateyn, kadeedis
harbor *n* dakad
hard *adj* adag
harden *v* adkayn
hardly *adv* in yar ka hor
hardness *n* adayg
hardship *n* darxumo
hardware *n* qalab
hardwood *n* alwaax adag
hardy *adj* adkaysi leh
hare *n* bakayle u eke
harm *v* waxyeelayn
harm *n* waxyeelo
harmful *adj* waxyeelo leh
harmless *adj* dhibaato lahayn
harmonize *v* isku habboonaayn
harmony *n* is waafaqyo
harp *n* shareero
harpoon *n* damrad
harrowing *adj* xanuun daran leh
harsh *adj* dareen xun leh
harshly *adv* si qalafsanaan leh
harshness *n* qalafsanaanta
harvest *n* goosasho
harvest *v* gurid
hashish *n* xashiish
hassle *v* handadid
hassle *n* muran
haste *n* dhaqsiyo
hasten *v* degdegid
hastily *adv* si degdegid leh
hasty *adj* deg deg
hat *n* koofiyad
hatchet *n* faas yar
hate *v* nacaybsad
hateful *adj* keena nacayb
hatred *n* nacyb cadawtooyo
haughty *adj* aad iskula qab wayn
haul *v* jiidid
haunt *v* xusuus maskaxda ku soo noq-noqota
have *iv* haysad
have to *v* tahay inaad haysato
haven *n* meel lagu nabad galo
havoc *n* baaba'
hawk *n* dafo
hay *n* caws engegsan
haystack *n* caws la aruuriyey
hazard *n* halis
hazardous *adj* halis leh
haze *n* ciiro
hazelnut *n* nooc miro adag
hazy *adj* ciiro leh
he *pro* isaga
head *n* madax
head for *v* u jihaysi
headache *n* madax xanuun
heading *n* cinwaan
head-on *adv* madax madax ah
headphones *n* qalabka dhegaha ee raadyaha lagu dhegeysto
headquarters *n* xarun

heretic

headway *n* hor socod
heal *v* bugsayn
healer *n* bogsiiye
health *n* caamifaad
healthy *adj* caafimaad qab ah
heap *v* rasayn
heap *n* raso, rar
hear *iv* maqlid
hearing *n* maqal
hearsay *n* la yiri
hearse *n* gaari mayd
heart *n* wadne
heartbeat *n* garaac wadane
heartburn *n* laabjeex
hearten *v* boorin
heartfelt *adj* kal iyo laab ah
heartless *adj* jixinjix la'aan
hearty *adj* diiranaan
heat *n* kulayl
heat *v* kulaylis
heat wave *n* hanfi daran
heater *n* kulaylshe
heathen *n* cawaan, majuusi
heating *n* kululayn
heaven *n* jano
heavenly *adj* xaga samada ah
heaviness *n* culayska
heavy *adj* culus
heckle *v* dhabqin
hectic *adj* mashquul
heed *v* dhugyeelatin
heel *n* cirib

height *n* dherer
heighten *v* kor qaadid
heinous *adj* gaf wayn
heir *n* dhaxle
heiress *n* dhaxasho
heist *n* xadid
helicopter *n* helikabtar
hell *n* naar
hello *e* salaan
helm *n* shukaanka markabka
helmet *n* kullad
help *v* caawin
help *n* qaylo dhaan
helper *n* caawiye
helpful *adj* caawin leh
helpless *adj* ciirsi la'aan ah
hem *n* maro dacalka tolid
hemisphere *n* dunida barkeed
hemorrhage *n* dhiig bax
hen *n* digaagad
hence *adv* sidaas daraadeed
henchman *n* dabadhilif
her *pro* ayada
herald *v* naadin
herald *n* naadiye
herb *n* geedo
here *adv* halkaan
hereafter *adv* aakhiro
hereby *adv* halkaan
hereditary *adj* dhaxal u leh
heresy *n* bidca
heretic *adj* bidci

heritage

heritage *n* dhaxal
hermetic *adj* ningaxan
hermit *n* kaligii noole
hernia *n* sheelo
hero *n* geesi
heroic *adj* geesi ah
heroin *n* maandooriye
heroism *n* geesinimo
hers *pro* iyadale
herself *pro* iyada naftigeeda
hesitant *adj* hakada
hesitate *v* hakatin
hesitation *n* hakasho
heyday *n* berisamaad
hiccup *n* hingo
hidden *adj* qarsoon
hide *iv* qarin
hideaway *n* meel lagu dhuunto
hideous *adj* arin aad u foolxun
hierarchy *n* kala-sarrayn
high *adj* sareeya
highlight *n* qaybta ugu muhiimsan
highly *adv* si aad ah
highness *n* sarreeye
highway *n* jid wayn
hijack *n* afduub
hijack *v* afduubid
hijacker *n* afduube
hike *v* ku lugayn duur
hike *n* socod dheer
hilarious *adj* qosol

hill *n* gunbar
hillside *n* daadaga buur
hilltop *n* gurada
hilly *adj* buuraley ah
hilt *n* daab
hinder *v* xanibid, dib dhicid
hindrance *n* dibdhac
hindsight *n* qarwaaqsasho
hinge *n* faseexad
hinge *v* ku xirnaatin
hint *v* siyaano
hint *n* siyaano bixin
hip *n* sin
hire *v* shaqaalayn
his *adj* kiisa
his *pro* wixiisa
Hispanic *adj* Isbaanish
hiss *v* siislayn
historian *n* taariikhyahan
history *n* taariikh
hit *n* jug
hit *iv* ku dhufatin
hit back *v* dhufasho ku celin
hitch *n* carqalad
hitch up *v* soo-jiidid
hitchhike *n* lifti raacid
hitherto *adv* ilaa hada
hive *n* gaagur
hoard *v* kaydin shay
hoarse *adj* xabeebsaday
hoax *n* huu haa, been ah
hobby *n* caado, dookh

hog *n* doofaar
hoist *n* hinjin
hoist *v* kor u dhifatin
hold *iv* hayn
hold back *v* celin, hayn
hold on to *v* haysasho
hold out *v* u adkaysasho
hold up *v* tusid
hold-up *n* xayirmid
hole *n* dalool
holiday *n* maalin ciideed
holiness *n* karaamaysan
Holland *n* Hoolaand
hollow *adj* ka duleela
holocaust *n* baabi'in, layn
holy *adj* barakaysan
homage *n* ixtiraam
home *n* hooy
homeland *n* qof dhulkiisa
homeless *adj* hoy lahayn
homely *adj* fool xun
homemade *adj* guri lagu sameeyey
homesick *adj* wadan hiloow
hometown *n* magaalo hooyo
homework *n* shaqa guri
homicide *n* gacan ku dhiigle
homily *n* muxaadaro
honest *adj* daacad
honesty *n* daacadnimo
honey *n* malab
honeymoon *n* todoba bax

honk *v* dhawaaq dheer
honor *n* xushmo
hood *n* hagoog
hoodlum *n* qof gala danbiyo
hoof *n* qoob
hook *n* jilaab
hooligan *n* mooryaan
hop *v* lug kawlayn
hope *v* filid, rajeyn
hope *n* rajo
hopeful *adj* ifafaalo rajo leh
hopefully *adv* si rajo ah
hopeless *adj* raja beel ah
horizon *n* ili-kuwareertay
horizontal *adj* gudub
hormone *n* dheecaan
horn *n* gees
horrendous *adj* aad u daran
horrible *adj* aad u xun
horrify *v* cabsatin
horror *n* cabsi
horse *n* faras
hose *n* tuubo
hospital *n* cusbitaal
hospitality *n* soo dhawaynyo
hospitalize *v* seexin
host *n* martigaliye
hostage *n* la hayste
hostess *n* maaweeliso
hostile *adj* cadaawe ah
hostility *n* nacayb
hot *adj* kulayl

hotel

hotel *n* huteel
hound *n* eey ugaareed
hour *n* saacad
hourly *adv* saacadiiba ah
house *n* guri
household *n* qoys
housekeeper *n* adeegto, adeege
housewife *n* guri-joogto
housework *n* hawl guri
hover *v* heehaabid
how *adv* sidee
however *c* si kastaba
howl *n* dhawaaq
howl *v* dhawaaqid, ci'
hub *n* bartamaha shay
huddle *v* kulmid
hug *n* hab
hug *v* habsiin
huge *adj* aad u wayn
hull *n* dubka miro
hum *v* riimid
human *adj* la xiriira dad
human being *n* bani aadam
humanities *n* dhamaan dadka
humankind *n* dad
humble *adj* hooseeya
humbly *adv* si kibir lahayn
humid *adj* hawo qoyaan leh
humidity *n* qoyan
humiliate *v* sharaf ririd
humility *n* khushuuc
humor *n* kaftan
humorous *adj* qosol leh
hump *n* kurus
hunch *n* hongod
hunchback *n* tuur
hunched *adj* is goday
hundred *adj* boqol
hundredth *adj* boqolaad
hunger *n* gaajo
hungry *adj* gaajaysan
hunt *v* ugaarsad
hunter *n* ugaarsade
hunting *n* ugaarsasho
hurdle *n* teed
hurl *v* tuurid
hurricane *n* duufaan
hurriedly *adv* si degdeg leh
hurry *v* shaqsid
hurry up *v* dhaqsho
hurt *adj* dhaawac
hurt *iv* xanuujin
hurtful *adj* xanuun leh
husband *n* sayga, ninka
hush *n* aamusin qof
hush up *v* aamusiin
husky *adj* xabeebsan
hustle *n* dhaqsasho
hut *n* mundul
hyena *n* waraabe
hygiene *n* nadaafad
hymn *n* qasiido
hyphen *n* jiitin
hypnosis *n* madiido

immense

hypnotize *v* hurdaysiin
hypocrisy *n* munaafaqada
hypocrite *adj* munaafaq
hypothesis *n* hadal ka soo qaad
hysteria *n* kacsanaan aad u badan
hysterical *adj* kacdoodsan

I *pro* aniga
ice *n* baraf
ice cream *n* jalaato
ice cube *n* jab baraf
iceberg *n* qayb baraf oo wayn
icebox *n* sanduuqa barafka
ice-cold *adj* aad u qabaw
icon *n* muuqaal
icy *adj* baraf leh
idea *n* fikrad
ideal *adj* sidii la rabay ah
identical *adj* isku eg
identify *v* sheegid
identity *n* aqoonsi
ideology *n* fikrad
idiom *n* sarbeeb
idiot *n* doqon
idiotic *adj* doqoniimo

idle *adj* fadhiya
idol *n* sanam
idolatry *n* sanam caabudyo
if *c* haddii
ignite *v* daarid dab
ignorance *n* jaahilnimo
ignorant *adj* jaahil
ignore *v* is khaafin
ill *adj* jiran
illegal *adj* sharci daro ah
illegible *adj* aan la akhrin karin
illegitimate *adj* aan sharci ahayn
illicit *adj* ka reeban shari
illiterate *adj* aan wax akhrin
illness *n* xanuun
illogical *adj* macquul ahayn
illuminate *v* ifin
illusion *n* dhalanteed
illustrate *v* ayada oo tusaale
illustration *n* sawir
illustrious *adj* muuqda
image *n* muuqaal
imagination *n* aragti
imagine *v* mala awaalid
imbalance *n* dheelli
imitate *v* ku dayatin
imitation *n* ku dayasho
immaculate *adj* nadiif ah
immature *adj* dhicis ah
immaturity *n* dhicis ahaanta
immediately *adv* si dhaqsiyo
immense *adj* baxaad

immensity

immensity *n* baxaadka
immerse *v* galin
immersion *n* ma quuryo
immigrant *n* muhaajir
immigrate *v* haajirid
immigration *n* laanta socdaalka
imminent *adj* iminka dhacaayo
immobile *adj* dhidban
immobilize *v* curyaamin
immoral *adj* anshax darro ah
immorality *n* anshax darada
immortal *adj* waara
immortality *n* waarida
immune *adj* laga talaalay
immunity *n* jirka iska difaaca
immunize *v* talaallid
immutable *adj* aan badalmin
impact *n* isku dhac
impact *v* ku dhicid
impair *v* wiiqid
impartial *adj* dhexdhexaada
impatience *n* samir la'aanta
impatient *adj* samir la'aan
impeccable *adj* khalad la'
impediment *n* xayiraad
impending *adj* dhici doona
imperfection *n* dhantaalan
imperial *adj* siyaasadda gumeysiga
imperialism *n* gumaysi
impersonal *adj* aan qof
impertinence *n* anshax darada

impertinent *adj* anshax-daran
impetuous *adj* qof deg-deg badan
implacable *adj* aan la caro tiri kirin
implant *v* galin
implement *v* qalab
implicate *v* ku cadayn danbi
implication *n* sarbeeb
implicit *adj* maldahan
implore *v* baryid
imply *v* sarbeebid
impolite *adj* anshax daro
import *v* soo galid
importance *n* ahmiyah
importation *n* soo gelin
impose *v* ku khasbid
imposing *adj* muqaal-xajmi
imposition *n* kalifaad
impossibility *n* ma dhacdo
impossible *adj* aan suurtoobi karin
impotent *adj* awood daran
impound *v* qaadid
impoverished *adj* saboolayn
impractical *adj* aan la tijaabin karin
imprecise *adj* aan sax ahayn
impress *v* cajab galin
impressive *adj* cajab galiya
imprison *v* xabisid
improbable *adj* aan la filayn

indecency

improper *adj* aan qumanayn
improve *v* hagaajin
improvement *n* sii hagaajinyo
improvise *v* ku curin
impulse *n* rabidyo
impulsive *adj* ku deg dega
impunity *n* ciqaab ka baqayn
impure *adj* wasakh ah
in *pre* ku dhex guda jira
in depth *adv* si faahfaahsan
inability *n* awood la'aanta
inaccessible *adj* wax aan la gaari karin
inaccurate *adj* aan sax ahayn
inadequate *adj* aan ku filayn
inadmissible *adj* aan la ogolayn
inappropriate *adj* aan toosnayn
inasmuch as *c* sababta oo ah
inaugurate *v* bilaabid
inauguration *n* bilaabmida
incalculable *adj* aan la xisaabi karin
incapable *adj* aan kari karin
incapacitate *v* awood u diidid
incarcerate *v* xabisid
incense *n* foox
incentive *n* abaal marin shaqo
inception *n* bilawga
incessant *adj* joogta ah
inch *n* halbeeg cabir
incident *n* dhacdo
incidentally *adv* waxaan ku iri

incision *n* jaaxnin
incite *v* kicin
incitement *n* kicitaanka
inclination *n* rabitaan
incline *v* calmatin
include *v* ka mid ahaatin
inclusive *adv* ku jirta
incoherent *adj* hadal
income *n* dhakhli
incoming *adj* soo galaya
incompatible *adj* kala duwan
incompetence *n* xirfad la'aanta
incompetent *adj* aan lahayn xirfad
incomplete *adj* aan dhamayn
inconsistent *adj* is khilaafa
incontinence *n* aan xajisan karin
inconvenient *adj* keena dhibaato
incorporate *v* midoobid
incorrect *adj* sax ahayn
incorrigible *adj* caqiibo aan leheyn
increase *v* kordhin
increase *n* korodh
increasing *adj* kordhinaya
incredible *adj* aan caqli-gal leheyn
increment *n* tiro wax ku saa'ida
incriminate *v* danbi ku cadayn
incur *v* keenid
incurable *adj* daawo lahayn
indecency *n* xushma darro

indecision

indecision n go'aan xumo
indecisive adj aan go'aan gaari karin
indeed adv run ahaan
indefinite adj aan qeexnayn
indemnify v magdhawid
indemnity n magdhaw
independence n xoriyo
independent adj xor ah
index n tusmo
indicate v tilmaamid
indication n muujin sida wax yihiin
indict v ku eedayn
indifference n dayacaad
indifferent adj aan dan loo galin
indigent adj sabool ah
indigestion n calool xanuun
indirect adj aan ahayn toos
indiscreet adj aan sir qarin
indiscretion n axmaqnimo
indispensable adj lagu doorsan karin
indisposed adj yara xanuunsan
indisputable adj laga murmi karin
indivisible adj la kala qaybin karin
indoctrinate v barid nadaam
indoor adv gudaha ah
induce v u hor kicid
indulge v u dayn
indulgent adj aad u beer jilicsan
industrious adj hawl kar ah

industry n warshad
ineffective adj waxtar aan leheyn
inefficient adj aanan ku filnayn
inept adj aan la hayn xirfad
inequality n sinaansho la'aanta
inevitable adj aan la baajin karin
inexcusable adj aan loo cadudaarin karin
inexpensive adj aan qaali ahayn
inexperienced adj aan lahayd khibrad
inexplicable adj aan la tafsiiri karin
infallible adj aan khaldamin
infamous adj xumaato
infancy n dhalaanimo
infant n sabi
infantry n ciidan lug
infect v qaadid
infection n xambaarsan cudur
infectious adj cudur faafa
infer v ku go'aan gaarid
inferior adj ka heer hooseeya
infertile adj ma dhalays ah
infested adj miiran
infidelity n khiyaanada
infiltrate v dhex galid
infiltration n dhexgalitaan
infinite adj ma dhamaato ah
infirmary n qaybta deg-degga ee isbitaalka
inflammation n bararka

inquiry

inflate *v* buufin
inflation *n* sicir babar
inflexible *adj* aan loolsami karin
inflict *v* keenid
influence *n* saamayn
influential *adj* saamayn leh
influenza *n* ifilo
influx *n* soo galooti
inform *v* war galin
informal *adj* caadi ah
informality *n* caadi ah
informant *n* qof warka bixiya
information *n* xog
informer *n* xog bixiye
infraction *n* ku xad gudubyo
infrequent *adj* dhif ah
infuriate *v* ka xanaajin
infusion *n* cabitaan
ingenuity *n* tab
ingest *v* liqid
ingot *n* gabal ah dahab
ingrained *adj* la qabatimay
ingratiate *v* raali galin qof
ingratitude *n* mahadnaq la'aan
ingredient *n* waxyaabaha shay ama cunto ka kooban yahay
inhabit *v* ku noolaatin
inhabitable *adj* lagu noolaan karin
inhabitant *n* dad meel ku nool
inhale *v* neef jiidid
inherit *v* dhaxlid

inheritance *n* dhaxal
inhibit *v* xanibid
inhuman *adj* xaasid ah
initial *adj* bilaw hore ah
initial *v* bilawga
initially *adv* goorta horey
initials *n* xarafka magac ka bilowdo
initiate *v* unkid
initiative *n* ambaqaad
inject *v* durid
injection *n* durmo
injure *v* wax yeelayn
injurious *adj* keena jab
injury *n* dhaawac
injustice *n* cadaalad daro
ink *n* khad
inkling *n* xog yar
inland *adj* meesha dalka gudihiisa ah
in-laws *n* xidid
inmate *n* qofka xabsiga ku jira
inn *n* huteel yar
innate *adj* lagu dhasho
inner *adj* gudaha
innocence *n* danbi la
innocent *adj* danbi aan lahayn
innovation *n* fikrad
innuendo *n* hadal ku tuur tuur
innumerable *adj* aan la tirin karin
input *n* talo soo jeedin
inquest *n* baaritaanka maydaka
inquire *v* haybin
inquiry *n* baafis

inquisition

inquisition *n* su'aalo waydiinyo
insane *adj* waalan
insanity *n* waali
insatiable *adj* aan la dharjin karin
inscription *n* qoraal
insect *n* cayayaan
insecurity *n* kalsooni qabis la'aan
insensitive *adj* aan dareen lahayn
inseparable *adj* aan la kala reebin karin
insert *v* ku ridid
insertion *n* dhex galis
inside *adj* gudaha
inside *pre* gudo
inside out *adv* si qalib ah
insignificant *adj* aad u yar
insincere *adj* dhab ahayn
insincerity *n* khayaanid
insinuate *v* u qarin
insinuation *n* maldahis
insipid *adj* aan lahayn dhadhan
insist *v* ku adkaysad
insistence *n* ku adaygsi
insolent *adj* edeb darro
insoluble *adj* aan la xalan karin
insomnia *n* hurdo la'aan
inspect *v* fatashid
inspection *n* fatishaad
inspector *n* baare
inspiration *n* ku dayasho fiican
inspire *v* ku dhalin
instability *n* xasilooni la'aan

install *v* rakibid
installation *n* rakibaad qalab
installment *n* lacag qayb-qayb loo baxsho
instance *n* tusaale
instant *n* haddiiba ah
instantly *adv* si durba ah
instead *adv* badal ahaan ah
instigate *v* abuurid
instill *v* ka dhaadhicin
instinct *n* garasho
institute *v* machad
institution *n* urur bulsho
instruct *v* barid
instructor *n* tababare
insufficient *adj* aan ku filayn
insulate *v* galayn
insulation *n* dahaar
insult *v* ceebayn
insult *n* meel ka dhac
insurance *n* caymis
insure *v* galin caymis
insurgency *n* falaagada
insurrection *n* kacdoon
intact *adj* wada dhan
intake *n* qaadasho
integrate *v* midayn
integration *n* midayn
integrity *n* daacadnimo
intelligent *adj* indheergarad ah
intend *v* damcid
intense *adj* aad u daran

intensify *v* ka sii darid
intensity *n* darnaansho
intensive *adj* aad ah
intention *n* qasad
intercede *v* u waydiin
intercept *v* dhex ka laacid
intercession *n* u waydiinyo
interchange *v* is dhaafsad
interchange *n* is dhaafsi
interest *n* danayn; ribo
interested *adj* daneeya
interesting *adj* xiisa leh
interfere *v* faro gelin
interference *n* carqalo
interior *adj* gudaha
interlude *n* biririf
intermediary *n* dhex dhexaadiye
intern *v* xayirid
interpret *v* tarjamid
interpretation *n* tarjumis
interpreter *n* tarjumaan
interrogate *v* su'aalid dambi
interrupt *v* dhabqin
interruption *n* dhabqinta
intersect *v* kala goyn
intertwine *v* isku tidcid
interval *n* biririf
intervene *v* dhex galid
intervention *n* dhex galis
interview *n* waraysi
intestine *n* malawad
intimacy *n* isku dhawaansho

intimate *adj* aad iskugu dhaw
intimidate *v* ka cabsiin
intolerable *adj* aan dul qaad lahayn
intolerance *n* dulqaad la'aanta
intoxicated *adj* cabsan
intravenous *adj* xiddika lagu shubo
intrepid *adj* geesi ah
intricate *adj* aad u adag
intrigue *n* xiise gelin
intriguing *adj* xiise leh
intrinsic *adj* dhab ah
introduce *v* keenid
introduction *n* barasho
introvert *adj* qof af gaaban
intrude *v* dhabqin
intruder *n* xad dhaaf
intrusion *n* xad gudub
intuition *n* awood
inundate *v* fatahid
invade *v* qabsatin
invader *n* qabsade
invalid *n* hawl gab
invalidate *v* qaymijabin
invaluable *adj* qiimo badan leh
invasion *n* furasho
invent *v* curin
invention *n* alifaad
inventory *n* alaab
invest *v* maalgalin
investigate *v* baarid

investigation

investigation *n* baaris
investment *n* maal galis
investor *n* maal galiye
invincible *adj* aan laga rayn karin
invisible *adj* aan la arki karin
invitation *n* waydiis
invite *v* martiqaadid
invoice *n* qaansheeg
invoke *v* tuugid
involve *v* ku hawlid
involved *v* ku lug leh
involvement *n* ka qayb qaadasho
inward *adj* xiga gudaha
inwards *adv* gudaha jirka
iodine *n* saliid-naar
irate *adj* aad u xanaaqa
Ireland *n* dalka Ayrlaand
Irish *adj* Ayrish
iron *v* bir
iron *n* kaawiyad
ironic *adj* kajan
irony *n* hadalka sidiisa kale
irrational *adj* aan suurtagal
irrefutable *adj* la diidi karin
irregular *adj* aan caadi ahayn
irrelevant *adj* aan la xiriirin
irreparable *adj* aan la kabi karin
irresistible *adj* aan la xukumi karin
irrespective *adj* aan loo eegin
irreversible *adj* aan dib loo celin karin

irrevocable *adj* aan la badali karin
irrigate *v* waraabin
irrigation *n* waraab
irritate *v* ka xanaajin
irritating *adj* xanaaq leh
Islamic *adj* la xiriira Islaamka
island *n* jasiirad
isle *n* jasiirad
isolate *v* ka faquuqan
isolation *n* faquuqyo
issue *n* arin
issue *v* la siiyo
Italian *adj* Talyaani ah
italics *adj* qoraal jiifa
Italy *n* Talyaaniga
itch *v* cuncun
itchiness *n* cuncunka
item *n* shay
itemize *v* tixid
itinerary *n* socdaal qoondaysan
ivory *n* fool

J

jackal *n* ey
jacket *n* jaakad
jackpot *n* lacag bakhtiyaanasib
jail *n* xabsi
jail *v* xirid
jailer *n* xabsi ilaashe
jam *v* ku ciriirin
jam *n* malmalaato; xayirmid
janitor *n* silinbe
January *n* Janaayo
Japan *n* Jabaan
Japanese *adj* Jabaaniis ah
jar *n* jalxad, dhalo yar
jasmine *n* yaasmiin
jaw *n* daan
jealous *adj* masayr ah
jealousy *n* hinaaso
jeans *n* jiinis
jeopardize *v* halis galin
jerk *v* dhufatin
jerk *n* hinqasho
jersey *n* shaati ciyaartooy
Jew *n* Yuhuud
jewel *n* dhagax qaali ah
jeweler *n* dahable
jewelry store *n* dukaanka dahablaha
Jewish *adj* Yuhuudi ah
jigsaw *n* nooc miishaar
job *n* shoqo
jobless *adj* shaqa la'aan ah
join *v* isku dhagid
joint *n* xubin, ricin
jointly *adv* si wadajir ah
joke *v* kaftamid
joke *n* kaftan
joker *n* jookar; qof kaftama
jokingly *adv* si kaftana
jolly *adj* farxad le
jolt *n* gariir
jolt *v* ruxmid
journal *n* jariirad
journalist *n* wargays qore
journey *n* safar
jovial *adj* farxad leh
joy *n* farax
joyful *adj* faraxsan
joyfully *adv* si farxada
jubilant *adj* farxad le
Judaism *n* diinta Yuhuuda
judge *n* garsoore
judge *v* wax ka sheegid
judgment *n* xukun
judicious *adj* go'aan macquula
jug *n* jalxad
juggler *n* qofka hawo wax ku celceliya
juice *n* cabitaan
juicy *adj* dheecaan leh
July *n* Luulyo
jump *v* boodid

jump

jump *n* boodis
jumpy *adj* bood booda
junction *n* is goyis
June *n* Juuniyoo
jungle *n* hawd
junior *adj* labada ka yar
junk *n* qashin
junk *v* tuurid
jury *n* guurto
just *adj* hadadan
justice *n* garsoor
justify *v* cadayn
justly *adv* si sax ah
juvenile *adj* ciyaalnimo
juvenile *n* kuray

kangaroo *n* kaangaruu
karate *n* ciyaar
keep *iv* haysad
keep on *v* sii wadid
keep up *v* wadid, fulin
keg *n* barmiil
kennel *n* guriga eyga
kettle *n* kildhi
key *n* fure, muhiim ah
key ring *n* qool fureed

keyboard *n* qalabka kombyuutarka ee wax lagu qoro
kick *v* haraatin
kickback *n* laaluush
kickoff *n* bilawga
kid *v* caruureyn
kid *n* cunug
kidnap *v* afduubid
kidnapper *n* afduube
kidnapping *n* afduub
kidney *n* keli
kidney bean *n* digir
kill *v* dilid
killer *n* dilaa
killing *n* dilis
kilogram *n* kiiloo garaam
kilometer *n* kiiloo mitir
kilowatt *n* kiiloo waat
kind *adj* nooc
kindle *v* dab daarid
kindly *adv* si naxariis leh
kindness *n* naxariis
king *n* boqor
kingdom *n* boqortooyo
kinship *n* qaraabanimo
kiosk *n* dabakaayo
kiss *n* dhunkasho
kiss *v* dhunkatin
kitchen *n* jikada
kite *n* ay biiteey, walando
kitten *n* bisad yar
knee *n* jilib

kneecap *n* kuraan kur
kneel *iv* jilbo joogsi
knife *n* mindi
knit *v* gacan ku tolid dhar
knob *n* side
knock *n* garaac
knock *v* garaacid
knot *n* gunud, tidic
know *iv* aqoonis
know-how *n* garo sida
knowingly *adv* si ogaansho leh
knowledge *n* aqoon

L

lab *n* laab
label *n* dhagaati
labor *n* shaqaale
laborer *n* muruqmaal
lace *n* xarig yar
lack *v* aan lahayn
lack *n* wax la'aan
lad *n* wiil
ladder *n* jaranjaro, salaan
laden *adj* aad u raran
lady *n* gabar
ladylike *adj* naag u eg
lagoon *n* biya ka go'an bad

lake *n* haro
lamb *n* nayl
lame *adj* curyaan
lament *n* murugo
lament *v* murugo la oy
lamp *n* nal
lamppost *n* tiir naleed
lampshade *n* daboolka nalka
land *v* degid
land *n* dhul
landfill *n* qashin qub
landing *n* soo dagasho
landlady *n* haweeney hanti leh
landlocked *adj* bad lahayn
landlord *n* qof leh hanti
landscape *n* muqaal dhuleed
lane *n* dhabe
language *n* luqad
languish *v* laciifid
lantern *n* faynuus
lap *n* dhab; laab
lapse *v* lumin
lapse *n* muddo; khalad yar
larceny *n* xatooyo
lard *n* xayr doofaar
large *adj* wayn
larynx *n* dhuun
laser *n* qalab dhaliya iftiin
lash *n* jeedalyo
lash *v* jeedlid
lash out *v* hadal ku weererid
lasso *n* hoggaan

lasso *v* hoggaan ku qabasho
last *v* socotin muddo
last *adj* ugu danbeeya
last name *n* magaca awoowga
last night *adv* xalay
lasting *adj* waaraya
lastly *adv* si gunaanad ah
latch *n* qataar
late *adv* goor danbe
lately *adv* in dhawaalaba
later *adj* dambe
later *adv* goor dambe
lateral *adj* dhinac, bar bar ah
latest *adj* ugu danbeeyay
lather *n* xunbo
latitude *n* lool
latter *adj* daba yaaqada
laugh *v* qoslid
laugh *n* qosol
laughable *adj* qosol leh
laughing stock *n* qof lagu qoslo
laughter *n* qosol
launch *v* bilaabid
launch *n* ganid
laundry *n* doobi
lavatory *n* musqul
lavish *adj* deeqsi ah
lavish *v* siin
law *n* sharci
law-abiding *adj* sharciga raaco
lawful *adj* sharci ah
lawmaker *n* sharci dajiye

lawn *n* beer caws leh
lawsuit *n* dacwad
lawyer *n* qareen
lax *adj* dabacsan
laxative *adj* caloosha jilcisa
lay *n* dhigis
lay *iv* ukun dhigis
lay off *v* shaqo ka fariisin
layer *n* lakab
layman *n* caami
laziness *n* caajisnimo
lazy *adj* caajis
lead *iv* hogaamin
lead *n* nooc bireed
leaded *adj* curiye macdan ku jira
leader *n* hogaanshe
leadership *n* hogaamin
leading *adj* kaalin hore
leaf *n* caleen
leaflet *n* buug-yare
league *n* urur
leak *v* daadin
leak *n* dalool
leakage *n* darroor leh
lean *adj* caato ah; dhuuban
lean *iv* liicsan
lean back *v* dib u tiirsi
lean on *v* ku tiirin
leaning *n* janjeeris
leap *iv* bood boodid
leap *n* boodis
learn *iv* baratin

leverage

learned *adj* aqoonyahan ah
learner *n* waxbarad
learning *n* waxbarasho
lease *n* heshiis
lease *v* ka ijaarad
leash *n* qool
least *adj* ugu yar
leather *n* saan
leave *iv* tagid
leave out *v* ka reebid
leaves *n* caleemo
lectern *n* qotan khudbeed
lecture *n* khudbo
ledger *n* diiwaanka xisaabaadka
leech *n* dhuudhi
left *adv* bidix
left *n* tegay
leftovers *n* hambo
leg *n* lug
legacy *n* dhaxal
legal *adj* sharci
legality *n* sharci waafaqnimo
legalize *v* sharciyayn
legend *n* sheeka baraley
legible *adj* la akhrin karo
legion *n* ciidan badan
legislate *v* samayn sharci
legislation *n* sharci samaynyo
legislature *n* sharci sameeye
legitimate *adj* sharci ah
leisure *n* waqti firaaqo
lemon *n* liin dhanaan

lemonade *n* cabbitaan liin
lend *iv* amaahin
length *n* cabir dherer
lengthen *v* dheerayn
lengthy *adj* aad u dheer
leniency *n* dulqaadka
lenient *adj* dulqaad leh
lens *n* bikaaco
Lent *n* Soon yuhuudeed
lentil *n* nooc digir
leopard *n* haramcad
leper *n* qof juudaan qaba
leprosy *n* juudaan
less *adj* ka yar
lessee *n* kirayste
lessen *v* yaraatin
lesser *adj* in aan badnayn
lesson *n* cashar
lessor *n* qof wax ijaara
let *iv* yeelid
let down *v* hoos u dhigid
let go *v* sii dayn
let in *v* soo gelin
let out *v* daah ka qaadid
lethal *adj* dhimasho
letter *n* xaraf; warqad
lettuce *n* saladh
leukemia *n* kansarka dhiigga
level *n* heer tiro
level *v* simid
lever *n* kabaal
leverage *n* faa'iidada

L

levy *v* saarid canshuur
lewd *adj* qalbiga u fiicnayn
liability *n* mas'uuliyad
liable *adj* loos haysto
liaison *n* isku-duwid
liar *adj* beenlaw
libel *n* masabid
liberate *v* xorayn
liberation *n* xoraynta
liberty *n* xoriyada
librarian *n* maktabad-haye
library *n* maktabad
lice *n* injirta
license *n* shati
license *v* siin shati
lick *v* leefid
lid *n* dabool
lie *iv* lagdoon
lie *n* qaab, been
lie *v* sheegid been
lieu *n* badal ahaan
lieutenant *n* ku xigeen
life *n* nolol
lifeguard *n* biyo ilaaliye
lifeless *adj* mayd
lifestyle *n* qaab nololeed qof
lifetime *adj* cimri
lift *v* qaadid
lift off *v* qumaati ku kaca
lift-off *n* dhulka kicid
ligament *n* seed
light *adj* fudud

light *iv* ifin
light *n* ilays
lighter *n* birikee
lighthouse *n* nal bidhaaneed
lighting *n* iftiinka
lightly *adv* si fudud
lightning *n* hilaac, biriq
lightweight *n* aan cuslayn
likable *adj* la jeclaado
like *v* jeclaatin
like *pre* oo kale
like *adj* oo kale
likelihood *n* suurtawda
likely *adv* suurtagal ah
likeness *n* u ekaansho
likewise *adv* si lamid ah
liking *n* jeclaansho
limb *n* gacmaha iyo lugaha
lime *n* nuurad
limestone *n* dhagax nuuradeed
limit *n* xad
limit *v* xadadid
limitation *n* xadidnaanta
limp *v* dhutin
limp *n* dhutis
linchpin *n* xajiye
line *n* xariiqin; saf
line up *v* safid
linen *n* nooc maro
linger *v* aan tagin
lingerie *n* dhar hoosaad
lingering *adj* in badan jooga

lofty

lining *n* dahaar
link *v* isku xiran
link *n* isku xirnaan
lion *n* libaax
lioness *n* libaaxad
lip *n* dibin
liqueur *n* khamri culus
liquid *n* dareere
liquidate *v* khaarajin
liquidation *n* deyn-bax
liquor *n* khamri
list *n* tax qoraal
list *v* tixid qoraal
listen *v* dhagaysad
listener *n* dhagayste
litany *n* duco
liter *n* halbeeg cabir
literal *adj* eray eray
literally *adv* si eray eray
literate *adj* aqoon
literature *n* suugaan
litigate *v* dacwo oogid
litigation *n* hab dacwo
litter *n* qashin
little *adj* yar
little bit *n* in yar
little by little *adv* tartiib tartiib
live *adj* nool
live *v* noolaatin
live off *v* ku xirnaan
live up *v* ku noolaansho heer
livelihood *n* habka ku noolyahay
lively *adj* firfircooni leh
liver *n* beer
livestock *n* mood
livid *adj* aad u xanaaqsan
living room *n* qol fadhi
lizard *n* mulac u eke
load *n* rar
load *v* rarid
loaded *adj* raran
loaf *n* rooti dhamaystiran
loaf *v* waqti lumin
loan *n* amaah
loan *v* amaahin
loathe *v* necbaysid
loathing *n* necbaysad
lobby *v* ku qalqaalin, u dood
lobster *n* carsaanyo badeed
local *adj* degaanka hoose ah
localize *v* meel ku ekaysiin
locate *v* tilmaamid
located *adj* helid, ku koobid
location *n* rug
lock *n* qoful
lock *v* qufulid
lock up *v* qufulid
locker room *n* qalka dhar badalka
locksmith *n* qoful tume
locust *n* ayax
lodge *v* hooy yar
lodging *n* meel lagu noolaado
lofty *adj* qiimo sareeya

log *v* diiwan galin
log *n* geed la soo jaran
log in *v* galid
log off *v* ka bixid
logic *n* caqli gal
logical *adj* caqli gal ah
loin *n* kuus hilib ah
loiter *v* is istaagid
loneliness *n* kali ahaansho
lonely *adv* wehel la'aan ah
loner *n* kali socde
lonesome *adj* wehel la'aan
long *adj* dheer
long for *v* leh rabitaanka
longing *n* dherarsasho
longitude *n* dhigo
long-standing *adj* soo jireen ah
long-term *adj* mustaqbalka fog
look *n* araga
look *v* fiirin
look after *v* ilaalin
look at *v* eegid
look down *v* yasid
look for *v* raadin
look forward *v* filid, rajayn
look into *v* baarid
look out *v* iska eeg
look over *v* ka fiirin dhibaato
look through *v* fiir fiirin
looking glass *n* muraayad
looks *n* muuqaalka
loom *v* laga cabsado
loom *n* mashiin dharka lagu sameeyo
loophole *n* goldaloolo
loose *adj* dabacsan
loose *v* siidayn
loosen *v* dabcin
loot *v* bililiqaysad
loot *n* bililiqo
lord *n* taliye
lordship *n* awooda taliyenimo
lose *iv* lumin
loser *n* guul darayste
loss *n* lunyo
lot *adv* in badan
lotion *n* bomaato jilicsan
lots *adj* in badan
lottery *n* bakhtiyaa nasiib
loud *adj* qaylo
loudly *adv* si qaylo leh
loudspeaker *n* samaacad
lounge *n* goob fadhi ee huteel
lounge *v* nasasho
louse *n* injir
lousy *adj* aad u xun
lovable *adj* la jeclaado
love *n* jacayl
love *v* jeclaatin
lovely *adj* qurux
lover *n* jeclaade, jeclaato
loving *adj* dareen jacayl leh
low *adj* hooseeya
lower *adj* ka hooseeya

maiden

low-key *adj* xassilan
lowly *adj* hooseeya xag darajo
loyal *adj* daacad
loyalty *n* daacadnimo
lubricate *v* xayrayn
lubrication *n* saalideysan
lucid *adj* qeexan
luck *n* nasiib
lucky *adj* nasiib fiican leh
lucrative *adj* keena faa'iido badan
ludicrous *adj* nacasnimo ah
luggage *n* shandad safar
lukewarm *adj* diiran
lull *n* seexin
lumber *n* alwaax
luminous *adj* iftiima
lump *n* bur, kuus
lump sum *n* caddad isku darsan
lunacy *n* waali
lunatic *adj* qof waalan
lunch *n* qado
lung *n* sambab
lure *v* soo xero gelin
lurid *adj* naxdin
lurk *v* ku gabatin
lush *adj* cosob ah
lust *n* jamasho
lust *v* rabid
lustful *adj* jamasho leh
luxurious *adj* raaxo aad ah leh
luxury *n* raaxo
lynch *v* dil aan loo marin sharci
lynx *n* nooc xayawaan
lyrics *n* miraha hees

machine *n* aalad
machine gun *n* ku xabadayn boobe
mad *adj* waalan
madam *n* marwo
madden *v* ka caraysiin
madly *adv* si waalli ah
madman *n* nin waalan
madness *n* waali
magazine *n* jariirad
magic *n* sixir, indho sarcaad
magical *adj* sixir oo kale ah
magician *n* saaxir
magistrate *n* xaakim hoose
magnet *n* bir lab
magnetic *adj* bir lab ah
magnetism *n* awooda danab
magnificent *adj* cajiib ah, wayn
magnify *v* waynayn
magnitude *n* qiyaas wayn
mahogany *n* nooc alwaax
maid *n* adeegto
maiden *n* gashaanti

mail

mail *n* boosto
mail *v* ku dirid boosto
mailbox *n* sanduuqa waraaqaha
mailman *n* boostaale
maim *v* curyaamid, dhaawicid
main *adj* ugu wayn
mainland *n* dhul wayne
mainly *adv* sida badan
maintain *v* siiwadid
maintenance *n* dayactir
majestic *adj* sare ah, la yaab leh
majesty *n* sharaf
major *adj* aad ah
major *n* gaashaanle
major in *v* ku takhasusid
majority *n* tiro badankeed
make *iv* samayn
make *n* samaynyo
make up *v* sameeya
make up for *v* mag dhabid
maker *n* sameeye
makeup *n* isqurxis
malaria *n* duumo
male *n* labood
malevolent *adj* balaaya doon ah
malfunction *n* hawl gab noqda
malfunction *v* hawlgabid
malice *n* xiqdi
malign *v* wax duufsada
malignancy *n* xiqdi lagu sameeyey
malignant *adj* xiqdi leh

mall *n* suug wayne
malnutrition *n* nafaqa xumo
malpractice *v* sharci xumo
mammal *n* naasley
mammoth *n* nooc maroodi
man *n* nin
manage *v* maamulid
manageable *adj* la maamuli karo
management *n* maamul
manager *n* maamule
mandate *n* amar cad
mandatory *adj* dirqi ah, khasab ah
maneuver *n* dhaq-dhaqaaq samayn
mangle *v* jeex jeexmid
manhandle *v* ku maquunin xoog
manhunt *n* qof ugaarsad
maniac *adj* qof wax ku waalan
manifest *v* bayaan ah
manipulate *v* qabatimid
mankind *n* dad
manliness *n* ninimo leh
manly *adj* dad u eg
manner *n* hanaan
mannerism *n* sida qof u dhaqmo
manners *n* asluub
manpower *n* ciidan dadeed
mansion *n* aqal wayn
manslaughter *n* qof dilitaan
manual *n* buug tusaale bixiya
manual *adj* lagu qabtay gacmaha
manufacture *v* warshad
manure *n* digo xoolaad

matriculate

manuscript *n* gacan ku qor
many *adj* badan
map *n* khariidad
map *v* qorsheyn
marble *n* mar mar
march *n* gaardi
march *v* gaardiyid
March *n* Maarso
mare *n* geenyo
margin *n* dacal
marginal *adj* la xiriira daaf
marinate *v* hilib radin
marine *adj* badda la xiriira
marital *adj* la xiriira guur
mark *n* bar
mark *v* calaamadin
mark down *v* rakhiisin
marker *n* calaamadiye
market *n* suuq
market *v* suuq-geyn
marksman *n* shiish yahan
marmalade *n* mamalaato
marriage *n* guur
married *adj* labo qof oo is qaba
marrow *n* dhuux lafeed
marry *v* guursad
Mars *n* meeraha Maaris
marshal *n* maarshaal
martyr *n* nafti hure
martyrdom *n* naf hurnimo
marvel *n* yaab
marvelous *adj* cajiib

marxist *adj* shuuci
masculine *adj* muuqaal
mash *v* isku qooshid
mask *v* qarin
mask *n* waji qariye
mason *n* fuundi
masquerade *v* waji daboolid
mass *n* walax
massacre *n* xasuuq
massage *v* duugid
massage *n* jir duugyo
masseur *n* jir duuge
masseuse *n* jir duugto
massive *adj* aad u wayn
mast *n* daqal
master *v* baratin
master *n* taliye
mastermind *v* abaabulid
mastermind *n* maskax badan
masterpiece *n* qabasho hawl sare
mastery *n* aqoon-sare
mat *n* darin, masale
match *v* is shabihid
match *n* tartan, taraq
mate *n* nin
material *n* wax
materialism *n* maal jacayl
maternal *adj* la xiriira hooyada
maternity *n* hooyanimmo
math *n* xisaab
matriculate *v* arday noqosho

M

matrimony

matrimony *n* xaflad meher
matter *v* macna
matter *n* walax
mattress *n* furaash, joodari
mature *adj* qaan gaar ah
maturity *n* qaan gaaryo
maul *v* dhaawacid
maximum *adj* ugu badan
may *iv* laga yaabo
May *n* Maayo
may-be *adv* sida laga yaabo
mayhem *n* bilaa nidaam
mayor *n* duqa magaalo
maze *n* meel luq-luuqyo badan leh
meadow *n* degaan cawseed
meager *adj* tiro yar
meal *n* cunto
mean *adj* aan fiicnayn
mean *n* macna
mean *iv* ula jeedid
meaning *n* macne ahaan
meaningful *adj* macne ku fadhiya
meaningless *adj* aan macne lahayn
meanness *n* fiicnaan la'aan
means *n* fal
meantime *adv* isla-wakhtigaas
meanwhile *adv* isla mar ahaantaas
measles *n* jadeeco
measure *v* cabirid

measurement *n* cabir
meat *n* hilib
meatball *n* kuus-kuus hilib
mechanic *n* farsamo yaqaan
mechanism *n* hab, qaab
mechanize *v* adeegsad aalad
medal *n* bilad
medallion *n* bilad wayn
meddle *v* faro la gelid
mediate *v* dhex dhexaadin
mediator *n* dhexdhexaadiye
medication *n* daawayn
medicinal *adj* daawayn leh
medicine *n* cilmiga
medieval *adj* la xiriira waayadii hore
mediocre *adj* iska caadiya
mediocrity *n* caadi ah
meditate *v* khilaawayn
meditation *n* khilaawayn
medium *adj* dhex dhexaad ah
meek *adj* dulqaad
meekness *n* dulqaadanaya
meet *iv* kulmid
meeting *n* shir
melancholy *n* murugo
mellow *v* dabcid
mellow *adj* maqal
melodic *adj* la xiriira miyuusiga
melody *n* laxan
melon *n* dhamaan bahda qare
melt *v* milmid

midget

member *n* qof ka tirsan koox
membership *n* ka tirsanaansho
membrane *n* xuub
memento *n* shay xusuus ah
memo *n* wareegto
memoirs *n* xusuus qolaareed
memorable *adj* xasuusan karo
memorize *v* xasuusad
memory *n* xasuus
men *n* rag
menace *n* halis gelin
mend *v* kabid
meningitis *n* qoor-gooye
menopause *n* caado dhamaad
menstruation *n* caado helida
mental *adj* la xiriira caqliga
mentality *n* caqli
mentally *adv* caqliyan
mention *n* hadal gaaban
mention *v* sheegid
menu *n* dalab cuntoo oo qoran
merchandise *n* badeecad
merchant *n* ganacsade
merciful *adj* naxariista
merciless *adj* naxariis daro ah
mercury *n* curiyaha meerkuri
mercy *n* raxmad
merely *adv* sidan oo kali ah
merge *v* midoobid
merger *n* shirkado isku taga
merit *n* mudnaansho
merit *v* mudnid

mermaid *n* gabareey maanyo
merry *adj* farax leh
mesh *n* shabaq
mesmerize *v* la dhacid
mess *n* is dhexyaal
mess around *v* u dhaqmid si xun
mess up *v* arin la haleeyay
message *n* fariin
messenger *n* dhambaal wade
Messiah *n* al Masiix
messy *adj* aan hufnayn
metal *n* macdin
metallic *adj* la xiriirta bir
metaphor *n* sarbeeb
meter *n* mitir, qiyaas
method *n* hab
methodical *adj* nadaam leh
meticulous *adj* aad uga baaraan daga
metric *adj* heerka cabirka
metropolis *n* caasimad
Mexican *adj* u dhashay Meksiko
mice *n* jiir yar, dooli yar
microbe *n* jeermis
microphone *n* samaacad
microscope *n* waynayso
microwave *n* hirar
midair *n* hawada dhaxdeeda
midday *n* duhur
middle *n* bartame
middleman *n* dilaal
midget *n* cilin

M

midnight

midnight *n* habeen bar
midsummer *n* xagaa barkeeda
midwife *n* umuliso
might *n* aad u wayn
mighty *adj* awood
migraine *n* madax xanuun
migrant *n* guur guure
migrate *v* guurid
mild *adj* aan darnayn
mile *n* halbeed cabiraad
mileage *n* masaafo
milestone *n* taariikh xasuus mudan
militant *adj* dagaal u heelan
milk *n* caano
milky *adj* caano leh
mill *n* warshad
millennium *n* mudo ah kun sano
milligram *n* halbeeg cabiraad
millimeter *n* halbeeg cabiraad
million *n* malyuun
millionaire *adj* qof hal malyan ka badan haysta
mince *v* kidfid
mincemeat *n* hilib shiidan
mind *n* caqli
mind *v* ka gubatin
mind-boggling *adj* maan gad leh
mindful *adj* maskaxda ku hayn
mindless *adj* garasho la'
mine *v* qodid
mine *pro* qof hadlaya wixiisa
mine *n* waxayga
minefield *n* beer miino
miner *n* macaadin qode
mineral *n* macdan
mingle *v* ku qasmid
miniature *n* aad u yar
minimize *v* yarayn
minimum *n* xadiga u yar
miniskirt *n* goono gaaban
minister *n* wadaad
minister *v* wasiir
ministry *n* wasaarad
minor *n* ahmiyad yar; ka yar
minor *adj* xoogaa
minority *n* tiro yar
mint *n* geed carfo
mint *v* samayn
minus *adj* laga jaro
minute *n* daqiiqad
miracle *n* mucjiso
miraculous *adj* cajiib ah
mirage *n* shay dhalanteed ah
mirror *n* muraayad
misbehave *v* falid edaab xumo
miscalculate *v* qiyaas qaldid
miscarriage *n* dhicinta
miscarry *v* dhicin
mischief *n* dheel dheel
mischievous *adj* dhibaato keena
misconduct *n* si xun u adeeg
misconstrue *v* tarjumid khalad
misdemeanor *n* xad gudub yar

miser *n* bakhiil
miserable *adj* niyad jab ah
misery *n* murugo
misfit *adj* aan le'ekayn
misfortune *n* masiibo
misgiving *n* walaac
misgivings *n* tuhun
misguided *adj* habaw ah
misinterpret *v* fasirid khalad
misjudge *v* khalad u xukumid
mislead *v* mara habaabin
misleading *adj* marin habaabis ah
mismanage *v* maamul xumid
misplace *v* dhigid meel khaldan
misprint *n* daabacaad xumo
miss *v* gafid; u xiisid
miss *n* gafis
missile *n* gantaal
missing *adj* la waysan yahay
mission *n* ergo; dad diinta fidiyo
missionary *n* diin faafiye
mist *n* ciiro
mistake *n* gaf
mistake *iv* ku khaldamid
mistaken *adj* gaf ah
mister *n* qaab raga loola hadlo
mistreat *v* si xun ula dhaqmid
mistreatment *n* si xun ula dhaqan
mistress *n* sayidad
mistrust *n* kalsooni daro
mistrust *v* tuhmid

misty *adj* ciiro qoyan leh
misunderstand *v* qalad u fahan
misuse *n* isticmaal xumo
mitigate *v* fududayn
mix *v* isku qasid
mixed-up *adj* isku khalday
mixer *n* qase
mixture *n* isku lab
mix-up *n* jahawareer
moan *n* riin
moan *v* taahid
mob *n* buuq
mob *v* buuqid
mobile *adj* la dhaqaajin karo
mobilize *v* dhaqaajin
mock *v* can jilid
mockery *n* ku dheel
mode *n* hab
model *iv* isku-bandhid dhar
model *n* qaab dhismeed; moodo
moderate *adj* dhex dhex ah
moderation *n* heer dhexe
modern *adj* cusayb ah
modernize *v* cusboonaysiin
modest *adj* qof xishooda
modesty *n* xishood
modify *v* wax ka badalid
moisten *v* dharbin
moisture *n* dharab
molar *n* gaws dambeed
mold *n* fangaska; bolol
mold *v* qaabayn

moldy *adj* caaraystay, caaraysan
mole *n* faraanfar
molecule *n* qurub
molest *v* faro xumayn
mom *n* hooyo
moment *n* waqti yar
momentarily *adv* in yar
momentous *adj* aad muhiim u ah
monarch *n* boqorad
monarchy *n* boqortoyo
Monday *n* Isniin
money *n* lacag
money order *n* jeeg wareeg lacag
monitor *v* shaashad
monk *n* wadaad
monkey *n* daanyeer
monogamy *n* guur kalyaale
monologue *n* hadal aad qorto
monopolize *v* qaramayn
monopoly *n* ganacsi hal shirkad
monotonous *adj* cod isku si ah
monotony *n* isku cod ah
monster *n* balaayo
monstrous *adj* aad uu wayn
month *n* bil
monthly *adv* bile ah
monument *n* taalo
monumental *adj* heer gaarid
mood *n* xaalad
moody *adj* niyad baddalan
moon *n* dayax

moor *v* doon xirid
mop *v* sifayn
moral *n* cadaanta sheeko
moral *adj* la xiriira xumaanta
morality *n* anshax
more *adj* ka badan
moreover *adv* sii raaca
morning *n* aroor
moron *adj* doqon
morphine *n* nooc daroogo
morsel *n* cadadka yar ee shay
mortal *adj* dhinta
mortality *n* dhimasho
mortar *n* hoobiye
mortgage *n* rahan
mortification *n* ceeboow
mortify *v* ceeboobid
mortuary *n* qolka meydka
mosaic *n* naqshad midamo badan leh
mosque *n* masaajid
mosquito *n* kaneeco
most *adj* ugu badnaan
mostly *adv* ugu badnaanta
motel *n* huteel oo kale ah
moth *n* baalaley
mother *n* hooyo
motherhood *n* hooyanimo
mother-in-law *n* sodoh
motion *n* dhaqaaq; talo soo jeedin
motion *v* dhaqaaqid

motionless *adj* dhaqaaq lahayn
motivate *v* kicin
motive *n* sabab
motor *n* matoor
motorcycle *n* dhug dhugleey
motto *n* hal ku dhag
mount *n* kormo
mount *v* ku tiirin
mountain *n* buur
mountainous *adj* buuraleey ah
mourn *v* baroor diiqid
mourning *n* murugo
mouse *n* jiir; qalab kombyuutar
mouth *n* af
move *n* dhaqaaq
move *v* durjin
move back *v* dib u dhaqaaqid
move forward *v* horumari
move out *v* tagid
move up *v* kor u socod
movement *n* dhaqdhaqaaq
movie *n* filim
mow *v* jarid caws
much *adv* tiro badan
mucus *n* malax
mud *n* dhiiqo
muddle *n* labid
muddy *adj* dhiiqo leh
muffle *v* caburin
muffler *n* iskaamiinto
mug *v* dhicid
mug *n* koob dheg leh

mugging *n* dhac
mule *n* baqal
multiple *adj* leh qaybo badan
multiplication *n* isku dhufasho
multiply *v* ku dhufad
multitude *n* tiro badan
mumble *v* ganuunucid
mummy *n* hooyo
mumps *n* qanjir barar
munch *v* raamsad
munitions *n* hub
murder *n* dil
murderer *n* dilaa
murky *adj* mugdi
murmur *n* cod hoose
murmur *v* guuxid
muscle *n* muruq
museum *n* guriga carwada
mushroom *n* barkin waraabe
music *n* muusik
musician *n* muusikyahan
Muslim *adj* Muslin ah
must *iv* waa in
mustache *n* shaarub
mustard *n* nooc geed
muster *v* isku keenid
mutate *v* is-beddel
mute *adj* aamusan
mutilate *v* naafayn
mutiny *n* gadood
mutually *adv* si ka dhexayn leh
muzzle *n* gafuur**

muzzle v gafuur xirid
my adj waxayga
myopic adj aragti gaaban leh
myself pro qudhayda
mysterious adj wax cidna fahmi karin
mystery n sir
mystic adj suufinimo leh
mystify v ka yaabid
myth n sheeko baralay

nag v dhibid qof
nagging adj dhib badan
nail v ku musmaarid
nail n musbaar; ciddi
naive adj waayo arag la'aan
naked adj qaawan
name n magac
name v magacaabid
namely adv gaar u carabaabid
nanny n xannaaneeye carruur
nap n hurda gaaban
napkin n af tir tir
narcotic n daroogo
narrate v sheegid sheeko
narrow adj dhuuban
narrowly adv in aad u yar
nasty adj wasakh ah
nation n qaran
national adj waddani ah
nationality n qawmiyad, dhalasho
nationalize v qaramayn
native adj u dhalasho wadan
natural adj dabiiciyun
naturally adv si caadi ah
nature n abuur
naughty adj akhlaaq xun leh
nausea n lalabo
navel n xundhur, xudun
navigate v hagid
navigation n habka hagida
navy n ciidanka bada
navy blue adj buluug madaw leh
near pre dhaw
nearby adj aan ka fogayn
nearly adv in aad ugu dhaw
nearsighted adj indha habeeno ah
neat adj nadiif
neatly adv si habaysan
necessary adj lama huraan ah
necessitate v khasbid
necessity n lama huraan
neck n qoor
necklace n qoor sur
necktie n qoorxir
need n baahi wax u qab
need v rabid
needle n irbad

nobleman

needless *adj* aan loo baahnayn
needy *adj* sabool ah
negative *adj* diidmo ah
negative *n* xun
neglect *n* dayac
neglect *v* dayacid
negligence *n* dayacaad
negligent *adj* dayacaad law ah
negotiate *v* ka wada hadlid
negotiation *n* wada hadal
neighbor *n* daris
neighborhood *n* daris
neither *adj* mid koodna
neither *adv* midna
nephew *n* wiil abti
nerve *n* dareeme
nervous *adj* xanaaqi og
nest *n* buul
net *n* shabag, dambiil
Netherlands *n* Holland
network *n* ka dhaxayn
neurotic *adj* maskaxda looga jiro
neutral *adj* dhex dhexaad
never *adv* waligeed
nevertheless *adv* isla markaana
new *adj* cusayb ah
newborn *n* sebi
newcomer *n* koyto
newly *adv* dhawaan
newlywed *adj* dhawaan is aroosey
news *n* xog
newscast *n* idaacad
newsletter *n* warside yar
newspaper *n* wargays
newsstand *n* sandaqad lagu iibiyo wargays
next *adj* ku xiga
next door *adj* albaabka xiga
nibble *v* cunto yar
nice *adj* wanaagsan
nicely *adv* si fiican
nickel *n* bir cad
nickname *n* naanays
nicotine *n* nikotiin
niece *n* gabadha abti
night *n* cawo
nightfall *n* gabbal dhac
nightgown *n* maro hurdo dumar
nightingale *n* nooc shimbireed
nightmare *n* qaraw
nine *adj* sagaal
nineteen *adj* sagaal iyo toban
ninety *adj* sagaashan
ninth *adj* tiro sagaalaad
nip *v* qaniinid
nip *n* qanjaruufo
nipple *n* ibta naaska
nitpicking *adj* khalad raadis
nitrogen *n* curiyaha naytarajiin
no one *pro* qof na
nobility *n* laan-dheeranimo
noble *adj* muujiya sharaf
nobleman *adj* nin darajo sare

nobody

nobody *pro* qofna
nocturnal *adj* habeenkii soo baxa
nod *v* lulid gorod
noise *n* qaylo
noisily *adv* si qaylo badan
noisy *adj* qayliya
nominate *v* magacaabid
none *pre* mid na
nonetheless *c* isla markaana
nonsense *n* lahayn macne
nonsmoker *n* aan cigaar cabin
nonstop *adv* istaag lahayn
noon *n* duhur
noose *n* qool
nor *c* mid koodna
norm *n* caadiga
normal *adj* caadi ah
normalize *v* caadiyayn
normally *adv* si caadi ah
north *n* woqooyi
northeast *n* waqooyiga bari
northern *adj* woqooyiga
northerner *adj* reer waqooyi
Norway *n* Noorway
Norwegian *adj* u dhashey Noorway
nose *n* san
nosedive *v* madax madax
nostalgia *n* hilaw
nostril *n* dul saneed
nosy *adj* xan dhegaysi badan
not *adv* oo qabeeya diido

notable *adj* muuqda
notably *adv* gaar ahaan
notary *n* ansaxiye
note *v* ogaatin
note *n* qoraal gaaban; ogeysiin
notebook *n* xusuus qor
noteworthy *adj* xus
nothing *n.* waxna
notice *v* ogaatin
notice *n* ogaysiis
noticeable *adj* muuqda
notification *n* u sheegid
notify *v* ogaysiin
notion *n* aragti
notorious *adj* caan ah
noun *n* naxwe, magac
nourish *v* quudin
nourishment *n* quud
novel *n* sheeko qoran
novelist *n* sheeko qoraa
novelty *n* cusboonaansho
November *n* Noofambar
novice *n* layli
now *adv* hada
nowadays *adv* baryahaan danbe
nowhere *adv* meelna
noxious *adj* sun leh
nuance *n* kala duwanaan yar
nuclear *adj* qumbulad duriye
nude *adj* qaawan
nudism *n* qaawanaan
nudist *n* qaawane**

nudity *n* qaawanaan
nuisance *n* dhiblaawe
null *adj* maran
nullify *v* burin
numb *adj* aan lahayn dareen
number *n* tiro
numbness *n* dareen la'aan
numerous *adj* badan
nun *n* sooro
nurse *v* kaalmayn bukaan
nurse *n* kalkaaliye
nursery *n* qol caruureed
nurture *v* xanaanayn
nut *n* loos
nutrition *n* quud, cunto
nutritious *adj* nafaqo leh
nut-shell *n* qof mireed
nutty *adj* waalan

oak *n* nooc geed
oar *n* usha lagu kaxeeyo doonta
oath *n* dhaar
oatmeal *n* cunto
obedience *n* daacad
obedient *adj* ogolaada
obese *adj* shilis

obey *v* adeecid
object *v* diidid
object *n* shay
objection *n* ka hor imaadyo
objective *n* ka baxsan caqliga
obligate *v* ku khasbid
obligation *n* waajib
obligatory *adj* waajib ah
oblige *v* waajibin
obliged *adj* saacidid
oblique *adj* leexsan
obliterate *v* tirtirid raad
oblivion *n* hilmaan
oblivious *adj* hilmaama
oblong *adj* leydi
obnoxious *adj* aad u xun
obscene *adj* af xumo ah
obscenity *n* af xumo
obscure *adj* qarsoon
obscurity *n* qarsoonaan
observation *n* ilaalinyo
observatory *n* meesha xiddigaha laga daawado
observe *v* eegid
obsess *v* kaga dhagid
obsession *n* ku dhag, ku taam
obsolete *adj* aan la isticmaalin
obstacle *n* xanib
obstinacy *n* madax adayga
obstinate *adj* madax adag
obstruct *v* xirid
obstruction *n* xannib

obtain

obtain *v* sugid
obvious *adj* muuqda
obviously *adv* si muuqata
occasion *n* dhacdo markeed
occasionally *adv* mar mar dhaca
occult *adj* sixir ah
occupant *n* dagan
occupation *n* shaqo
occupy *v* dagid
occur *v* dhicid
occurrence *n* dhacdo
ocean *n* badwayn
October *n* Oktoobar
octopus *n* farammugo
odd *adj* aan caadi ahayn
oddity *n* yaabiso
odds *n* kala duwanaanta
odious *adj* la dhibsado
odometer *n* masaafa cabbire
odor *n* ur
of *pre* muujiya qayb ka mid ah
off *adv* ka fogaatin
offend *v* ku gafid
offense *n* gaf
offensive *adj* weerar ah
offer *n* dooransiinyo
offer *v* soo jeedin
offering *n* deeq
office *n* xaafiis
officer *n* qof haya xil dawlo
official *adj* la xiriira awood
officiate *v* gudatin xil

offset *v* is dheeli-tirid
offspring *n* ilmaha waalid
often *adv* in badan
oil *n* saliid
ointment *n* dhayo
okay *adv* aqbalid, yeelid
old *adj* waayeel ah
old age *n* da' wayn
old-fashioned *adj* wax laga tagay
olive *n* saytuun
Olympics *n* ciyaaraha fudud
omelet *n* ukun la shiiley
omen *n* ifafaalo
ominous *adj* balaayo sheeg ah
omission *n* ka tagyo
omit *v* ka tagid
on *pre* kor
once *adv* hal mar
once *c* markiiba
one *adj* koow
oneself *pre* qof naftiisa
ongoing *adj* socda wali
onion *n* basal
onlooker *n* korjoogto
only *adv* aan la wehlin
onset *n* bilawga hore
onslaught *n* weerar ba'aan
onwards *adv* hore
opaque *adj* arag ma gudbiye
open *adj* furan
open *v* furmid
open up *v* furid

ought

opening *n* furmo
open-minded *adj* maskax furan
openness *n* furnaanshaha
opera *n* fanka muusiko
operate *v* ku shaqayn
operation *n* hawl gal
opinion *n* fikrad qofeed
opium *n* dawo dadka seexisa
opponent *n* cadaw
opportune *adj* faa'ido leh
opportunity *n* firaaqo eegasho
oppose *v* diidid
opposite *adv* ka soo horjeedka
opposite *n* lid
opposite *adj* lid ah
opposition *n* mucaarad
oppress *v* caburin
oppression *n* cadaadis
opt for *v* go'aan qaadasho
optical *adj* la xiriira araga
optician *n* takhtarka indhaha
optimism *n* khayr fisha
optimistic *adj* rajo wanaag leh
option *n* doorasho
optional *adj* la dooran karo
opulence *n* maal qabeenimo
or *c* ama
oracle *n* is-dheer garad
orally *adv* si hadal ah
orange *n* liin
orangutan *n* nooc daayeer
orchard *n* beer tufaax

orchestra *n* koox muusiko
ordain *v* ka dhigid
ordeal *n* xujayn
order *v* amar siin
order *n* amar; tilmaan
ordinarily *adv* sida caadiga ah
ordinary *adj* caadi ah
ordination *n* caleemosaarid
ore *n* nooc macdan
organ *n* qalab muusik
organism *n* noole qur ah
organization *n* urur
organize *v* abaabulid
orient *n* bari
oriental *adj* la xiriira bariga
orientation *n* hanuunis
oriented *adj* xaalada og
origin *n* bilaw
original *adj* bilaw
originally *adv* asal hore ah
originate *v* bilaabid
ornament *n* qurxis
ornamental *adj* qurxis ah
orphan *n* agoon
orphanage *n* xarunta agoonta
orthodox *adj* asal raac ah
ostentatious *adj* faan
ostrich *n* goroyo
other *adj* kale
otherwise *adv* si ka duwan
otter *n* eey biyood
ought to *iv* kugu waajiba**

ounce

ounce *n* nooc cabireed
our *adj* keena
ours *pro* waxayaga
ourselves *pro* nafteena
oust *v* ka saarid
out *adv* soo baxa
outbreak *n* bilawda
outburst *n* durba yimaada
outcast *adj* dayro
outcome *n* cawaaqib
outcry *n* qaylo
outdated *adj* aan casri eheyn
outdo *v* qof kale ka badin
outdoor *adv* dibada ah
outdoors *adv* meel dibada ah
outer *adj* dibada ah
outfit *n* waxkasta oo la xirto
outgoing *adj* bulshaawi ah
outgrow *v* ka waynaatin
outing *n* aadid meel
outlast *v* ka cumri dheeraan
outlaw *v* qof sharciga jabiya
outlet *n* dukaan
outline *v* qaabayn
outline *n* xariiq
outlive *v* ka cumi dheeraatin
outlook *n* muuqaal
outmoded *adj* hab laga tagay ah
outnumber *v* ka tirabadnaan
outpatient *n* bukaan socod
outperform *v* ka badin og
output *n* kordhis

outrage *n* ka xumaansho
outrageous *adj* aad u daran
outright *adj* si dhamaan ah
outrun *v* ka dheerayn
outset *n* bilawga hore
outshine *v* ka iftiin badnaan
outside *adv* dusha
outsider *n* qof dibada ka koox
outskirts *n* daafaha
outspoken *adj* sheega wax kasta
outstanding *adj* ka fiican
outstretched *adj* fidin
outward *adj* la arki karo
outweigh *v* ka cuslid
oval *adj* qaab ukumeed
ovary *n* ilma galeen
ovation *n* xamaasad
oven *n* kululeyso
over *pre* sare
overall *adv* kuli
overbearing *adj* ku cadaadin
overboard *adv* gaddoon
overcast *adj* cir daruuro leh
overcharge *v* saarid
overcoat *n* jubbad dheer
overcome *v* ka dulmaryo
overcrowded *adj* buux dhaafid
overdo *v* samayn
overdone *adj* in badan samay
overdose *n* xadkaad qaadasho daawo
overdue *adj* dibdhac ah

overestimate v inka badan qiyaasid
overflow v buux dhaafid
overhaul v dayactirid mihiima
overlap v ku laabmid
overlook v ka il duufid
overnight adv habeen dhax
overpower v ka xoog badin
overrate v qiimo badan siin
override v burin
overrule v burin amar sare
overrun v dul carar, dardarid
overseas adv wadan qalaad ah
oversee v kor ka ilaalin
overshadow v harayn
oversight n il duuf
overstate v ka badbadin
overstep v ka talaabsad
overtake v gaarid
overthrow n afgambi
overthrow v marooqsad xukun
overtime adv waqti dheeraad ah
overturn v qalibid
overview n eegid guud
overweight adj ka cuslaan caadiga
overwhelm v ka tirabadnaan
owe v qabid dayn
owl n ciyaw, guumays
own adj lahaan
own v lahaatin
owner n milkiile

ownership n lahaanshaha
ox n dibi
oxen n dibida
oxygen n hawo
oyster n aleelaale

pace v talaaba socotin
pace n talaabo
pacify v dajin xanaaq
pack v cufid
pack n xirmo
package n xirmo
pact n heshiis
pad v wax jilicsan ku dahaarid
padding n cusho, hoosgelis
paddle n seeb, usha doonta
paddle v ul madax
padlock n xuku xirid quful
pagan adj bilaa diin ah
page n bog
pail n baaldi
pain n xanuun
painful adj xanuun hayo
painkiller n xanuun joojiye
painless adj xanuun la'aan
paint n rinji

paint

paint v rinjiyayn
paintbrush n burushka rinjiga
painter n midabeeye
painting n masawir gacmeed
pair n lammaane
pajamas n dharka hurdada
pal n saaxiib
palace n guri boqor
palate n dareen dhadhan
pale adj midab dilan
paleness n midab la'aanta
palm n calaacal
palpable adj la taaban karo
paltry adj xoogaa
pamper v koolin koolin
pamphlet n buug yar
pan n bir daabo
pancreas n beer yaro
pander v duufsad
pang n xanuun
panic n cabsi
panorama n muuqaal dhan
panther n haramcad
pantry n bakhaar
pants n surwaal
paper n xaanshi
paperclip n waraaq qabad
paperwork n waraaqo shaqo
parable n wacdi
parachute n barashuud
parade n rigeyn
paradise n jano

paradox n hadal is-khilaafsan
paragraph n cutub
parakeet n nooc shimbireed
parallel n barbaro
paralysis n naafo
paralyze v naafoobid
parameters n xadidis
paramount adj ugu sarreeya
paranoid adj cuqdad qaada
parasite n deris ku nool
paratrooper n askari
parcel n baakad
parcel post n baakad boosto
parched adj la angagay kulayl
pardon v cafin
pardon n raalli galinyo
parenthesis n laba baraakat
parents n waalid
parish n kaniisad yar
parity n heer sinaansho
park v beer
park n beer nasasho
parking n gaari meel ku aadin
parliament n baarlamaan
parrot n babqaa
parsley n nooc khudaar
parsnip n nooc khudaar
part n cad
part v kala tagid
partial adj qabyo ah
partially adv si qayb ah
participate v ka qaybgalid

pay off

participation *n* ka qayb gal
particle *n* qurub
particular *adj* gooni
particularly *adv* si gaar ahaaneed
parting *n* tagid
partisan *n* jabhad ciidamo
partition *n* qayb qayb
partly *adv* qayb ahaan
partner *n* lammaano, ganacsi wadaag
partnership *n* shirka
party *v* kala tegid
party *n* xaflad, xisbi
pass *v* gudbid
pass *n* guulaysasho
pass around *v* gudbin
pass away *v* dhimasho
pass out *v* suuxid
passage *n* marin
passenger *n* rakaab
passer-by *n* qof ag mara
passion *n* wax xiiso loo qabo
passionate *adj* dareen
passive *adj* aan dhiidhiyin
passport *n* baasboor
password *n* af garasho
past *n* dhaafey
past *adj* tagay
paste *n* isku dhig
paste *v* xamagayn
pasteurize *v* karkarin caano
pastime *n* wakhtiga firaaqada

pastor *n* wadaad kaniisadeed
pastoral *adj* dhul
pasture *n* dhul daaqsimeed
pat *n* taabad
patch *n* jaan
patch *v* jaan saarid
patent *adj* muuqda
patent *n* warqad sharci
paternity *n* aabenimo
path *n* dhabe
pathetic *adj* dareen naxdin leh
patience *n* dulqaad
patient *adj* dulqaata
patio *n* deyrka guri
patriarch *n* duq reer
patrimony *n* dhul
patriot *n* wadani
patriotic *adj* wadani ah
patrol *n* ilaalo
patron *n* rukunle
patronage *n* rukun
patronize *v* noqotin rukun
pattern *n* naqshad
pavement *n* meel malaasan
paw *n* cagaha xoolaad
pawn *v* dhigid curaar
pawnbroker *n* qofka deynta ku bixiya rahmad
pay *iv* bixin
pay *n* mushaar
pay back *v* abaalmarin
pay off *v* wada bixin dayn

pay slip n lifaaqa jeeg lacageed
payable adj tahay in la bixiyo
paycheck n jeega mushaarka
payee n qofka la siiyo lacag
payment n bixinyo
payroll n hab lacageed
pea n digir gacaar
peace n nabad
peaceful adj nabadgalyo
peach n nooc miro
peacock n daa'uus
peak n fiiq
peanut n laws
pear n nooc miro
pearl n luul
peasant n muruq maale
pebble n dhagax yar
peck n af ku mudyo
peck v ku mudid
peculiar adj yaab leh
pedagogy n hab waxbaris
pedal n cag riix
pedestrian n socoto
peel n diir
peel v diirid
peep v ka fiirin buqsin
peer n humbiriirsad
pelican n nooc shimbireed
pellet n kuus yar oo jicilsan
pen n qalin
penalize v ciqaabid
penalty n ciqaab
penance n kafaara gudyo
penchant n rabyo
pencil n laabis
pendant n koore
pending adj go'aan suge ah
pendulum n walfada
penetrate v dhex galid
penguin n shimbir badeed
penitent n toobad keena
penniless adj qof aan haysan senti
penny n hal dhururuq
pension n hawlgab
pentagon n shan geesle
pent-up adj cabursan
people n dad
pepper n basbaas
per pre mid kiiba
perceive v garatin
percent adv boqolkiiba ah
percentage n boqoley
perception n awood garasho
perennial adj waara
perfect adj sidii laga rabay ah
perfection n gaf la'
perforate v duleelin
perforation n duleel
perform v samayn
performance n soo bandhig
perfume n udgoon
perhaps adv laga yaabee
peril n halis

perilous *adj* halis leh
perimeter *n* oogada cabirka shay
period *n* xilli; caado
perish *v* dhimatin
perishable *adj* qurmi og
perjury *n* been dhaarasho
permanent *adj* joogto ah
permeate *v* ku faafid
permission *n* ogolaansho
permit *v* ogolaatin
pernicious *adj* waxyeelo
perpetrate *v* samayn
persecute *v* cadaadin qof
persevere *v* sii wadid
persist *v* ku adkaysad
persistence *n* adkaysasho
persistent *adj* joogto ah
person *n* qof
personal *adj* qof ahaan ah
personality *n* qofnimo
personify *v* qofee
personnel *n* shaqaale
perspective *n* muuqaal
perspiration *n* dhididis
perspire *v* dhididid
persuade *v* ku qalqaalin
persuasion *n* qalqaalo
persuasive *adj* qalqaalo badan
pertain *v* ku haboonaan
pertinent *adj* ku lug leh
perturb *v* ka walaacid
perverse *adj* khilaafa

pervert *v* marin habaabin
pervert *n* qof faasiq ah
pessimism *n* xumaan rajayn
pessimistic *adj* baasayste
pest *n* dulan
pester *v* keenid kahsad
pesticide *n* sun laysa cayayaan
pet *n* rabaayad
pet *v* salaaxid
petal *n* qayb ka mid ah ubaxa
petite *adj* yar
petition *n* dalab, arji
petrified *adj* argagaxid
petroleum *n* saliid ceeriin
pettiness *n* yaraanta
petty *adj* yar
phantom *n* jin
pharmacist *n* farmashiile
pharmacy *n* farmashiiyaha
phase *n* marxalad
pheasant *n* nooc shimbireed
phenomenon *n* muuqda
philosopher *n* caaqil
philosophy *n* fal-safad
phobia *n* cabsi
phone *n* telefan
phone *v* wicid
phony *adj* dhayal ah
phosphorus *n* nooc curiye
photo *n* la xiriira sawir
photocopy *n* nuqul sawir
photograph *v* sawir

photographer n sawire
photography n qaadka sawir
phrase n weedh
physically adj awood ahaan
physician n dhaktar
physics n fisigis
piano n nooc muusiko
pick v rujin
pick up v qaadid
pickpocket n jeeb siibe
pickup n nooc gaari, goob qaadid
picture n sawir
picture v sawirid
picturesque adj aragti soo jiidasho leh
pie n doolshe khudaareed
piece n jab
piecemeal adv midba markiisa la sameeyo
pier n dekad yar
pierce v mudid
piercing n cod aad u dheer
piety n Allah ka cabsi
pig n doofaar
pigeon n qooleey
piggy bank n lacag-dhitays
pile v rasayn
pile n raso
pile up v kordhin
pilfer v xadid
pilgrim n xaaji
pilgrimage n gudasho xaj

pill n kaniini
pillage v bililiqaysad
pillar n tiir
pillow n barkin
pillowcase n harqad barkimo
pilot n duuliye
pimple n fin
pin n biin
pin v hal meel ku dhejin
pincers n biinso
pinch v qanjaruufad
pinch n qanjaruufo
pine n nooc geed
pineapple n cananaas
pink adj basali
pinpoint v dhibic
pint n halbeeg mug
pioneer n qofka
pious adj eebe ka cabsada
pipe n dhuun; beeb
pipeline n dhuun dheer
piracy n dhac
pirate n mooryaan badeed
pistol n baastoolad
pit n god
pitch v qeexid; teendhi dhisid
pitch-black adj qundul madaw ah
pitcher n garaafo
pitchfork n fargeetada beeraha; hangool
pitfall n booraan hadimmo
pitiful adj keena naxdin

pity *n* naxdin
placard *n* boodh
placate *v* maslixid
place *n* meel
place *v* meel dhigid
placid *adj* degan
plague *n* balaayo, cudur safmar ah
plain *adj* caadi ah
plain *n* doox
plainly *adv* si cad
plaintiff *n* qof soo ooga dacwad
plan *v* qorshayn
plan *n* qorshe
plane *n* diyaarad; raando
planet *n* meere
plant *v* abuurid
plant *n* geed
plaster *v* ku malaasid
plaster *n* malaas
plastic *n* caag
plate *n* saxan
plateau *n* taag
platform *n* taag
platinum *n* nooc macdaneed
platoon *n* koox
plausible *adj* leh muuqaalka runeed
play *v* cayaarid
play *n* dheel
player *n* cayaartoy
playful *adj* cayaar miiran ah
playground *n* goob cayaareed
plea *n* baryo
plead *v* baryid
pleasant *adj* farxad
please *v* farxad galin
pleasing *adj* farxad leh
pleasure *n* farax
pleat *n* laba laab
pleated *adj* biigooyin leh
pledge *v* ku yaboohid
pledge *n* yabooh
plentiful *adj* tiro badan ah
plenty *n* tiro badan
pliable *adj* loolsama
pliers *n* qabato
plot *v* samayn shirqool
plot *n* shirqool
plow *v* cara gadin
ploy *n* xeel
pluck *v* rujin
plug *v* awdid
plug *n* guf
plum *n* nooc miro
plumber *n* khasabad galiye
plumbing *n* hab dhuumo galin
plummet *v* hoobatin
plump *adj* kuusan
plunder *v* boobid
plunge *n* maquur
plunge *v* maquurin
plural *n* wadar ah
plus *adv* ku dar

plush

plush *adj* qaali ah
plutonium *n* curiye kiimiko ah
pneumonia *n* oof-wareen
pocket *n* jeeb
poem *n* gabay
poet *n* gabyaa
poetry *n* gabayo
poignant *adj* aad u dareemaya
point *n* caarad
point *v* ku fiiqid far
pointed *adj* caarad fiiqan leh
pointless *adj* aan lahayn duluc
poise *n* daganaansho
poison *v* sumayn
poison *n* waabaayo
poisoning *n* sumaynaya
poisonous *adj* sun leh
Poland *n* Boolaand
pole *n* tiir
police *n* booliis
policeman *n* askariga booliiska ah
policy *n* siyaasad
polish *v* dhalaalin
polish *n* dhalaaliye
Polish *adj* u dhashay Boolaand
polite *adj* edboon
politeness *n* edeb sanaanta
politician *n* siyaasi
politics *n* amuuro siyaasadeed
poll *n* afti qaadid
pollute *v* fadarayn
pollution *n* wakhasaynta
polygamist *adj* qofka dhawrka xaas leh
polygamy *n* dhawr xaas yeelasho
pomegranate *n* rumaan
pomposity *n* xumaan leh
pond *n* bali
ponder *v* ka baaraandagid
pontiff *n* baadari wayn
pool *v* ceegaagid
pool *n* war; wadaagid
poor *n* cayr
poorly *adv* si liidata
pop *v* shanqar yeerid
popcorn *n* salool
Pope *n* madaxa baadariyaasha
poppy *n* midabbaysan, ubax
popular *adj* caan ah
popularize *v* ka dhigid caan
populate *v* dagid meel
population *n* beel
porcelain *n* dhoobo ah
porch *n* daarad
porcupine *n* nooc cayawaan
pore *n* dal-daloolaha jirka
pork *n* hilib doofaar
porous *adj* daldalool leh
port *n* dekad
portable *adj* la qaadi karo
portent *n* degniin
porter *n* shandad qaade
portion *n* gabal
portrait *n* sawir**

precision

portray *v* ku muujin sawir
Portugal *n* Boortaqiis
Portuguese *adj* u dhashey dalka Boortaqiis
pose *n* su'aal
pose *v* u soo bandhigid
posh *adj* heer sare
position *n* meel
positive *adj* shaki la'aan ah
possess *v* lahaatin
possession *n* lahaansho
possibility *n* suura gal
possible *adj* suura gal ah
post *v* boosto ku dirid
post *n* qoton, tiir
post office *n* boostadu
postage *n* waraaq dirsad
postcard *n* kaar laysku diro
poster *n* qoraal sawir wayn
posterity *n* dadka dhalantoona
postman *n* boostaale
postmark *n* summad-boosto
postpone *v* dibudhigid
postponement *n* dhib u dhigista
pot *n* dhari
potato *n* baradho
potent *adj* awood sare leh
potential *adj* jiri kara
pothole *n* jeex
poultry *n* digaag
pound *v* tumid
pound *n* tumida

pour *v* shubid
poverty *n* saboolnimo
powder *n* budo
power *n* awood; quwad
powerful *adj* awood leh
powerless *adj* awood la'aan
practical *adj* la xiriira wax qabad
practice *v* baratin, tababar
practice *n* rug caafimaad
practicing *adj* baranaya
pragmatist *adj* waqiici ah
praise *v* amaanid
praise *n* xamdi
praiseworthy *adj* amaan mudan
prank *n* kaftan cayaarle
pray *v* tukashad
prayer *n* duco
preach *v* tujin
preacher *n* wadaad
preaching *n* wacdinaya
preamble *n* hor dhac
precarious *adj* aan sugnayn
precaution *n* feejignaan
precede *v* ka hordhicid
precedent *n* dhacdo hore
preceding *adj* daba socota
precept *n* ra'yi
precious *adj* aad qaali u ah
precipice *n* qar
precipitate *v* soo dedejin
precise *adj* saxan
precision *n* sax

precocious

precocious *adj* fariid
precursor *n* xil ku dambeeye
predecessor *n* xilhaye hore
predicament *n* xaalad
predict *v* saadaalin
prediction *n* saadal
predilection *n* jamasho
predisposed *adj* ku jiidid, ka yeelsiin
predominate *v* ku badan
preempt *v* ka hor tagid
prefabricate *v* hore loo diyaarshay
preface *n* arar
prefer *v* ka door bidid
preference *n* door bidyo
prefix *n* horgale
pregnancy *n* uur
pregnant *adj* uur leh
prehistoric *adj* taariikhda ka hor
prejudice *n* iska-nebcaan
preliminary *adj* gogol xaar
prelude *n* hor dhig
premature *adj* dhicis ah, aan waqtigiisa gaarin
premeditate *v* hore u qorshayn
premeditation *n* hore u qorshaynta
premier *adj* caarada
premise *n* afeef
premises *n* hoy, dhismo
premonition *n* dareen hore qaba

preoccupation *n* hawlan
preoccupy *v* laab qaadan
preparation *n* diyaargaraw
prepare *v* diyaarin
preposition *n* naxwe meeleeye
prerequisite *n* xaalad
prerogative *n* xaquuq
prescribe *v* jidayn xeer la raaco
prescription *n* rijeeto
presence *n* joogis
present *n* hadiyad
present *adj* jooga
present *adj* jooga
present *v* siin, hibeyn
presentation *n* bandhig
preserve *v* dhawrid
preside *v* xukun fadhiisi
presidency *n* xaafiis madaxtooyo
president *n* madaxwayne
press *v* riixid
press *n* riixyo
pressing *adj* muhiimada
pressure *n* cadaadis
pressure *v* ku cadaadin
prestige *n* qadaris
presume *v* u qaadatin
presumption *n* run moodyo
presuppose *v* hore ugu malayn
presupposition *n* malayn
pretend *v* iska dhigid
pretense *n* is yeel yeel
pretension *n* sheegasho

pretty *adj* qurux leh
prevail *v* ka adkaan
prevalent *adj* shaac ku ah meel
prevent *v* ka hortagid
prevention *n* ka hortag
preventive *adj* ka hortag leh
preview *n* sii fiirin
previous *adj* hore
previously *adv* sidii hore
prey *n* wax la ugaarsado
price *n* sicir
pricey *adj* qiimo sare leh
prick *v* mudid
pride *n* maqsuud
priest *n* wadaad
priestess *n* wadaadad
priesthood *n* wadaadnimo
primacy *n* horays
primarily *adv* sida badanka ah
prime *adj* ugu sareeya
primitive *adj* waayadii hore ah
prince *n* ina boqor
princess *n* ina boqor
principal *adj* ugu horeeya
principle *n* mabda
print *v* daabacid
print *n* daabacis
printer *n* daabace
printing *n* daabacaad buug
prior *adj* hore u jiray
priority *n* muhiimada
prison *n* xabsi

prisoner *n* maxbuus
privacy *n* kali yeelasho
private *adj* gooni ah
privilege *n* xaquuq
prize *n* abaal marin
probability *n* aad u dhici kara
probable *adj* dhici kara
probe *v* baaris
probing *n* la baarayo
problem *n* dhibaato
problematic *adj* keena dhibaato
procedure *n* hab
proceed *v* bilaabid
proceedings *n* dhacdooyin xiriira
proceeds *n* dhawrto
process *v* diyaarsan
process *n* xiriir hawleed
procession *n* qoodo
proclaim *v* ku dhawaaqid
proclamation *n* baaq
procrastinate *v* dib dhigid
procreate *v* noqotin aabe
procure *v* helid
prod *v* juqayn
prodigious *adj* aad u wayn
prodigy *n* xariif
produce *v* samayn
produce *n* wax soo saar
product *n* badeeco; waxa la soo saaro
production *n* soo saar
productive *adj* wax soo saar leh

profess v sheegad
profession n xirfad
professional adj la xiriira xirfad
professor n macalin sare
proficiency n aqoonta sare
proficient adj aqoon sare u leh
profile n waji dadban
profit v faa'iidid
profit n faa'iido
profitable adj faa'iido dhal ah
profound adj qota dheer leh
program v hawlgelin kombyuutar
program n qorshe
programmer n qorsheeye
progress v hormarid
progress n horukac
progressive adj hor u socod ah
prohibit v reebid
prohibition n reeban
project n mashruuc
project v saadaalin
projectile n gantaal
prologue n hor dhac
prolong v dheerayn
prominent adj caan ah
promiscuous adj qof dhilay ah
promise n balan
promote v dalacsiin
promotion n abaabul
prompt adj isla-markiiba
prone adj suurooba
pronoun n magac u yaal

pronounce v ku codayn
proof n cadayn
propaganda n dacaayad
propagate v tarmid
propel v hor u dhaqaajin
propensity n rabitaan u dhalasho
proper adj qumanaan
properly adv sida saxda ah
property n hanti
prophecy n waxyi
prophet n nabi
proportion n qayb
proposal n soo jeedis
propose v soo jeedin qorshe
proposition n soo jeedis talo
prosecute v ku soo oogid danbi
prosecutor n ciqaabe, mudaaci
prospect n filitaan
prosper v guulaysad
prosperity n barwaaqo
prosperous adj guul
prostrate adj sajuuda
protect v daaficid
protection n difaac
protein n nafaqo
protest v cabatin
protest n qoraal
protocol n hab-maamuus
prototype n farsamada koowaad
protract v raagid
protracted adj raaga
protrude v soo fiiqid

proud *adj* la bogaadiyo
proudly *adv* si maqsuud leh
prove *v* cadayn
proven *adj* la cadeeyay
proverb *n* maah maah
provide *v* diyaarin
providence *n* dhawryo
providing that *c* fidinaya
province *n* gobol
provision *n* bixinyo
provisional *adj* ku meel gaar
provocation *n* daan daansi
provoke *v* daan daansad
prowl *v* meeraysad
prowler *n* qof meeraysanaya
proximity *n* dhawaansho
proxy *n* wakiil
prudence *n* garasho dheeri
prudent *adj* qof garasho dheer
prune *v* baar jarid
prune *n* nooc miro
pseudonym *n* magac sheegad
psychiatrist *n* takhtarka cilmi-nafsiga
psychiatry *n* cilmiga cudurada maskaxda
psychic *adj* kuhaan
psychology *n* cilmi nafsi
psychopath *n* qof waalan
puberty *n* kuraynimo
public *adj* shacbi
publication *n* daabacaad

publicity *n* xayeeysiin, sumcad
publicly *adv* dad-weyne ku saabsan
publish *v* soo saarid buug
publisher *n* qofka daabaca shay
pudding *n* labaniyad
puerile *adj* ciyaalnimo
puff *n* neef gaaban
puffed *adj* neefsaday
pull *v* jiidid
pull ahead *v* ka faa'iidaysi
pull down *v* dumin dhisme
pull out *v* ka bixid
pulley *n* khaafiyad
pulp *n* qaybta jilicsan ee miro
pulpit *n* taag
pulsate *v* garaacid
pulse *n* garaaca halbawle
pulverize *v* budayn
pump *n* qalab soo saara dareere
pump *v* soo dhuuqid
pumpkin *n* bocor
punch *n* feer, dalool
punch *v* feerid
punctual *adj* dhaca
puncture *n* dalool
punish *v* ciqaabid
punishable *adj* ciqaab leh
punishment *n* ciqaab
pupil *n* arday; birta madow ee isha
puppet *n* shay qof
puppy *n* eey yar
purchase *n* iib

purchase

purchase *v* iibsad
pure *adj* miir ah
puree *n* dareere ka dhigid
purge *n* nadiifin
purge *v* nadiifin
purification *n* nadiifinta
purify *v* miirid
purity *n* saafinimo
purple *adj* nooc midab
purpose *n* qasad
purposely *adv* si qasad ah
purse *n* boorso
pursue *v* cayrsad
pursuit *n* raacdo
pus *n* malax
push *v* riixid
pushy *adj* cadaadis
put *iv* dhigid
put aside *v* dhinac dhigid
put away *v* meel dhigid
put off *v* ka leexasho
put out *v* damin
put up *v* muujin
put up with *v* adkaysad
putrid *adj* ura
puzzle *n* xujo
puzzling *adj* lagu wareero
pyramid *n* haram
python *n* jabiso

quagmire *n* dhul jilicsan oo qoyan
quail *n* nooc shimbireed
quake *v* gariirid
qualify *v* u qalmid, buuxin karid
quality *n* tayo
qualm *n* caadi dareemayn
quandary *n* ciirsila, jaahwareer
quantity *n* tiro
quarrel *n* muran
quarrel *v* murmid
quarrelsome *adj* muran leh
quarry *n* dhagax qodan
quarter *n* rubac
quarterly *adj* saddex biloodle ah
quarters *n* guryo hurdo; rubuc
quash *v* caabin, cadaadin
queen *n* boqorad
queer *adj* yaab leh, khaniis ah
quell *v* muquunin, xoog ku joojin
quench *v* oon goyn
quest *n* raadis
question *v* su'aalid
question *n* su'aalo
questionable *adj* su'aal ka imaan karto
questionnaire *n* su'aalo-weydiimo
queue *n* saf

quick *adj* dhaqsa ah
quicken *v* dadajin
quickly *adv* si ded dega
quicksand *n* dhoobo dadka liqda
quiet *adj* aamusan
quietness *n* aamusnaan
quilt *n* nooc buste
quit *iv* ka tagid
quite *adv* si aad ah
quiver *v* ruxmid
quiz *v* kedis
quotation *n* xigasho
quote *v* xigatin
quotient *n*

rabbi *n* wadaad yuhuud
rabbit *n* bakayle
rabies *n* bahalaw
raccoon *n* nooc xayawaan
race *v* tartamid
race *n* tartan
racism *n* midab sooc
racist *adj* midad kala sooce
racket *n* sawaxan; musuq-maasuq
racketeering *n* mardaddabaan
radar *n* qalab wax sheega
radiation *n* sii daynta shucaaca
radiator *n* qalab wax diiriya
radical *adj* asal raac ah
radio *n* raadiyow
radish *n* nooc khudaar
radius *n* gacan dhexroor
raffle *n* bakhti iyo nasiib
raft *n* huuri
rag *n* calal
rage *n* xanaaq
ragged *adj* calal ah
raid *v* kadis weerarid
raid *n* weerar
raider *n* weerare
rail *n* qoton
railroad *n* jid tareen
rain *v* di'id
rain *n* roob
rainbow *n* qaansa roobaad
raincoat *n* jubad roobeed
rainfall *n* roob da'
rainy *adj* rooba baw ah
raise *n* kordhinyo
raise *v* qaadid
raisin *n* sabiib
rake *n* fargeeto
rally *n* ururin
ram *v* hardiyid
ram *n* wan
ramification *n* laamays
ramp *n* kaabad
rampage *v* didid

rampant *adj* fara baxa
ranch *n* beer wayn
rancor *n* cadaawo
randomly *adv* si nasiib ah
range *n* taxan; inta u dhexeysa
rank *n* darajo
rank *v* siin heer
ransack *v* baarid
ransom *v* bixin madax fur
ransom *n* madax furasho
rape *v* kufsad
rape *n* kufsasho
rapid *adj* dhaqso ah
rapist *n* kufsade
rapport *n* is faham
rare *adj* dhif ah
rarely *adv* si dhif
rascal *n* rabshad law ah
rash *n* fariirac
rash *v* lagu deg dego
raspberry *n* nooc mireed
rat *n* dooli, jiir
rate *v* qiimeyn
rate *n* saami
rather *adv* door-biddid
ratification *n* heshiis sexeexid
ratify *v* saxiixid
ratio *n* saami
ration *n* raashin
ration *v* raashin u qawimid
rational *adj* suurta gal ah
rationalize *v* siin sabab

rattle *v* jalalaq layn
ravage *v* burburin
ravage *n* hoog
rave *v* khal-khalid
raven *n* tuke
ravine *n* kanaal
raw *adj* ceeriin
ray *n* falaar ilays
raze *v* la simid dhul
razor *n* sakiin
reach *v* gaarid
reach *n* laacis
react *v* ka ficil qaadatin
reaction *n* ficil qaadasho
read *iv* akhrin
reader *n* akhriye
readiness *n* heegan
reading *n* akhris
ready *adj* diyaar ah
real *adj* dhab ah
realism *n* aqbalida run
reality *n* dhab ah
realize *v* ogaatin
really *adv* si dhab ah
realm *n* boqortooyo
realty *n* hantida dhul ee qof
reap *v* gurid
reappear *v* dib u soo muuqda
rear *n* gadaal
rear *adj* gadaal
rear *v* ku koray
reason *v* fakarid

recruit

reason *n* sabab
reasonable *adj* caqli gal ah
reasoning *n* sababayn
reassure *v* shaki saarid
rebate *n* lacag celinyo
rebel *n* falaago
rebel *v* falagoobid
rebellion *n* falaagonimo
rebirth *n* dib u dhalasho
rebound *v* dib u bood boodid
rebuff *v* diidid
rebuff *n* diido
rebuild *v* dib u dhisid
rebuke *n* canaan
rebuke *v* canaanad
rebut *v* beenayn
recall *v* xasuusad
recant *v* ka noqotin
recap *v* rakaadin
recapture *v* dib u qabad
recede *v* dib u noqod
receipt *n* xaanshi cadayneed
receive *v* helid
recent *adj* in dhawaale ah
reception *n* helyo
receptionist *n* soo dhaweeye
receptive *adj* wax maqla
recess *n* gorbo
recession *n* hoos u dhac dhaqaale
recharge *v* dib u danabayn
recipe *n* sida cuntada loo kariyo

reciprocal *adj* la naqo
recite *v* akhrin
reckless *adj* feejig la'aan
reckon *v* tirin
reckon on *v* ku tashad
reclaim *v* dib u sheegatin
recline *v* dhacdiidsad
recluse *n* gooni nooli
recognition *n* aqoonsasho
recognize *v* aqootin
recollect *v* dib u gocasho
recollection *n* dib u xasuusasho
recommend *v* ku talin
recompense *n* magdhaw
recompense *v* qaan siin
reconcile *v* dib u heshiin
reconsider *v* dib uga fakarid
reconstruct *v* dib u dhisid
record *v* qoraal
record *n* rikoodh
recorder *n* qalab wax duubo
recording *n* duubyo maqal
recount *n* sheegid
recoup *v* dib u helid
recourse *n* maciin
recourse *v* miciinsad
recover *v* dib u dahaarid
recovery *n* bogsasho
recreate *v* dib u samayn
recreation *n* madalaalo
recruit *v* askarayn
recruit *n* dhibow

recruitment *n* qoris ciidan cusub
rectangle *n* afar geesle
rectangular *adj* shaxan laydi ah
rectify *v* hagaajin
rectum *n* malawad
recuperate *v* bogsad
recur *v* rogaal celin
recurrence *n* soo rogaal celinta
recycle *v* dib u adeegsad
red *adj* guduud, casaan
red tape *n* biroqaraadiyad
redden *v* casayn
redeem *v* bixin
redemption *n* badbaado
red-hot *adj* casaan-kulul
redo *v* samayn mar labaad
redouble *v* badin
redress *v* magdhabid
reduce *v* yarayn
redundant *adj* aan loo baahnayn
reef *n* qar, taag
reelect *v* dib u soo doorad
reenactment *n* dib u mataleed
reentry *n* dib u galis
refer to *v* carabaabid
referee *n* garsoore
reference *n* tixraac
referendum *n* afti
refill *v* dib u buuxin
refinance *v* dib u maalgalin
refine *v* miirid
refinery *n* warshad sifayn

reflect *v* iftiin arag
reflection *n* humaag
reflexive *adj* humaaga
reform *v* dib u habayn
reform *n* hab
refrain *v* dib uga joojsad
refresh *v* nasasho qaadad
refreshing *adj* nafta soo celinaya
refreshment *n* cunto
refrigerate *v* talaagadayn
refuel *v* dib u shidaalin
refuge *n* magan galid
refugee *n* qaxooti
refund *v* celin lacageed
refund *n* celinyo lacag
refurbish *v* dib u qurxin
refusal *n* diidmo
refuse *v* diidid
refuse *n* qashin, wax la diiday
refute *v* beenayn
regain *v* dib u hantiyid
regal *adj* wax
regard *v* u arkid
regarding *pre* ku saabsan
regardless *adv* ayadoon la tixgelinin
regards *n* salaan
regeneration *n* dib u soo celinta
regime *n* dawlad
regiment *n* qayb ciidan
region *n* gobol
regional *adj* la xiriira gobol

remarry

register *v* qoraal ah rasmi
registration *n* diiwan galyo
regret *v* ka shalayn
regret *n* tiiranyo
regrettable *adj* laga xumaado
regularity *n* caadi ahaanta
regularly *adv* si caadi ah
regulate *v* habayn, maamulid
regulation *n* sharci
rehabilitate *v* tarbiyadayn
rehearsal *n* tijaabo
rehearse *v* ku celcelin
reign *n* xili xukun boqor jiray
reign *v* xukumid
reimburse *v* magdhabid
reimbursement *n* magdhawga
rein *v* xakamayn
rein *n* xakame
reindeer *n* nooc ugaareed
reinforce *v* dib u xoojin
reinforcements *n* ciidan xoojin
reiterate *v* ku celcelin
reject *v* diidid
rejection *n* diido
rejoice *v* farxid
rejoin *v* ku darmid
rejuvenate *v* dhalin yarayn
relapse *n* qumbacasho
related *adj* xiriir leh
relationship *n* xiriiryo
relative *adj* la xiriira
relative *n* qaraabo

relax *v* dabcin
relaxing *adj* lagu nafiso
relay *v* helid
release *v* siidayn
relegate *v* ku wareegjn
relent *v* dabcid
relentless *adj* raxmo daran
relevant *adj* la xiriira
reliable *adj* lagu tashan kara
reliance *n* kalsooni
relic *n* haraa, xusuus ah
relief *n* qaadis
relieve *v* qaadid xanuun
religion *n* diin
religious *adj* la xiriira diin
relinquish *v* ka tagid
relish *v* ku raaxaysi dhadhan
relive *v* ku noolaatin
relocate *v* dib u dagid
relocation *n* guurida
reluctant *adj* ka war wareega
reluctantly *adv* si war wareeg leh
rely on *v* isku halayn
remain *v* ku nagaatin
remainder *n* haraa
remaining *adj* haraaga
remains *n* reeb reebka
remake *v* dib u samayn
remark *v* wax ka oran
remark *n* wax ka sheegyo
remarkable *adj* xusid
remarry *v* dib u guursad

remedy v caafimaadid
remedy n daawo
remember v xasuusad
remembrance n xasuusasho
remind v xasuusin
reminder n digniin
remission n cafis
remit v dirid lacag
remittance n lacag la diro
remnant n haraa yar
remodel v dub u qaabayn
remorse n qoomamo
remorseful adj qoomamo leh
remote adj shishe
removal n qaadyo
remove v bixin
remunerate v abaal marin
renew v dib u cusboonayn
renewal n cusboonaysiin
renounce v ka tanaasulid
renovate v dib u cusbayn
renovation n dib u cusboonaysiin
renowned adj la yaqaan
rent v kiraysad
rent n kiro
reorganize v dub u toosin
repair v dayac tirid
reparation n magdhaw
repatriate v dub u dhoofin
repay v dib u bixin
repayment n dib u bixinta
repeal v ka noqod sharci

repeal n sharci ka noqosho
repeat v ku celin
repel v caabbin
repent v ka toobad keenid
repentance n ka qoomamayn
repetition n naqtiin
replace v badalid
replacement n badalaad
replay n dib u ciyaarid
replenish v dib u buuxin
replete adj la haqab tiray
replica n nuqul asalki oo kale ah
replicate v nuqul ka samayn
reply n jawaab
reply v war celin
report v warbixin
report n warbixis
reportedly adv sida la wariyay
reporter n wariye
repose n nasasho
repose v nasatin
represent v u hadlid
repress v cadaadin
repression n cadaadis
reprieve n cafis
reprint v dib u daabicid
reprisal n aarsasho
reproach n eed
reproach v eedayn
reproduce v dib u samayn
reproduction n samaynyo
reptile n xamaarato

republic *n* jamhuuriyad
repudiate *v* inkirid
repugnant *adj* kor hor yimaada
repulse *n* caabis
repulse *v* dib u caabbin
repulsive *adj* keena karhasho
reputation *n* sumcad fiican
reputedly *adv* la yaqaan, caan ah
request *v* waydiisad
request *n* waydiisasho
require *v* u baahatin
requirement *n* loo baahan yahay
rescue *v* badbaadin
rescue *n* gurmad
research *v* baarid cilmiyeed
research *n* baaris
resemblance *n* isku ekaansho
resemble *v* isku ekaatin
resent *v* ku qalbi samayn
resentment *n* ciil
reservation *n* dhigaal
reserve *v* kaydin
reservoir *n* bali
reside *v* dagid
residence *n* dagaan
residue *n* haraadi
resign *v* is casilid
resignation *n* is casilyo
resilient *adj* bogsan og
resist *v* adkaysad
resistance *n* dhiidhiyid
resolute *adj* go'aan adag leg

resolution *n* go'aan
resolve *v* go'aansad
resort *v* gaarid qaraar
resounding *adj* qaylo dheer, aad u weyn
resource *n* dhigaal
respect *n* ixtiraam
respect *v* ixtiraamid
respectful *adj* muujiya ixtaraam
respective *adj* kala duwan
respiration *n* neefsasho
respite *n* nafis
respond *v* ka jawaabid
response *n* jawaab
responsibility *n* mas'uuliyad
responsible *adj* mas'uul ah
responsive *adj* jawaaba
rest *v* daal tirad
rest *n* nasasho
rest room *n* suuli
restaurant *n* maqaaxi
restful *adj* nasiino
restitution *n* magdhaw
restless *adj* aan xasilin
restoration *n* dib u laabasho
restore *v* soo celin
restrain *v* celin
restraint *n* dib u celinyo
restrict *v* xadayn
result *n* natiijo
resume *v* sii wadid
resumption *n* anba qaadida

resurface

resurface *v* dib u malaasid
resurrection *n* soo noolaynyo
resuscitate *v* soo noolayn
retain *v* hayn
retaliate *v* aargoosad
retaliation *n* aargoosadka
retarded *adj* qof caqli dhiman
retention *n* haysad
retire *v* hawl gabid
retirement *n* hawl gab
retract *v* laabid
retreat *n* dib gurasho
retreat *v* dib u gurad
retrieval *n* dib u helyo
retrieve *v* dib u helid
retroactive *adj* baxnaano leh
return *n* soo noqosho
return *v* soo noqotin
reunion *n* dib iskugu imaansho
reveal *v* sheegid
revealing *adj* xiiso leh
revel *v* qaadatin waqti fiican
revelation *n* is tusida
revenge *n* aarsasho
revenge *v* ka aarsad
revenue *n* dhaqaale soo gala
reverence *n* ixtaraam
reversal *n* dhinaca lidka isku badal
reverse *n* lid
reversible *adj* la gadiyi karo
revert *v* ku noqotin heerkii

review *v* naqtiimid
review *n* naqtiin
revise *v* dib u sixid
revision *n* dib ugu noqosho
revive *v* soo noolayn
revoke *v* ka noqotin
revolt *n* kacdoon
revolt *v* ku kicid
revolting *adj* yaayakhsi leh
revolve *v* meeraysad
revolver *v* bistoolad
revue *n* goos goos
revulsion *n* yaayakhsi
reward *n* abaalgud
reward *v* abaalmarin
rewarding *adj* faa'iido
rheumatism *n* lafa xanuun
rhinoceros *n* wiyil
rhythm *n* habka muusik u dhaco
rib *n* feer
ribbon *n* jeex maro
rice *n* bariis
rich *adj* maalqabeen
rid of *iv* ka takhalusid
riddle *n* hal xiraale
ride *iv* korid
ridge *n* dhakada
ridicule *v* ku maadsad
ridicule *n* qosol
ridiculous *adj* lagu maadsado
rifle *n* bunduq
rift *n* qarar, harar

right *adj* sax
right *adv* si buuxda
right *n* wanaag
rigid *adj* togan
rigor *n* ad adayg
rim *n* qar
ring *n* far gashi; dhawaaq
ring *iv* hareerayn
ringleader *n* horseede
rinse *v* biya raacin
riot *n* kacdoon
riot *v* samayn rabsho
rip *v* jeexid
rip apart *v* kala jabin
rip off *v* dhicid, casayn
ripe *adj* bislaada
ripen *v* bislaatin
ripple *n* hir taxan
rise *iv* kicid
risk *v* galid khatar
risk *n* halis
risky *adj* khatar leh
rite *n* xaflad diineed
rival *n* lid
rivalry *n* loolan
river *n* webi
rivet *v* bool
riveting *adj* xiisa badan
road *n* wado
roam *v* war wareegid
roar *n* jibaad
roar *v* jibaadid

roast *v* solid
roast *n* solitaan
rob *v* dhicid
robber *n* dhacaa
robbery *n* dhaca
robe *n* khamiis
robust *adj* xooggan
rock *n* dhadhaab
rock *v* ruxid
rocket *n* gantaal
rocky *adj* dhagax leh
rod *n* ul dhuuban
roll *n* duub
roll *v* giraan girin
romance *n* dareen jacayl
roof *n* saqaf
room *n* qol
roomy *adj* qolol badan leh
rooster *n* diiq
root *n* xidid
rope *n* xarig
rosary *n* tusbax
rose *n* ubax
rosy *adj* casuur
rot *v* qurmid
rot *n* qurun
rotate *v* ku wareegid bartame
rotation *n* wareeg
rotten *adj* qurmay
rough *adj* jilaaf ah
round *adj* wareegsan
roundup *n* arruurinyo

rouse

rouse *v* kicin
rousing *adj* xiisa leh
route *n* tub
routine *n* hab la maro
row *n* saf gudban
row *v* ul ku kaxayn
rowdy *adj* buuq
royal *adj* boqoreed
royalty *n* qoyska reer boqor
rub *v* rugid
rubber *n* goome, caag
rubbish *n* qashin
rubble *n* bur bur
rude *adj* anshax xumo
rudeness *n* anshax xumada
rudimentary *adj* aasaasiga
rug *n* katiifad yar
ruin *n* bur bur
ruin *v* burburid
rule *n* xeer
rule *v* xukumid
ruler *n* mastarad; xaakim
rum *n* khamro
rumble *v* diryaamid
rumble *n* guux
rumor *n* ku tiri ku teen
run *iv* ordid
run away *v* ka tagid meel
run into *v* ku dhicid
run out *v* marta
run over *v* dul marid
run up *v* kordhid dayn

runner *n* qof orda
runway *n* dayuurad-mar
rupture *n* dilaac
rupture *v* dilaacid
rural *adj* la xiriira miyi
ruse *n* dhagar
rush *v* degdegid
Russia *n* Ruushka
Russian *adj* Ruush ah
rust *n* daxal
rust *v* daxalaysad
rustic *adj* la xiriira miyi
rust-proof *adj* aan daxalaysan
rusty *adj* daxalaysatay
ruthless *adj* ma jixinjixe ah
rye *n* sareen

S

sabotage *v* hawl curyaamin
sabotage *n* hawl curyaamis
sack *n* kiish
sack *v* shaqa ka cayrin
sacrament *n* xaflad
sacred *adj* muqaddas
sacrifice *n* gawracis
sacrilege *n* dacaayad diineed
sad *adj* murugaysan

saying

sadden *v* murugaysan
saddle *n* koore
sadist *n* qabiid ah
sadness *n* murugaysnaanta
safe *n* khasnad
safe *adj* nabadgalyo leh
safeguard *n* badbaado
safety *n* amaan
sail *v* ku safrid meel biyo leh
sail *n* sharaac
sailboat *n* doon sharaacan
sailor *n* badmaax
saint *n* wali
salad *n* saladh
salary *n* mushaar
sale *n* beec
sale slip *n* warqad-iib
salesman *n* nin wax iibiya
saliva *n* calyo
salmon *n* nooc kaluun
saloon *n* saalo
salt *n* cusbo
salty *adj* milix badan
salvage *v* badbaadin
salvation *n* badbaado
same *adj* isku si ah
sample *n* muunad
sanctify *v* karaamayn
sanction *n* ogolaansho
sanction *v* ogolaatin
sanctity *n* karaamo
sanctuary *n* gabbaad

sand *n* ciid
sandal *n* saandal
sandpaper *n* warqad sulbis
sandwich *n* ismaris
sane *adj* caqli qab ah
sanity *n* caqliga
sap *n* dheecaan
sap *v* wiiqmid
sarcasm *n* kajan
sarcastic *adj* hadal kaftan ku jiro
sardine *n* kuluun yar yar
satanic *adj* shayddaan ah
satellite *n* dayax gacmeed
satire *n* dacaayad
satisfaction *n* qanac
satisfactory *adj* qaneecaad leh
satisfy *v* qancid
saturate *v* ceegaagin
Saturday *n* Sabti
sauce *n* suugo
saucepan *n* digsi suugo
saucer *n* seesar
savage *adj* bahalnimo ah
savagery *n* arxan daran
save *v* badbaadin
savings *n* kayd lacageed
savior *n* bad baadiye
savor *v* ku macaanin
saw *n* miinshaar
saw *iv* miinshaarayn
say *iv* dhihid
saying *n* maah maah

S

scaffolding

scaffolding *n* sakhaalad
scald *v* ku gubatin
scale *n* jilif; maqaarka kalluunka
scale *v* jillif qaadid
scalp *n* dahaarka madaxa
scam *n* khiyaamayn
scan *v* il marin
scandal *n* ceeb
scandalize *v* ceebayn
scapegoat *n* masabidid
scar *n* haar
scarce *adj* aan wax deeqin
scarcely *adv* si dirqi
scarcity *n* wax yar ahaanta
scare *n* cabsi
scare *v* cabsiin
scare away *v* ku dhiiran tegitaan
scarf *n* masar
scary *adj* cabsi leh
scatter *v* firdhin
scenario *n* xaaladayn qorshe
scene *n* goob
scenery *n* muuqaalka dabiiciga
scenic *adj* muuqaal leh
scent *n* caraf, ur
schedule *n* jadwal
schedule *v* qaban qaabin
scheme *n* qorshe
schism *n* dhanbalan
scholar *n* aqoonyahan
scholarship *n* aqoon cilmiyeed
school *n* dugsi

science *n* aqoon
scientific *adj* cilmiyaysan
scientist *n* aqoonyahan
scissors *n* maqas
scoff *v* ku jees jeesid
scold *v* xaarxaarin
scolding *n* ku qaylin
scooter *n* mooto yar
scope *n* xad balaaran
scorch *v* gamaarid
score *v* helid
score *n* tirada goolal
scorn *v* xaqirid
scornful *n* xaqiraad ah
scorpion *n* dib u qalooc
scoundrel *n* sharlow
scour *v* wasakh ka xoqid
scourge *n* jeedal
scout *n* ilaalin
scramble *v* isku dhafid
scrambled *adj* isku walaaqsan
scrap *n* jab
scrap *v* xoorid
scrape *v* xoqid
scratch *n* xagtin
scratch *v* xoqid
scream *v* dhawaaqid
scream *n* qaylo
screech *v* qaylin
screen *n* daah
screen *v* hubin
screw *n* bool

selection

screw *v* musbaarayn
screwdriver *n* kaashawiito
scribble *v* iska qor qorid
script *n* qoraal
scrub *v* xoqid
scruples *n* dareen tuhun
scrupulous *adj* aad uga fiirsada
scrutiny *n* baaris
scuffle *n* dagaal
sculptor *n* farshaxan
sculpture *n* farsamo farshaxan
sea *n* bad
seafood *n* cunto badeed
seagull *n* nooc shimbireed
seal *n* tiimbare
seal *v* xirid
seal off *v* go'doomin meel
seam *n* tolmo
seamless *adj* aan lahayn tolmo
search *v* raadin
search *n* raadis
seashore *n* xeeb badeed
seasick *adj* xanuun badeed
seaside *adj* agagaar badeed
season *v* geedayn
season *n* xili
seasonal *adj* la xiriira xili
seasoning *n* geedaynyo
seat *n* fadhi
seated *adj* fariistay
secede *v* goosatin
secluded *adj* meel go'doon ah
seclusion *n* cidla'
second *n* labaad
second *adj* taageerid
secondary *adj* labaad
secrecy *n* qarsoodi
secret *n* qarsoon
secretary *n* xoghayn
secretly *adv* si sir ah
sect *n* firqa diined
section *n* qayb
sector *n* qayb
secure *v* dhuujin
secure *adj* xagsan
security *n* nabad
sedate *v* dejin qof
sedation *n* dejinta
seduce *v* soo jiidad
seduction *n* shukaansi
see *iv* arkid
seed *n* mir, abuur
seedless *adj* aan lahayn miro
seedy *adj* miro badan leh
seek *iv* doonid
seem *v* u muuqad
segment *n* qayb
segregate *v* takoorid
segregation *n* takoor
seize *v* qabatin saldano
seizure *n* qabasho
seldom *adv* si dhif ah
select *v* ka dooratin
selection *n* xulasho

self-conscious

self-conscious *adj* kalsooni la'aan
self-esteem *n* isla hanwaynaan
self-evident *adj* is muujiya
self-interest *n* danaystenimo
selfish *adj* damaaci ah
selfishness *n* damaacinimada
self-respect *n* is bogaadiya
sell *iv* iibin
seller *n* iibiye
sellout *n* wada iibinyo
semblance *n* muuqadka
semester *n* simistar
seminary *n* dugsi
senate *n* golaha odayaasha
senator *n* xildhibaan
send *iv* dirid
sender *n* dire
senile *adj* itaal gab noqda
senior *adj* wayn
seniority *n* isyaano
sensation *n* dareen
sense *v* dareemid
sense *n* dareen
senseless *adj* xis la'aan ah
sensible *adj* caaqil ah
sensitive *adj* dareen aad ah leh
sensual *adj* daren shahwo-kicin leh
sentence *n* weedh
sentence *v* xukumid
sentiment *n* aragti
sentimental *adj* dareen qiiro

sentry *n* ilaal
separate *adj* kala duwan
separate *v* qaybin
separation *n* kala tagyo
September *n* Sibtambar
sequel *n* taxniin
sequence *n* isku xigxiga
serene *adj* xasiloonaan
serenity *n* daganaan
sergeant *n* laba alifle
series *n* is daba joog
serious *adj* dhab ah
seriousness *n* dhab ahaanta
sermon *n* khudba diineed
serpent *n* mas wayn
servant *n* adeege
serve *v* adeegid
service *n* adeeg
service *v* dayactirid
session *n* fadhi
set *iv* saarid
set *n* xirmo
set about *v* wax samayn
set off *v* bilaabid safar
set out *v* socdaalid
set up *v* isku habayn
setback *n* daahyo
setting *n* fadhi
settle *v* raadin xal
settle down *v* xasilid
settle for *v* yeelid
settlement *n* heshiis

settler *n* degene
setup *n* isku habayn
seven *adj* todoba
seventeen *adj* todobaad iyo toban
seventh *adj* todobaad
seventy *adj* todobaatan
sever *v* jarid
several *adj* dhawr
severance *n* qaybsan
severe *adj* ba'an
severity *n* darnaashaha
sew *v* harqaamid
sewage *n* bulaacad
sewer *n* dhuumaha bulaacada
sewing *n* tolidyo
sex *n* jinsi, galmo
sexuality *n* rabidda-galmada
shabby *adj* duug ah
shack *n* doqosh
shackle *n* dabar
shade *n* har
shadow *n* hoos
shady *adj* har leh
shake *iv* ruxid
shaken *adj* ruxmay
shaky *adj* ruxma
shallow *adj* aan sii xulnayn
sham *n* dhayal
shambles *n* isku dhexyaac
shame *n* sheex
shame *v* sheexid

shameful *adj* sheex
shameless *adj* aan lahayn sheex
shape *n* qaab
shape *v* qaabayn
share *n* qayb
share *v* wadaagid
shareholder *n* saamiile
shark *n* libaax badeed
sharp *adj* afaysan
sharpen *v* afayn
sharpener *n* soofeeye
shatter *v* baduugmid
shattering *adj* jajabaya
shave *v* xiirid
she *pro* iyada
shear *iv* xiirid
shed *iv* caleen dhacsad
shed *n* cariish
sheep *n* ido
sheet *n* go'a sariista; xaashi
sheets *n* shay wax daboola
shelf *n* marfish
shell *n* qolof
shell *v* qolof
shelter *v* difaacid
shelter *n* gabaad
shelves *n* marfashyo
shepherd *n* ido jir
shield *v* gaashaamid
shield *n* gaashaan
shift *n* is bedel
shift *v* sikin

shine

shine *n* dhalaalaayo
shine *iv* ifid
shiny *adj* dhalaala
ship *v* dirid
ship *n* markab
shipment *n* rar
shipwreck *n* shil markab
shipyard *n* warshadda maraakiibta
shirk *v* ka dhuumasho shaqo
shirt *n* shaati
shiver *v* jarayn
shiver *n* jarays
shock *n* argagax
shock *v* yaabid
shocking *adj* yaab leh
shoddy *adj* qiima hooseeya leh
shoe *n* kabo
shoe polish *n* nadiifiyaha kobaha
shoe store *n* dukaanka kabaha
shoelace *n* xarig kabeed
shoot *iv* toogid
shoot down *v* xabadayn qof
shop *v* adeegad
shop *n* dukaan
shoplifting *n* dukaan xadyo
shopping *n* adeegte
shore *n* xeeb
short *adj* gaaban
shortage *n* yaraansho
shortcoming *n* gaari waayid
shortcut *n* af goys

shorten *v* gaabin
shorthand *n* qoraal
short-lived *adj* cumri gaaban
shortly *adv* in yar ka dib
shorts *n* daba gaab
shortsighted *adj* aragti gaaban leh
shot *n* qarax xabad
shotgun *n* buntukh
shoulder *n* garab
shout *v* qaylin
shout *n* qaylo
shouting *n* qaylada
shove *n* hantaatuqo
shove *v* riixid
shovel *n* badeel
shovel *v* marjarafad ku shaqayn
show *iv* muujin
show off *v* muujis
show up *v* muuqda
showdown *n* kala bixid
shower *n* qubeys
shrapnel *n* duul duul, quruurux
shred *n* jar jar
shred *v* kidfid
shrewd *adj* wax garad ah
shriek *n* cabaad
shriek *v* cabaadid, qaylin
shrine *n* meel caabudaad
shrink *iv* jaruurid
shroud *n* kafan
shrouded *adj* kadmid
shrub *n* geed gaab

shrug *v* garba nuuxin	**significance** *n* ahmiyad
shudder *v* jiriiric layn	**significant** *adj* muhiim ah
shudder *n* qaban dhaco	**signify** *v* muujin
shuffle *v* caga jiidid	**silence** *v* aamusid
shun *v* ka dheeraatin	**silence** *n* aamusnaansho
shut *iv* xirid	**silent** *adj* shanqar la'aan
shut off *v* xirid	**silhouette** *n* mukul hooseed
shut up *v* aamusin qof	**silk** *n* xariir
shuttle *v* raacid	**silly** *adj* doqonnimo
shy *adj* sheexa	**silver** *n* macdanta qalinka
shyness *n* xishoodka	**silversmith** *n* macdan qalin tume
sick *adj* jiran	**similar** *adj* la mid ah
sicken *v* jiratin	**similarity** *n* heer isku ekaansho
sickening *adj* keena xanuun	**simmer** *v* diirid
sickle *n* manjo	**simple** *adj* sahal ah
sickness *n* bukaan	**simplicity** *n* sahal
side *n* dhinac	**simplify** *v* fududayn
sideburns *n* haareed	**simply** *adv* si fudud
sidestep *v* dhinac bayrid	**simulate** *v* iska dhigid
sidewalk *n* socod hareereed	**simultaneous** *adj* isku mar ah
sideways *adv* dhinac dhinac	**sin** *v* dabi galid
siege *v* go'doomin	**sin** *n* danbi
siege *n* go'doominyo	**since** *c* ilaa
sift *v* bar baarid	**since** *pre* ilaa hada
sigh *v* sii dayn	**since then** *adv* ilaa wakhti
sight *n* arag	**sincere** *adj* daacad
sightseeing *v* dalxiisyo	**sincerity** *n* daacadnimo
sign *n* astaan	**sinful** *adj* danbi ah
sign *v* saxiixid	**sing** *iv* heesid
signal *n* baaq, senyaale	**singer** *n* hoobal
signal *v* tilmaamid	**single** *n* kali
signature *n* sexeexid	**single** *adj* mid kali ah

single-minded *adj* hal qasdi leh
singular *adj* cajiib ah
sinister *adj* balaayo sheeg ah
sink *n* hoos u dhac
sink *iv* waji dhaqa
sink in *v* ka daadagid
sinner *n* danbilaw
sip *v* ka batin
sip *n* kabasho
sir *n* mudane
siren *n* sawaxan
sirloin *n* kuus hilib ah
sissy *adj* jilicsan
sister *n* walaasha
sister-in-law *n* dumaashi
sit *iv* fariisad
site *n* rug
sitting *n* fadhi
situated *adj* ku yaala, ku taala
situation *n* xaalad
six *adj* lix
sixteen *adj* lix iyo toban
sixth *adj* lixaad
sixty *adj* lixdan
sizable *adj* aad u wayn
size *n* qiyaas
size up *v* cabirid shay
skate *v* dhinac u taraarixid
skate *n* taraarax
skeleton *n* qolfoof
skeptic *adj* shaki ka qabe, shakilow
skeptic *n* shakilow
sketch *n* sawir gacneed
sketchy *adj* feegar ah
ski *v* loox baraf
skill *n* xirfad
skillful *adj* xirfad leh
skim *v* heenin
skin *v* harag bixin
skin *n* maqaar
skinny *adj* caato ah
skip *v* rablayn
skip *n* rable
skirmish *n* isku dhicis
skirt *n* goono
skull *n* qalfoof madax
sky *n* cir
skylight *n* cir daloolo
skyscraper *n* dhisme aad u dheer
slab *n* dhagax
slack *adj* dabacsan
slacken *v* dabcid
slacks *n* surwaal caadi ah
slam *v* xirid
slander *n* magac dil
slanted *adj* liicsan
slap *v* dharbaaxid
slap *n* dharbaaxo
slash *v* sarid
slash *n* sarmo
slate *n* dhagax qaro yar
slaughter *v* gawricid
slaughter *n* qalis

snap

slave *n* adoon
slavery *n* adoonsi
slay *iv* dilid
sleazy *adj* aan fiicnayn
sleep *n* hurdo
sleep *iv* seexad
sleeve *n* gacma dheere
sleeveless *adj* aan gacmo dheere qabin
slender *adj* caato ah
slice *v* goyn
slice *n* qayb
slide *iv* sibibixid
slightly *adv* in aad u yar
slim *adj* caato
slip *n* sidbasho
slip *v* sidbatin, silbatin
slipper *n* dacas
slippery *adj* sinbiririx
slit *iv* jeex
slob *adj* caajislow
slogan *n* hal ku dhag
slope *n* tiiro
sloppy *adj* qoyan
slot *n* buqsin, sarin
slow *adj* gaabiya
slow down *v* gaabinyo
slow motion *n* si tartiiba u socda
slowly *adv* si gaabis
sluggish *adj* gaabis ah
slum *n* buulo
slump *v* dhicid

slump *n* dhicis
slur *v* yab qamid
sly *adj* qarsoodi u socda
smack *v* dharbaaxid
smack *n* dharbaaxyo
small *adj* yar
small print *n* qoraal
smallpox *n* furuq
smart *adj* garasho leh
smash *v* baduugid
smear *v* dhabooq
smear *n* dhabooqid
smell *iv* ur
smell *n* urin
smelly *adj* uraya
smile *v* dhoola cadayn
smile *n* dhoola cadays
smith *n* tumaal
smoke *v* qiicid
smoked *adj* qiic ku shidid
smoker *n* qiijiye
smooth *v* siman
smooth *adj* sulub ah
smoothly *adv* si siman
smoothness *n* simanaanta
smother *v* caburin qof
smuggler *n* qof kootarabaan sameeya
snack *n* mac-macaan
snail *n* xaaxeeyo
snake *n* mas
snap *v* jebin; dhakhso leh

snare *n* dabin
snare *v* dabin ku qabasho
snatch *v* dafid
sneak *v* dhuumad
sneeze *v* hindhisid
sneeze *n* hindhiso
sniff *v* urin
sniper *n* dhoogte, shiishaar
snitch *v* war qaade
snooze *v* indha casayn
snore *v* khuurin
snore *n* khuuro
snow *n* baraf
snow *v* di'id baraf
snowfall *n* baraf dhacyo
snowflake *n* baraf duul duulka
snub *n* xaqiraad
snub *v* xumayn
soak *v* radin
soak in *v* qaadatin, aqbalid
soak up *v* dhuuqid
soar *v* duulid
sob *n* baroor
sob *v* baroorad
sober *adj* aan cabsanayn
so-called *adj* ku sheeg
sociable *adj* bulshaawi ah
socialism *n* hanti wadaag
socialist *adj* hanti wadaag ah
socialize *v* bulshoobid
society *n* bulsho
sock *n* sharabaadyo

soda *n* cabitaan fudud
sofa *n* kuraas fadhi
soft *adj* jilicsan
soften *v* jilicid
softly *adv* si dabacsan
softness *n* jilicsanaanta
soggy *adj* qoyan oo jilicsan
soil *n* caro
soil *v* wasakhayn
soiled *adj* wasakhays mey
solace *n* dejin, niyad u dejin
solar *adj* la xiriira cad-ceedda
solder *v* alxamid
soldier *n* askari
sold-out *adj* la wada iibsaday
sole *n* cag
sole *adj* mid qur ah
solely *adv* si kali ahaaneed
solemn *adj* rasmi ah
solicit *v* baryid
solid *adj* adke ah
solidarity *n* midnimo
solitary *adj* dan wadaag ah
solitude *n* kalinimo
soluble *adj* milma
solution *n* xal
solve *v* xalin
solvent *adj* milme ah
somber *adj* murugo ka muuqato
some *adj* xoogaa
somebody *pro* qof
someday *adv* maalin un

somehow *adv* si uun
someone *pro* qof uun
something *pro* wax uun
sometimes *adv* si mar mar ah
someway *adv* si uun
somewhat *adv* wax uun
son *n* wiil
song *n* hees
son-in-law *n* wiil soddoh
soon *adv* in yar ka dib ah
soothe *v* dajin qof
sorcerer *n* sixiroole
sorcery *n* sixir
sore *n* nabar
sore *adj* xanuuna
sorrow *n* murugo
sorrowful *adj* murugo leh
sorry *adj* ka xumaada
sort *n* nuuc
sort out *v* kala soocid
soul *n* naf
sound *n* cod
sound *v* dhawaaqid
sound out *v* higaadin
soup *n* maraq
sour *adj* dhanaan
source *n* il-wax-ka soo baxaan
south *n* koonfur
southbound *adv* koonfuur u jihaysan
southeast *n* koonfur bari
southern *adj* koonfurta
southerner *n* ku nool koonfurta
southwest *n* koofur galbeed
sovereign *adj* xukun boqoradeed
sovereignty *n* tayada xukun
soviet *adj* shuuciga ruushka
sow *iv* abuurid mir
space *n* hawada sare; bannaan
space out *v* dayoobid
spacious *adj* meel firaaq
spade *n* majarafad, badeel
Spain *n* Isbayn
span *v* qiyaas
span *n* si dhan
Spaniard *n* qof ku nool Isbayn
Spanish *adj* u dhashay Isbayn
spank *v* ka dharbaaxid barid
spanking *n* ulayn, garaac
spare *v* bixin
spare *adj* dheeraad ah
spare part *n* qayb dayactir
sparingly *adv* si xadi leh
spark *n* dhibmiilo koronto
spark off *v* kicin
spark plug *n* danab birqiye
sparkle *v* ifid, birqid
sparrow *n* nooc shimbireed
sparse *adj* firirsan
spasm *n* muruq rooryo
speak *iv* hadlid
speaker *n* qof hadla; khudbo jediye
spear *n* waran

spearhead v caarad waran
special adj gaar ah
specialize v ku takhasusid
specialty n takhasuus gaar ah
species n dhir
specific adj qeexan
specimen n tusaale
speck n dhibic
spectacle n daawasho yaab leh
spectator n daawade
speculate v isla dhexmarid
speculation n isla dhexmaritaan
speech n oraah
speechless adj hadli waaya
speed iv degdegid
speed n dhaqsiyo
speedily adv si dhaqso leh
speedy adj dhaqsiya ah
spell n erayo
spell iv hikaadin
spelling n higaad
spend iv kharash garayn
spending n lacag isticmaal
sperm n shahwo
sphere n goobo kubadsan
spice n dhir lagu carfiyo
spicy adj besbaas
spider n caaro
spider web n xuub caaro
spill iv gedin
spill n gedis
spin iv wareejin

spine n lafdhabar
spineless adj lafdhabar la'aan
spinster n guumays
spirit n naf
spiritual adj ruuxi ah
spit iv tufid
spite n xumaan
spiteful adj xumaan leh
splash v bash
splendid adj aad u qurxuun
splendor n qurux
splint n kabyo
splinter v fal faliirin
splinter n faliir
split iv dhambaalid
split n dhan balan
split up v kala bixid
spoil v halayn
spoils n booli
sponge n isbuunyo
sponsor n kafiil
spontaneity n si lama-filaan ah
spontaneous adj lama-filaan ah
spooky adj laga cabsado
spoon n malqacad
sporadic adj teel teel ah
sport n cayaar
sportsman n cayaartoy
sporty adj dhar
spot v arkid
spot n bar
spotless adj nadiif ah

stand out

spouse *n* xaas
sprain *v* murgacad
sprawl *v* baahid
spray *v* ku buufin
spread *iv* fidin
spring *iv* boodid
spring *n* gu'; boodid
springboard *n* alwaaxa laga boodo
sprinkle *v* rushayn
sprout *v* soo bixid
spruce up *v* qurxin qof
spur *v* dhiirri-gelin
spy *v* basaadid
spy *n* basaas
squalid *adj* meel urtay
squander *v* khasirid
square *adj* afar gees ah
square *n* afar gees isleeg
squash *v* jajabin
squeak *v* wiiqlayn
squeaky *adj* sameeya cod
squeamish *adj* beer nugayl leh
squeeze *v* tuujin
squeeze in *v* is le'ekeysiin
squeeze up *v* deeqsiin
squirrel *n* dabagaale
stab *v* darid
stab *n* mudyo
stability *n* xasillooni
stable *adj* dagan
stable *n* xero fardood

stack *v* rasayn
stack *n* raso
staff *v* shaqaale u helid
staff *n* shaqaale; ul
stage *n* heer
stage *v* jilid
stagger *v* gablayn
staggering *adj* tiro aad u wayn
stagnant *adj* biyo qabatin ur leh
stagnate *v* fadhiyid
stagnation *n* biyo fadhiisad
stain *n* bar
stain *v* wasakhayn
stair *n* jaran jaro
staircase *n* jaran jaro gacmeed
stairs *n* jaran jarooyin
stake *n* tiir
stake *v* tiirin
stale *adj* cunto xumaaday
stalemate *n* jid xir
stalk *v* gaatamid
stalk *n* jirid
stall *v* damid
stammer *v* shig shigid hadal
stamp *v* shaambad
stamp *n* tigidh
stamp out *v* cagsaarid
stampede *n* didmo
stand *iv* istaagid
stand *n* istaagyo
stand for *v* u taagan
stand out *v* soo baxsan

stand up v istaajin
standard n heer
standardize v caadiyayn
standing n heer taagnaasho
standstill adj xaalad dagan
staple v qardhabin
staple n qardhable
stapler n dabaasad
star n xidig
stare v dhawrid
stark adj qayaxan
start v bilaabad
start n bilaw
startle v dudid
startled adj duday
starvation n macaluul
starve v gaajootin
state v sheegid
state n xaalad
statement n war cad
station n rug
stationary adj negdoon
stationery n qalab dhigaal
statistic n xog, tiro koob
statue n taalo
status n xaalada
statute n sharci dagan
staunch adj daacad ah
stay n dhaxyo
stay v joogid
steady adj dhidban
steak n cad hilib oo jiir ah

steal iv xadid
stealthy adj qarsoodi ah
steam n uumi
steel n bir adag
steep adj jar oo kale ah
stem n jirid
stem v ka imaatin
stench n ur adag
step v marxalad
step n talaabo
step down v ka dagid
step out v ka tagid meel
step up v is xilqaan
stepbrother n wiilka aayo
step-by-step adv si tartiib tartiiba
stepdaughter n inanta aayo
stepfather n adeerka hooyo-qaba
stepladder n jaranjaro
stepmother n eedada aabe-qaba
stepsister n walaasha
stepson n walaalka
sterile adj ma dhalays ah
sterilize v jeermis ka dhamayn
stern n gadaasha markab; ad-adag
stern adj qof kulul
sternly adv si hadal kulul leh
stew n hilib
stewardess n adeegto rakaab
stick v ku mudid
stick n ul, qori
stick around v ku nagaadid
stick out v aad u muuqda

stick to *v* ku dhagid
sticker *n* shay wax ku dhaga
sticky *adj* dheg dheg leh
stiff *adj* qalafsan
stiffen *v* adkayn
stiffness *n* adayga
stifle *v* caburin
stifling *adj* xoog ku joojin
still *adj* aan lahayn dhaqaaq
still *adv* si aan lahayn dhaqaaq
stimulant *n* marqaan kiciye
stimulate *v* kacin jirka
stimulus *n* kiciya dareenka
sting *iv* mici galin
sting *n* mici waabaayo leh
stinging *adj* xanuun leh
stingy *adj* qudurnimo ah
stink *n* ur
stink *iv* urid
stinking *adj* uraya
stipulate *v* ku xirid shardi
stir *v* walaaqid
stir up *v* rabasho kicin
stitch *v* tolid
stitch *n* tolmo
stock *n* dhigaal
stock *v* dhigaal badeeco
stocking *n* dhigaalka
stockpile *n* karor badeeco
stockroom *n* qol kayd
stoic *adj* qof adkaysi badan
stomach *n* calool
stone *n* dhagax
stone *v* dhagxin
stool *n* ganbar dheere
stop *v* joogsad
stop *n* joojis
stop by *v* joogsad
stop over *v* sii marid
storage *n* kaydinyo
store *v* dhigaalin
store *n* dukaan
stork *n* nooc shimbireed
storm *n* dabaylo xoogan
stormy *adj* dabaylo roob leh
story *n* sheeko; dabaq
stove *n* makiinada kariska
straight *adj* toosan
straighten out *v* toosin
strain *v* togid
strain *n* togis
strained *adj* adkaada
strainer *n* miire
strait *n* marin
stranded *adj* go'doon ku noqda
strange *adj* yaab leh
stranger *n* qof qalaad
strangle *v* ceejin
strap *n* suun
strategy *n* xeel
straw *n* bal qalalan
strawberry *n* nooc miro
stray *adj* ambad ah
stray *v* duur xulid

stream

stream *n* durdur
street *n* jid
streetcar *n* gaari jideed
streetlight *n* nal jideed
strength *n* tabar
strengthen *v* tabaraysad
strenuous *adj* xoog leh
stress *n* cadaadis
stressful *adj* cadaadis leh
stretch *v* fidmid
stretch *n* jimicsi
stretcher *n* gurgure
strict *adj* ka kan
stride *iv* talaabo qaadid
strife *n* is diidyo
strike *iv* ku dhufad ul
strike *n* shaqa ka istaag
strike back *v* aarsad
strike out *v* guul daraysad
strike up *v* garaacid
striking *adj* muuqda
string *n* xarig yar, sooh
stringent *adj* daran
strip *v* is qaawin
strip *n* is qaawinyo
stripe *n* daliigin
striped *adj* daliigo
strive *iv* ku dadaalid
stroke *n* dhufadyo
stroll *v* tamashlayn
strong *adj* xoog leh
structure *n* dhisme

struggle *v* halgamid
struggle *n* halgan
stub *n* gummud
stubborn *adj* madax adayg
student *n* arday
study *v* waxbaratin
stuff *v* ku cubid
stuff *n* shay
stuffing *n* ku dherjinaysa
stuffy *adj* cabursan, cuban
stumble *v* kufid
stun *v* daan daamid
stunning *adj* aad qurux u leh
stupendous *adj* cajiib ah
stupid *adj* doqon ah
stupidity *n* doqoniimada
sturdy *adj* xoogan
stutter *v* shig shigid hadal
style *n* hanaan
subdue *v* ku maquunin
subdued *adj* daga
subject *v* ku khasbid
subject *n* mawduuc
sublime *adj* sare
submerge *v* maquurid
submissive *adj* is dhiiba
submit *v* is dhiibid
subpoena *v* ku wicid maxkamadeed
subpoena *n* wicid maxkamadeed
subscribe *v* rukumaasho jornaal
subscription *n* rukun jornaal

supermarket

subsequent *adj* daba jooga
subsidiary *adj* dheeraad ah
subsidize *v* caawinid dhaqaale
subsidy *n* kaalma dhaqaale
subsist *v* ku noolaatin
substance *n* walax
substantial *adj* qiyaas badan leh
substitute *v* bedalid
substitute *n* qof badal
subtitle *n* cinwaan farac
subtle *adj* aad u sii xulan
subtract *v* ka jarid
subtraction *n* kala jaris
suburb *n* hareeraha magaalada
subway *n* waddo hoose
succeed *v* guulaysad
success *n* guul
successful *adj* lagu guulaysto
successor *n* xil la wareege
succulent *adj* aad macaan u ah
succumb *v* ka adkaysi waayid
such *adj* noocaas oo kale ah
suck *v* dhuuqid
sucker *adj* nuuge
sudden *adj* kadis ah
suddenly *adv* si kadis ah
sue *v* dacwayn
suffer *v* silcid
suffer from *v* la dhibaataysan
suffering *n* dhibaataysan
sufficient *adj* ku filan
suffocate *v* caburid

sugar *n* sonkor
suggest *v* so jeedin
suggestion *n* soo jeedinyo
suggestive *adj* soo jeedin leh
suicide *n* is dilis
suit *n* isku joog
suitable *adj* ku haboon
suitcase *n* shandad
sulfur *n* nooc curiye
sullen *adj* caraysan
sum *n* lacag inteed
sum up *v* soo koobid
summarize *v* soo koobid
summary *n* hadal
summer *n* xagaa
summit *n* fiiq
summon *v* wicid
sun *n* cadceed
sunblock *n* cadceed dhawr
sunburn *n* haar
Sunday *n* Axad
sundown *n* gabal dhac
sunglasses *n* har iyo hoos
sunken *adj* dagay
sunny *adj* cadceedi jirto
sunrise *n* qorax soo bax
sunset *n* qorax dhac
superb *adj* heer aad u sare ah
superfluous *adj* xad dhaaf ah
superior *adj* sare
superiority *n* saraynsho
supermarket *n* suuq wayene

superpower *n* quwad sare
supersede *v* buuxin
superstition *n* khuraafaad
supervise *v* hor joogayn
supervision *n* horjoogisa
supper *n* casho
supple *adj* laab laabmi og
supplier *n* siiye, taakuleeye
supplies *n* alaabo, saad
supply *v* ku taakulayn
support *v* taageerid
supporter *n* taageere
suppose *v* kaba soo qaadid
supposing *c* filid
supposition *n* male
suppress *v* maquunin
supremacy *n* sarraynyo
supreme *adj* awood xafiis
surcharge *n* dulsaar
sure *adj* hubaal ah
surely *adv* si shaki la'aan ah
surface *n* dul
surge *n* hugmad
surgeon *n* dhakhtar qaliin
surgical *adv* la xiriira qaliinka
surname *n* naanays
surpass *v* ka sare marid
surplus *n* dheeraad
surprise *v* la yaabid
surprise *n* yaab
surrender *v* is dhiibid
surrender *n* is dhiibyo

surround *v* ku xeersan
surroundings *n* hareeraha meel
surveillance *n* ilaalaynyo
survey *n* eegid
survival *n* badbaado
survive *v* badbaadid
survivor *n* badbaade
susceptible *adj* nuglaada
suspect *n* eedaysane
suspect *v* filid
suspend *v* hakin
suspense *n* walaac
suspension *n* hakinyo
suspicion *n* tuhun
suspicious *adj* tuhun leh
sustain *v* hayn
sustenance *n* quud, cunto
swallow *v* liqid
swamp *n* biya fariisi
swamped *adj* qoyaan ah
swan *n* boola boola cad
swap *v* is dhaafsad
swap *n* is dhaafsasho
swarm *n* raxan u wada socdo
swarm *v* raxan u wada socdo
sway *v* ruxid
swear *iv* dhaaratin
sweat *n* dhidid
sweat *v* dhididid
sweater *n* funaanad ciyaareed
Sweden *n* dalka Swiidhan
Swedish *adj* Swiidish

take apart

sweep *iv* xaaqid
sweet *adj* macaan
sweeten *v* macayn
sweetheart *n* gacaliso
sweetness *n* macaanka
sweets *n* nac-nac
swell *iv* bararid
swelling *n* bararyo
swift *adj* dhaqsa ah
swim *iv* dabaalad
swimmer *n* dabaashe
swimming *n* dabaalasho
swindle *n* khiyaamayn
swindle *v* khiyaamid
swindler *n* khiyaanoole
swing *n* kursi ruxma
swing *iv* lulmid
Swiss *adj* Swis
switch *n* fure xire
switch *v* xanjafin
switch off *v* damin koronto
switch on *v* daarid koronto
Switzerland *n* Iswiisarland
swivel *v* warwareega
swollen *adj* bararsan
sword *n* seef
swordfish *n* nooc kaluun
syllable *n* eray
symbol *n* astaan
symbolic *adj* astaan ahaan
sympathize *v* beer nugaylid
sympathy *n* beer nugayl

symptom *n* astaan
synagogue *n* macbadka yuhuuda
synchronize *v* mar wada dhicid
synonym *n* isku macne ah
syphilis *n* waraabow
syringe *n* irbad
syrup *n* sharaab
system *n* hab
systematic *adj* nidaamsan

T

table *n* miis
tablecloth *n* mara miis
tablespoon *n* qaado, mulqaacad
tablet *n* shay aad u fidsan
tack *n* qodbid
tackle *v* xalin dhibaato
tact *n* xeelad wax loo xaliyo
tactful *adj* xeelad wanaag leh
tactical *adj* xeelad dagaal ah
tactics *n* xeelad, taatiko
tail *v* daba galid
tail *n* dabada
tailor *n* dawaarle
tainted *adj* wasakhoobid
take *iv* qaadatin
take apart *v* kala qaad qaadid

take away

take away *v* ka qaadid
take back *v* dib u qaadasho
take in *v* qaadatin
take off *v* kacid
take out *v* kala bixid
take over *v* la wareegid
tale *n* sheeko
talent *n* hibo
talk *v* hadlid
talkative *adj* war tiro
tall *adj* dheer
tame *v* rabaayadayn xoolo
tangent *n* taabe
tangerine *n* nooc bambeelmo
tangible *adj* la taban karo
tangle *n* ku marmid
tank *n* birkad
tanned *adj* midab-dorsoon
tantamount to *adj* la mid ah
tantrum *n* caro la ooyid
tap *n* fure xire khasabad
tap into *v* samayn xiriir
tape *n* koolo, cajalad
tape recorder *n* rikoodh
tapestry *n* maro daabac leh
tar *n* daamur
tarantula *n* caaro wayn
tardy *adv* daahay
target *n* yool
tariff *n* tusmada ascaarta
tarnish *v* qayirmid
tart *n* doolshe

tartar *n* huuro
task *n* hawl
taste *v* dhadhamin
taste *n* dhadhan
tasteful *adj* dhadhan fiican leh
tasteless *adj* bilaa-dhadhan ah
tasty *adj* dhadhan leh
tavern *n* maqaayad
tax *n* canshuur
tea *n* shaah
teach *iv* barid
teacher *n* bare
team *n* koox
teapot *n* kildhi
tear *n* ilin
tear *iv* ilmayn
tearful *adj* ilmeeya
tease *v* ciidha dil
teaspoon *n* qaado yar
technical *adj* la xiiriira farsamada
technicality *n* aqoon gaar ah
technician *n* farsamo yaqaan
technique *n* hab farsamo
technology *n* tig-noloojiyo
tedious *adj* qaata wakhti badan
tedium *n* ma dhamaato
teenager *n* kuray
teeth *n* ilko
telegram *n* xog lagu diro baaq
telephone *n* telafoon
telescope *n* fogaan dhaweeye
televise *v* telefishin laga tusey

television *n* telefishin
tell *iv* sheegid
teller *n* garraani
telling *adj* saamayn leh
temper *n* dabci
temperature *n* heerkul
tempest *n* xanfar
temple *n* dhafoor; guri caabudid
temporary *adj* ku meel-gaar ah
tempt *v* damac galin
temptation *n* damac
tempting *adj* damac galiya
ten *adj* toban
tenacity *n* ku dhaga
tenant *n* kireyste
tendency *n* janjeersi
tender *adj* jilicsan
tenderness *n* jilicsanaanta
tennis *n* nooc ciyaar
tense *adj* giigsan
tension *n* xiisad
tent *n* teendho
tentative *adj* aan cadayn
tenth *n* tobnaad
tenuous *adj* taag daran
tepid *adj* diiran
term *n* mudo
terminate *v* dhamayn
terminology *n* ereyo khaas u ah cilmi gaar ah
termite *n* aboor
terms *n* shuruudo, xiriir

terrace *n* daash
terrain *n* dhul fidsan
terrestrial *adj* la xiriira dunida
terrible *adj* aad u daran
terrific *adj* aad u wanaagsan
terrify *v* nixid
terrifying *adj* cabsi leh
territory *n* dhul
terror *n* argagax
terrorism *n* argagixisinimo
terrorist *n* argagixiso
terrorize *v* argagixin
test *n* imtixaan gaaban
test *v* tijaabin
testament *n* dardaaran
testify *v* ku marag furid
testimony *n* markhaati
text *n* qoraal
textbook *n* buug-iskuul
thank *v* mahad celin
thankful *adj* mahad naqa
thanks *n* mahadnaq
that *adj* kaas
thaw *v* dhalaalid
thaw *n* dhalaalis
theater *n* tuyaatar
theft *n* tuugo
theme *n* dulucda hadal
themselves *pro* naftooda
then *adv* markaas
theory *n* aragti
therapy *n* daawaynyo

there

there *adv* xagaas
therefore *adv* sababtaas darteed
thermometer *n* heerkul beeg
these *adj* kuwani
thesis *n* qoraal doodeed
they *pro* ayaga
thick *adj* xajmi leh
thicken *v* xajmiyayn
thickness *n* dhumucda
thief *n* tuug
thigh *n* bawdo
thin *adj* khafiif
thing *n* shay
think *iv* ka-fakarid
thinly *adv* si-khafiifa
third *adj* sadexaad
thirst *v* oon
thirsty *adj* ooman
thirteen *adj* sadex iyo toban
thirty *adj* sodon
this *adj* kan
thorn *n* qodax
thorny *adj* qodax leh
thorough *adj* wada-dhan
those *adj* kuwaasi
though *c* in kasta oo
thought *n* fikir
thoughtful *adj* laga fakaray
thousand *adj* kun
thread *n* dun
thread *v* tolid
threat *n* handadaad

threaten *v* handadid
three *adj* sadex
thresh *v* hufid
threshold *n* kaabi
thrifty *adj* tashiil
thrill *v* hiyi kicin
thrill *n* hiyikac
thrive *v* kobcid
throat *n* dalqo
throb *n* garaac
throb *v* garaacid
throne *n* xukun
throng *n* buuq
through *pre* ka dusid
through (thru) *pre* dhexmaryo
throw *iv* tuurid
throw away *v* tuur
throw up *v* kor u sayrid
thug *n* jiri
thumb *n* suul
thunder *n* onkod
thunderbolt *n* onkod hilaac wata
thunderstorm *n* roob xoog leh
Thursday *n* Khamiis
thus *adv* qaabkan
thwart *v* xanibid
thyroid *n* qanjir ku jira dhuunta
tickle *v* xan xantayn
tickle *n* xanxanto
ticklish *adj* xanxanto leh
tidal wave *n* hir wayn
tide *n* hir

tidy *adj* nidaamsan
tie *n* isku xirnaansho
tie *v* xirid
tiger *n* shabeel
tight *adj* giigsan
tighten *v* adkayn
tile *n* marmar
till *v* carra-rogid
till *adv* ilaa
tilt *v* janjeerid
timber *n* alwaax
time *v* cabirid wakhti
time *n* wakhti
timeless *adj* wakhti lahayn
timely *adj* wakhti leh
times *n* lagu dhuftay
timetable *n* jadwal
timid *adj* qajila
timidity *n* qajilida
tin *n* qasacad
tiny *adj* yar
tip *n* caarada; bakhshiish
tiptoe *n* faro boodlayn
tire *v* daalid
tire *n* shaag
tired *adj* daalan
tiredness *n* daalanaanta
tireless *adj* daalin
tiresome *adj* daal leh
tissue *n* waraaq wax lagu tiro
title *n* cinwaan
to *pre* ku

toad *n* rahwayn
toast *n* jeex rooti oo la diiriyo
toast *v* solid
toaster *n* rooti diiriso
tobacco *n* buuri
today *adv* maantay ah
toddler *n* saanqaad
toe *n* cagta
toenail *n* cidi cageed
together *adv* si wada jir ah
toil *v* qabatin hawl adag
toilet *n* musqul
token *n* calaamad
tolerable *adj* loo adkaysan karo
tolerance *n* dulqaadka
tolerate *v* dulqaadad
toll *n* canshuur jid-mar
tomato *n* yaanyo
tomb *n* xabaal
tombstone *n* dhagax-qabri
tomorrow *adv* berito
ton *n* qiyaad cabir
tone *n* dhawaqa
tongs *n* birqaab
tongue *n* carab
tonight *adv* caawanimo
tonsil *n* xoqado
too *adv* si aad ah
tool *n* alaabta
tooth *n* ilig
toothache *n* ilig xanuun
toothpick *n* findhicil

top n dusha
topic n mawduuc
topple v dhicid
torch n tooj, bitijoor
torment v silcin
torment n silic
torrent n dur-dur
torrid adj aad u kulul
torso n saableey
tortoise n dii-diin
torture n jirdil
torture v jirdilid
toss v tuurid
total adj wadar
totalitarian adj xukun kali talisah
totality n wadaryo
touch v taabad
touch n taabasho
touch on v ka hadlin
touch up v wanaajin
touching adj taabta dareenka
tough adj ad adag
toughen v ad adkayn
tour n wareeg dalxiis
tourism n dalxiis
tourist n dalxiise
tournament n tartan is reeb reeb
tow v jiidid
tow truck n gaari tuure
towards pre ku aadan, xaga
towel n shukumaan
tower n faalo
towering adj aad u dheer
town n magaalo
town hall n xarunta dawladda hoose
toxic adj sun ah
toxin n shayga sunta ah
toy n baambolo
trace v raadin
track v qaadid
track n raad
traction n jiidyo
tractor n cagaf
trade v ganacsad
trade n ganacsi
trademark n calaamad ganacsi
trader n ganacsade
tradition n caado
traffic n socodka gaadiid
traffic v u kala gudbid
tragedy n masiibo
tragic adj masiibo leh
trail v jiidid
trail n raad
trailer n rimoor
train v tababarid
train n tareen
trainee n tababarte
trainer n tababare
training n tababaryo
trait n sifo
traitor n khaain-nul-waddan
trample v jibaaxid

trance *n* ku indho go'id
tranquility *n* xasilnaanta
transaction *n* hawl fulinyo ganacsi
transcend *v* ka sareeya caadiga
transcribe *v* qorid
transfer *n* badalyo
transfer *v* wareejin
transform *v* badalmid
transformation *n* qaab badalashada
transfusion *n* dhiig ku shubida
transient *adj* jira mudo yar
transit *n* sii maris meel
transition *n* is badal
translate *v* turjumid
translator *n* turjume
transmit *v* gudbin
transparent *adj* wax laga arko
transport *v* rarid
trap *n* dabin, siriq
trap *v* qatalmid
trash *n* qashin
trash can *n* qashin-qub
traumatic *adj* qaracan leh
traumatize *v* dhaawicid
travel *v* socdaalid
traveler *n* socdaale
tray *n* saxan fidsan
treacherous *adj* daacad darane ah
treachery *n* daacad daro
tread *iv* socotin
treason *n* khaayin wadan

treasure *n* kayd duugan
treasurer *n* khasnad haye
treat *v* kula dhaqmid
treat *n* maqsuud
treatment *n* kula dhaqanyo
treaty *n* heshiis
tree *n* geed
tremble *v* jarayn
tremendous *adj* aad u wayn
tremor *n* dubaaxyo
trench *n* dhufays
trend *n* is-baddel
trendy *adj* aad casri u ah
trespass *v* dhul-dadow
trial *n* maxkamad-qaadid
triangle *n* sadex gees
tribe *n* qabiil
tribulation *n* qaxar
tribunal *n* maxkamad
tribute *n* xishmad muujin
trick *n* sir
trick *v* sirid
trickle *v* tifiqlayn, dareerid
tricky *adj* si miiran ah
trigger *n* keebka
trigger *v* ridid
trim *v* dhir gaabin
trimester *n* sadex biloodle
trimmings *n* sarraaxad
trip *n* kufid
trip *v* socdaal
triple *adj* sadex laab ah

triumph

triumph *n* waxqabad wayn
triumphant *adj* guulaysta
trivial *adj* qiimo yar leh
trivialize *v* malaa-micni ka dhigid
troop *n* koox ciidan
trophy *n* koob abaal marin
tropic *n* dhulka kulaylaha ah
trouble *n* dhib
trouble *v* dhibid
troublesome *adj* dhibaato leh
trousers *n* saraawiil
trout *n* nooc kaluun
truce *n* heshiish dagaal joojin
truck *n* gaari wayn oo xamuul
trucker *n* wada gaari xamuul
trumped-up *adj* khiyaamayn
trumpet *n* turubo
trunk *n* jirid geed
trust *n* kalsooni
trust *v* ku kalsoonaan
truth *n* run
truthful *adj* run ah
try *v* isku dayid
tub *n* shay lagu dhaqdo
tuberculosis *n* qaaxo
Tuesday *n* Salaasada
tuition *n* wax-barasho
tulip *n* nooc ubax
tumble *v* dhicid
tummy *n* caloosha
tumor *n* buro wayn
tumult *n* buuq

tumultuous *adj* sawaxan leh
tuna *n* toonno
tune *n* laxan
tune *v* saarid laxan
tune up *v* hagaajin qalab muusik
tunic *n* maro la jeeni qaarto
tunnel *n* jid hoosta ka daloola
turbine *n* duub cimaamad
turbulence *n* biyo kacsan
turf *n* caws
Turk *adj* u dhashey Turki
Turkey *n* Turki
turmoil *n* jahawareer
turn *v* leexid
turn *n* leexis
turn back *v* dib u celin
turn down *v* diidid
turn in *v* gacan galin
turn off *v* damin
turn on *v* furid
turn out *v* bakhtiin
turn over *v* dhinac u dhaqaaq
turn up *v* kordhin
turtle *n* qubo, diin ceelaad
tusk *n* fool dheer
tutor *n* bare gaar ah
tweezers *n* bir-qaab-yar
twelfth *adj* laba iyo tobnaad
twelve *adj* laba iyo toban
twentieth *adj* ka labaatanaad
twenty *adj* labaatan
twice *adv* laba jeer

twilight n cir guduud
twin n mataan
twinkle v bidhaamid
twist v wareejin
twist n wareejis
twisted adj wareejisan
twister n wareejiye
two adj laba
tycoon n duufaano xoog leh
type n nooc
type v xaraf qorix
typical adj la mid ah
tyranny n amar-kutaagle
tyrant n amarku taagleeye

ugliness n fool xumanida
ugly adj fool xun
ulcer n boog
ultimate adj ugu danbays ah
ultimatum n kama danbaynyo
umbrella n dalad
unable adj aan awood
unanimity n magac lahayn
unarmed adj aan hubaysnayn
unassuming adj aan is yeel yeelin
unattached adj aan ku dhegneen

unavoidable adj aan la baajinkarin
unaware adj aan ogayn
unbearable adj aan loo adkeysan karin
unbeatable adj aan laga rayn karin
unbelievable adj la rumaysan karin
unbiased adj aan eexan
unbroken adj aan jabin
unbutton v ka furid galuus
uncertain adj aan la hubin
uncle n adeer
uncomfortable adj aan raaxo lahayn
uncommon adj aan caadi ahayn
unconscious adj aan lahayn miyir
uncover v dabool ka qaadid
undecided adj aan go'aansan
undeniable adj aan la diidi karin
under pre hoos
undercover adj qarsoodi ah
underdog n itaal-yare
undergo v marid
underground adj dhul hoostiisa
underlie v la socotin
underline v hoos ka xariiqid
underlying adj la xiriirid
undermine v mijo xaabin
underneath pre hoos yaal
underpass n jid mara hoos

understand *v* fahmid
understandable *adj* la garankaro
understanding *adj* faham
undertake *v* la wareegid xil
underwear *n* nigis, matante
undeserved *adj* aan la mutaysan
undesirable *adj* aan loo baahnayn
undisputed *adj* aan lagu murmin
undo *v* aan xirnayn
undoubtedly *adv* si shaki la'aan ah
undress *v* dhar iska bixin
undue *adj* xad dhaaf ah
unearth *v* qodid
uneasiness *n* sahal ahayn
uneasy *adj* aan ahayn sahal
uneducated *adj* aan lahayn aqoon
unemployed *adj* shaqa la'aan ah
unemployment *n* shaqa la'aan
unending *adj* aan dhammaanaynin
unequal *adj* aan isle'ekayn
unequivocal *adj* aan shaki lahayn
uneven *adj* aan lahayn sinaan
uneventful *adj* aan qiimo lahayn
unexpected *adj* aan la filayn
unfailing *adj* aan lahayn gaf
unfair *adj* aan xaq ahayn
unfairly *adv* si aan xaq ahayn
unfairness *n* cadaalad darada
unfaithful *adj* aan ahayn aamin
unfamiliar *adj* aan la aqoon
unfasten *v* furid
unfavorable *adj* aan loo bogin
unfit *adj* aan ki suubanayn
unfold *v* kala furid
unforeseen *adj* aan la sii filayn
unforgettable *adj* aan la iloobi karin
unfounded *adj* aan sal lahayn
unfriendly *adj* aan saaxiibtinimo lahayn
unfurnished *adj* aan alaabi oolin
ungrateful *adj* aan mahad naqin
unhappiness *n* farxad la'aan
unhappy *adj* aan lahayn farxad
unharmed *adj* dhaawac gaarin
unhealthy *adj* aan caafimaad-qab ahayn
unheard-of *adj* aan horey loo maqlin
unhurt *adj* aan dhaawacmin
unification *n* midaynyo
uniform *n* isku mid
uniformity *n* isku mid ahaansho
unify *v* midayn
unilateral *adj* hal dhinac ah
union *n* midaw
unique *adj* keligiis noocaas ah
unit *n* cutub
unite *v* midoobid
unity *n* midnimo
universal *adj* guud ahaan
universe *n* aduunka
university *n* jaamacad
unjust *adj* aan cadaalad ahayn

unjustified *adj* aan cududaar lahayn
unknown *adj* aan la ogayn
unlawful *adj* aan ahayn sharci
unleash *v* siidayn shay
unless *c* mooyaane
unlike *adj* aan ahayn la mid
unlikely *adj* aan laga yaabin
unlimited *adj* aan xadidnayn
unload *v* ka dajin rar
unlock *v* furid quful
unlucky *adj* ayaan daro ah
unmarried *adj* aan guursan
unmask *v* kashifid
unmistakable *adj* aan la qaldi karin
unnecessary *adj* aan loo baahnayn
unnoticed *adj* aan la ogaan
unoccupied *adj* aan la dagin
unofficially *adv* si aan rasmi ahayn
unpack *v* fur furid
unpleasant *adj* aan fiicnaasho lahayn
unplug *v* ka siibid
unpopular *adj* aan ahayn caan
unpredictable *adj* aan lagu tashan karin
unprofitable *adj* aan dhalin faa'iido
unprotected *adj* aan lahayn difaac

unravel *v* fur furid
unreal *adj* aan ahayn dhab
unrealistic *adj* aan rasmi ahayn
unreasonable *adj* aan macquul ahayn
unrelated *adj* la xiriirin
unreliable *adj* aan lagu kalsonaan karin
unrest *n* qalalaaso
unsafe *adj* halis ah
unselfish *adj* aan ahayn damaaci
unspeakable *adj* aan laga hadli karin
unstable *adj* aan xasilnayn
unsteady *adj* aan deganayn
unsuccessful *adj* aan guul lahayn
unsuitable *adj* aan habboonayn
unsuspecting *adj* aan shaki lahayn
unthinkable *adj* aan fikaraynin
untie *v* furid
until *pre* ilaa
untimely *adj* aan waqti la rabay ahayn
untouchable *adj* aan la taaban karin
untrue *adj* aan ahayn run
unusual *adj* aan caadi ahayn
unveil *v* wajiga ka faydid
unwillingly *adv* aan doonayn
unwind *v* kala bixin
unwise *adj* aan caqli lahayn

unwrap v fur furid
upcoming adj imaanaya
update v cusboonayn
upgrade v casriyeyn
upheaval n kacdoon
uphill adv aada sarada buur
uphold v taageerid
upholstery n shay dahaarid
upkeep n xafidaad
upon pre bar tilmaansad
upper adj sare ah
upright adj qoton ah
uprising n kacdoon
uproar n jibaad
uproot v xidid siibid
upset v ka caraysiin qof
upstairs adv dabakha sare
uptight adj kacsanaan
up-to-date adj casri ah
upturn n soo kacayo
upwards adv xaga sare u jeeda
urban adj la xiriira magaalo
urge n ku adkayn
urge v u soo jeedin
urgency n muhiimada
urgent adj deg deg ah
urinate v kaadin
urine n kaadi
urn n jalxad
us pro anaga
usage n adeegsasho
use n adeeg

use v adeegsad
used to adj samayn jiray
useful adj faa'iido leh
usefulness n faa'iidada
useless adj faa'iida laaw ah
user n isticmaale
usher n soo dhaweeye
usual adj caadi ah
usurp v boobid xukun
utensil n weel
uterus n min
utilize v ka faa'iidaysad
utmost adj ugu shishayn
utter v dhihid

vacancy n meel banaan
vacant adj maran
vacate v firaaqayn
vacation n fasax
vaccinate v talaalid
vaccine n talaal
vacillate v walhid
vagrant n darbi jiif, dibjir
vague adj aan la hubin
vain adj isla wayni ah
vainly adv si isla wayni leh

vestige

valiant *adj* geesinimo muujiya
valid *adj* ansax ah
validate *v* xaqiijin
validity *n* ansax ahaansho
valley *n* dooxo
valuable *adj* qayma leh
value *n* qiime
value *v* qiimeyn
vampire *n* reer-aakhiraad
van *n* gaari daboolan
vandal *n* kharbude
vandalism *n* kharbudyo
vandalize *v* kharbudid
vanguard *n* horseed
vanish *v* libdhid
vanity *n* is cajabis
vanquish *v* jabinyo cadaw
vaporize *v* uumi bixid
variable *adj* kala du duwan
varied *adj* kala nooc nooc ah
variety *n* kala duwan
various *adj* kala duwan
varnish *n* alwaax xaradh
varnish *v* alwaax xardhid
vary *v* ka duwanaan
vase *n* ubax haye
vast *adj* baaxad leh
veal *n* hilib wayleed
veer *v* weecad
vegetable *v* khudaar
vegetarian *v* hilib ma cune
vegetation *n* dhir

vehicle *n* gaadiid
veil *n* waji shareer
vein *n* xidid
velocity *n* xawaare
velvet *n* nooc maro
venerate *v* xurmayn
vengeance *n* aarsasho
venison *n* hilib deero
venom *n* waabaayo
vent *n* dalool
ventilate *v* hawo soo galin
ventilation *n* hawo siin
venture *v* bareerid khatar
venture *n* halis loo bareero
verb *n* ficil
verbally *adv* si hadal ah
verbatim *adv* xaraf xaraf ugu soo celin
verdict *n* gudoon
verge *n* qarka
verification *n* cadayno
verify *v* cadayn
versatile *adj* xirfado badan
verse *n* sadar
versed *adj* xirfad leh
version *n* werin
versus *pre* lid
vertebra *n* adhaxda
very *adv* si aad ah
vessel *n* markab
vest *n* meesa-jaako
vestige *n* raad

veteran

veteran *n* khabiir dagaal
veterinarian *n* dhakhtar xoolaad
veto *v* diidid qayaxan
viaduct *n* buundo
vibrant *adj* firfircooni
vibrate *v* gariirid
vibration *n* gariir
vice *n* shar, dulli
vicinity *n* agagaarka
vicious *adj* shar
victim *n* dhibane
victimize *v* dhibid
victor *n* guulayste
victorious *adj* guulaysta
victory *n* guul
view *n* arag
view *v* fiirin
viewpoint *n* aragtida
vigil *n* dhafar
village *n* tuulo
villager *n* tuulo ku noole
villain *n* sharlaw
vindicate *v* ka qaadid
vindictive *adj* aargoosta
vine *n* miro
vinegar *n* khal
vineyard *n* beer miro
violate *v* jabin
violence *n* rabsho
violent *adj* xoog leh
violin *n* fayaliin
violinist *n* ciyaara fayaliinta

viper *n* abeeso
virgin *n* bikra
virginity *n* bikrada
virile *adj* nin nimo leh
virility *n* nin nimo
virtue *n* wanaag
virtuous *adj* suuban
virulent *adj* cudur xun ah
virus *n* nooc jeermis
visibility *n* aragti
visible *adj* muuqda
vision *n* arag
visit *v* booqad
visit *n* booqasho
visitor *n* booqde
visual *adj* la xiriira aragtida
visualize *v* sawirasho
vital *adj* muhiim
vitality *n* firfircooni
vitamin *n* nacfi, fiitamiin
vivacious *adj* bilicsan
vivid *adj* aragti cadaana
vocabulary *n* kalmado
vocation *n* xirfad
vogue *n* moodo
voice *n* cod
void *adj* aan ahayn sax
volatile *adj* u nugul
volcano *n* dhagax naar
volleyball *n* kubada laliska
voltage *n* quwad koronto
volume *n* mug, qaad

volunteer *n* tabaruce
vomit *v* hunqaaco
vomit *n* matagyo
vote *n* cod
vote *v* cod bixin
voting *n* doorasho
vouch for *v* qirid
voucher *n* warqad cadayn
vow *v* cahdi
vowel *n* shaqal
voyage *n* safar dheer
voyager *n* socdaale
vulgar *adj* af xun leh
vulgarity *n* aan bislayn
vulnerable *adj* baylahan
vulture *n* haad

wafer *n* bur
wag *v* sayn ruxid
wage *n* mushaar
wage *v* sharad dhigasho
wagon *n* guro
wail *n* baroor
wail *v* barooratin
waist *n* dhexda
wait *v* sugid

waiter *n* adeege
waiting *n* sugida
waitress *n* adeegto
waive *v* ka tagid
wake up *iv* toosyo
walk *n* socod
walk *v* socotin
walkout *n* mudaharaad
wall *n* gidaar
wallet *n* boorsa jeeb
walnut *n* nooc lows
walrus *n* maroodi-badeed
waltz *n* qoob-ka-ciyaar
wander *v* war wareegid meelo
wanderer *n* war wareege
wane *v* diciifid
want *v* rabid
war *n* dagaal
ward *n* qayb
warden *n* ilaaliye
wardrobe *n* dharka oo dhan
warehouse *n* bakhaar
warfare *n* dagaal galyo
warm *adj* diiran
warm up *v* is kululayn
warmth *n* diirimaad
warn *v* digid
warning *n* digis
warp *v* qaloocmid
warped *adj* qaloocmay
warrant *v* amar bixin
warrant *n* kafaalad qaadid

warranty n damaanad
warrior n dagaalyahan
warship n markab dagaal
wart n buro
wary adj feejignaan
wash v dhiqid
washable adj la dhiqi karo
wasp n xoon
waste v khasaarin
waste n tashiil xumo
waste basket n haan qashin gur
wasteful adj la khasaarinayo
watch v fiirin
watch n saacad
watch out v taxadarid
watchful adj la socosho
watchmaker n saacad sameeye
water n biyo
water v waraabin
water down v jilcin
water heater n biyo diiriye
waterfall n biyo chac
watermelon n qare, xabxab
waterproof adj aan biyo gudbinin
watershed n meel qaybisa biyo
watertight adj aan u dhuujisan
watery adj biyo badan
watt n halbeeg cabir

wave n hir
wave v lulmid
waver v ruxmad
wavy adj maraaryo leh

wax n nooc xamag
way n hab
way in n gelid
way out n ka bixid
we pro anaga, inaga
weak adj tabardaran
weaken v tabaryaraad
weakness n tabar yari
wealth n maal
wealthy adj maalqabeen ah
weapon n hub
wear n xirasho
wear iv xiratin
wear down v daalin
wear out v adeegsad
weary adj daalan
weather n cimilo
weave iv samayn dhar
web n xuub caaro
web site n shabakad internatka
wed iv guursad
wedding n xaflad guur
Wednesday n Arbaca
weed v jarid caws
weed n nooc caws
week n todobaad
weekday adj maalmaha shaqo
weekend n asbuuc yaaqo
weekly adv todobaadle
weep iv ooyid
weigh v cabirid
weight n culayska

weird *adj* yaab leh
welcome *v* soo dhawayn leh
welcome *n* soo dhaways
weld *v* alxamid
welder *n* alxame
welfare *n* caafimaad
well *adj* ceel
well *n* si fiican; ceyl
well-known *adj* la wada yaqaan
well-to-do *adj* maal badan leh
west *n* galbeed
westbound *adv* dhinaca galbeed
western *adj* galbeedka
westerner *adj* reer galbeed
wet *adj* qoyan
whale *n* nibiri
wharf *n* deked oo kale ah
what *adj* maxaa
whatever *adj* wax kasta
wheat *n* sareen
wheel *n* giraangir
wheelbarrow *n* gaari gacan
wheelchair *n* gaari coryaan
wheeze *v* xiiqlayn
when *adv* goorma
whenever *adv* goor kasta
where *adv* xagee
whereabouts *n* meelahaan
whereas *c* isku bar bar dhig
whereupon *c* in yar ka dib
wherever *c* meel kasta
whether *c* haddii ay

which *adj* kuma
while *c* xoogaa waqti ah
whim *n* haddiiba
whine *v* nuunaas
whip *n* jeedal
whip *v* jeedalid
whirl *v* war wareegid
whirlpool *n* meermeerto
whiskers *n* haareed
whisper *n* hood u hadal
whisper *v* hoos u hadlid
whistle *n* foori
whistle *v* fooryid
white *adj* cadaan
whiten *v* cadayn
whittle *v* qorid loox
who *pro* kuma
whoever *pro* qof
whole *adj* kuli
wholehearted *adj* daacad ah
wholesale *n* jumlo
wholesome *adj* caafimaadka u roon
whom *pro* kuma
why *adv* waayo
wicked *adj* sharlaw ah
wickedness *n* sharlawnimada
wide *adj* balaaran
widely *adv* si balaaran
widen *v* balaarmid
widespread *adj* baaha
widow *n* carmali

widower

widower *n* carmal
width *n* balac
wield *v* haysad
wife *n* afo
wig *n* tima beeneed
wiggle *v* ruxid
wild *adj* duurjoog ah
wild boar *n* karkare
wilderness *n* baadiye
wildlife *n* duurjoog
will *n* doonis
willfully *adv* si doonis leh
willing *adj* doonis samayn
willingly *adv* si doonis leh
willingness *n* doonista samayn
willow *n* nooc geed
wily *adj* garan og
wimp *adj* fulay
win *iv* guulaysad
win back *v* dib u hanasho
wind *n* dabayl
wind *iv* dabayl
wind up *v* duub duubma
winding *adj* leex leex
windmill *n* matoor dabayleed
window *n* dariishad
windpipe *n* hunguriga cad
windshield *n* muraayadda babuurta
windy *adj* dabayl leh
wine *n* nooc khamri
wing *n* baal

wink *n* iljabis
wink *v* iljabis
winner *n* guulayste
winter *n* gu'
wipe *v* masaxid
wipe out *v* ka dhicid
wire *n* silig
wireless *adj* aan lahayn silig
wisdom *n* caaqilnimo
wise *adj* caaqil
wish *n* doonis
wish *v* rabid
wit *n* garaad
witch *n* saaxirad
witchcraft *n* sixir
with *pre* la socda
withdraw *v* kala bixid
withdrawal *n* ceshadyo
withdrawn *adj* ka goosta
wither *v* angagid
withhold *iv* hayn
within *pre* ku jirka
without *pre* la'aan
withstand *v* adkaysad
witness *n* markhaati
witty *adj* caqli badni
wives *n* la xariira afada
wizard *n* sixirlaw
wobble *v* liic liicid
woes *n* balaayo
wolf *n* bahal u eg eeyda
woman *n* naag

wrong

womb *n* ilma galeen
women *n* dumar
wonder *v* rabid
wonder *n* yaab
wonderful *adj* yaab leh
wood *n* duur
wooden *adj* loox ah
wool *n* dhogor idaad
woolen *adj* dhogor idaad leh
word *n* eray
wording *n* sida hadal loo dhigo
work *n* hawl
work *v* ka shaqayn
work out *v* jimicsi
workable *adj* laga shaqaynkaro
workbook *n* buug waxbarasho
worker *n* shaqaale
workshop *n* warshad yar
world *n* aduun
worldly *adj* wax aduunyo ah
worldwide *adj* caalamkoo-dhan
worm *n* dixiri
worn-out *adj* daal aad ah
worrisome *adj* murugo leh
worry *n* wel wel
worry *v* welwelid
worse *adj* wii xumaada
worsen *v* sii xumaatin
worship *n* caabudyo
worst *adj* ugu daran
worth *adj* u qalma
worthless *adj* aan lahayn qiime

worthwhile *adj* qiima leh
worthy *adj* istaahila
would-be *adj* aan la fulin
wound *n* dhaawac
wound *v* dhaawacmay
woven *adj* la tolay
wrap *v* duubid
wrap up *v* dadid
wrapping *n* dadaya
wrath *n* xanaaq
wreath *n* xirmo ubax
wreck *v* burburid
wreckage *n* bur-bur
wrench *n* dhuuje
wrestle *v* lagdamid
wrestler *n* ladgame
wrestling *n* lagdan
wretched *adj* maskiin ah
wring *iv* maroojin
wrinkle *n* duub duub
wrinkle *v* yeelad duub duub
wrist *n* curcur
write *iv* qorid
write down *v* wax meel ku qorid
writer *n* qoraa
writhe *v* rafatin
writing *n* qoraal
written *adj* la qoray
wrong *adj* qalad ah

X-mas *n* Ciidal masiixi
X-ray *n* raajato

yacht *n* dooni raaxeed
yam *n* moxog
yard *n* deyr
yarn *n* xidhmo dun
yawn *n* halaaqo
yawn *v* halaaqoonsid
year *n* sanad
yearly *adv* sanad leh
yearn *v* hamuun qabid
yeast *n* kiciso, faxiso
yell *v* qaylo
yellow *adj* huruud, jaale
yes *adv* haa
yesterday *adv* shalay
yet *c* wali ah
yield *v* bixin
yield *n* tacab
yoke *n* laba xir
yolk *n* bu'da ukunta ee huruuda ah
you *pro* adiga
young *adj* da'yar
youngster *n* ilmo
your *adj* waxaaga
yours *pro* waxaaga, wixiina
yourself *pro* qudhaada, qudhiina
youth *n* dhalinyaranimo
youthful *adj* yaraan, is yarayn

Z

zap *v* wareemid
zeal *n* xamaasad
zealous *adj* xamaasadaysan
zebra *n* dameer-faraw
zero *n* eber
zest *n* xoog
zinc *n* curiyaha zinc
zip code *n* cinwaan
zipper *n* dhuujiye
zone *n* bed, goob
zoo *n* beerta xayawaanka
zoology *n* cilmiga barashada xayawaanka

Somali-English

Bilingual Dictionaries, Inc.

Abbreviations

a - article
n - noun
e - exclamation
pro - pronoun
adj - adjective
adv - adverb
v - verb
iv - irregular verb
pre - preposition
c - conjunction

a qabsi *v* conform
aabanimo *n* fatherhood
aabbanimo leh *adj* fatherly
aabe *n* dad, father
aabenimo *n* paternity
aad ah *adj* intensive, major
aad casri u ah *adj* trendy
aad iskugu dhaw *adj* intimate
aad iskula qab wayn *adj* haughty
aad macaan u ah *adj* succulent
aad muhiim u ah *adj* momentous
aad qaali u ah *adj* precious
aad qurux u leh *adj* stunning
aad soo jiidasho u leh *adj* flashy
aad u adag *adj* intricate
aad u badan *n* glut
aad u beer jilicsan *adj* indulgent
aad u caraysan *adj* furious
aad u daran *adj* horrendous, intense, outrageous, terrible
aad u dareemaya *adj* poignant
aad u dheer *adj* lengthy, towering
aad u dhici kara *n* probability
aad u duq ah *adj* archaic
aad u faraxsan *adj* elated
aad u fiican *adj* awesome
aad u hooseeya *n* abyss
aad u kacsan *adj* frenetic

aad u kulul *adj* torrid
aad u muuqda *v* stick out
aad u qabaw *adj* frigid, ice-cold
aad u qarmuun *adj* fetid
aad u qurux badan *adj* exquisite
aad u qurxuun *adj* splendid
aad u raran *adj* laden
aad u sareeya *adv* exceedingly, extreme
aad u sarreeya *adj* acute
aad u sii xulan *adj* subtle
aad u tayo xun *adj* crappy
aad u walwalsan *adj* distraught
aad u wanaagsan *adj* excellent, terrific
aad u wayn *adj* colossal, enormous, gigantic, huge, massive, prodigious, sizable, tremendous
aad u wayn *n* might
aad u weyn *adj* resounding
aad u xanaaqa *adj* irate
aad u xanaaqsan *adj* livid
aad u xanuun badan *adj* agonizing
aad u xun *adj* abysmal, awful, horrible, lousy, obnoxious
aad u yar *adj* insignificant
aad u yar *n* miniature
aad uga baaraan daga *adj* meticulous
aad uga fiirsada *adj* scrupulous

aad uga xanaaqid *v* enrage
aad uu wayn *adj* monstrous
aada sarada buur *adv* uphill
aadaan *n* calling
aadid *iv* go
aadid meel *n* outing
aadin *v* align
aadin *n* adjustment
aafo *n* catastrophe
aakhiro *adv* hereafter
aalad *n* machine
aamin ah *adj* faithful
aamin daro *n* dishonesty
aaminimo *n* fidelity
aaminsanaan la'aan *n* agnostic
aamminid *v* credit
aamusan *adj* mute, quiet
aamusid *v* silence
aamusiin *v* hush up
aamusin qof *n* hush
aamusin qof *v* shut up
aamusnaan *n* quietness
aamusnaansho *n* silence
aan ahayn aamin *adj* unfaithful
aan ahayn caadi *adj* eccentric, exceptional
aan ahayn caan *adj* unpopular
aan ahayn damaaci *adj* unselfish
aan ahayn dhab *adj* unreal
aan ahayn la mid *adj* unlike
aan ahayn run *adj* untrue
aan ahayn sahal *adj* uneasy
aan ahayn sax *adj* void
aan ahayn sharci *adj* unlawful
aan ahayn toos *adj* indirect
aan alaabi oolin *adj* unfurnished
aan awood *adj* unable
aan badalmin *adj* immutable
aan bislayn *n* vulgarity
aan biyo gudbinin *adj* waterproof
aan caadi ahayn *adj* odd, uncommon, unusual
aan caadi ahayn *adj* irregular
aan caafimaad-qab ahayn *adj* unhealthy
aan cabsanayn *adj* sober
aan cadaalad ahayn *adj* unjust
aan cadayn *adj* tentative
aan caddayn *v* dull
aan caqli lahayn *adj* unwise
aan caqli-gal leheyn *adj* incredible
aan casri eheyn *adj* outdated
aan cigaar cabin *n* nonsmoker
aan cududaar lahayn *adj* unjustified
aan cuslayn *n* lightweight
aan dan loo galin *adj* indifferent
aan dareen lahayn *adj* insensitive
aan darnayn *adj* mild
aan daxalaysan *adj* rust-proof
aan deganayn *adj* unsteady

aan dhaawacmin *adj* unhurt
aan dhalin faa'iido *adj* unprofitable
aan dhamayn *adj* incomplete
aan dhammaanaynin *adj* unending
aan dhiidhiyin *adj* passive
aan dib loo celin karin *adj* irreversible
aan doonayn *adv* unwillingly
aan dul qaad lahayn *adj* intolerable
aan eexan *adj* unbiased
aan fiicnaasho lahayn *adj* unpleasant
aan fiicnayn *adj* discouraging, mean, sleazy
aan fikaraynin *adj* unthinkable
aan gacmo dheere qabin *adj* sleeveless
aan go'aan gaari karin *adj* indecisive
aan go'aansan *adj* undecided
aan guul lahayn *adj* unsuccessful
aan guursan *adj* celibate, unmarried
aan habboonayn *adj* unsuitable
aan horey loo maqlin *adj* unheard-of
aan hubaysnayn *adj* unarmed
aan hufnayn *adj* messy
aan is raacsanayn *adj* discordant

aan is yeel yeelin *adj* unassuming
aan isle'ekayn *adj* unequal
aan jabin *adj* unbroken
aan ka fogayn *adj* nearby
aan kari karin *adj* incapable
aan khaldamin *adj* infallible
aan ki suubanayn *adj* unfit
aan ku dhegneen *adj* unattached
aan ku filayn *adj* inadequate, insufficient
aan la akhrin karin *adj* illegible
aan la aqoon *adj* unfamiliar
aan la arki karin *adj* invisible
aan la baajin karin *adj* inevitable
aan la baajinkarin *adj* unavoidable
aan la badali karin *adj* irrevocable
aan la caro tiri kirin *adj* implacable
aan la dagin *adj* unoccupied
aan la dharjin karin *adj* insatiable
aan la diidi karin *adj* undeniable
aan la filayn *adj* improbable, unexpected
aan la fulin *adj* would-be
aan la hayn xirfad *adj* inept
aan la hubin *adj* doubtful, uncertain, vague
aan la iloobi karin *adj* unforgettable
aan la isticmaalin *adj* obsolete
aan la jeclayn *adj* disagreeable
aan la kabi karin *adj* irreparable
aan la kala reebin karin *adj* inseparable

aan la mutaysan *adj* undeserved
aan la ogaan *adj* unnoticed
aan la ogayn *adj* unknown
aan la ogolayn *adj* inadmissible
aan la qaldi karin *adj* unmistakable
aan la sifayn *adj* crude
aan la sii filayn *adj* unforeseen
aan la taaban karin *adj* untouchable
aan la tafsiiri karin *adj* inexplicable
aan la tijaabin karin *adj* impractical
aan la tirin karin *adj* innumerable
aan la wehlin *adv* only
aan la xalan karin *adj* insoluble
aan la xiriirin *adj* irrelevant
aan la xisaabi karin *adj* incalculable
aan la xukumi karin *adj* irresistible
aan laga hadli karin *adj* unspeakable
aan laga rayn karin *adj* invincible, unbeatable
aan laga yaabin *adj* unlikely
aan lagu kalsonaan karin *adj* unreliable
aan lagu murmin *adj* undisputed
aan lagu tashan karin *adj* unpredictable

aan lahayd khibrad *adj* inexperienced
aan lahayn *adj* devoid
aan lahayn *v* lack
aan lahayn aqoon *adj* uneducated
aan lahayn cilad *adj* flawless
aan lahayn dareen *adj* numb
aan lahayn dhadhan *adj* insipid
aan lahayn dhaqaaq *adj* still
aan lahayn difaac *adj* unprotected
aan lahayn duluc *adj* pointless
aan lahayn farxad *adj* unhappy
aan lahayn gaf *adj* unfailing
aan lahayn khalad *adj* foolproof
aan lahayn miro *adj* seedless
aan lahayn miyir *adj* unconscious
aan lahayn qaab *adj* amorphous
aan lahayn qiime *adj* worthless
aan lahayn sal *adj* bottomless
aan lahayn sheex *adj* shameless
aan lahayn silig *adj* wireless
aan lahayn sinaan *adj* uneven
aan lahayn tashiil *adj* extravagant
aan lahayn tolmo *adj* seamless
aan lahayn xirfad *adj* incompetent
aan le'ekayn *adj* misfit
aan loo adkeysan karin *adj* unbearable
aan loo baahnayn *adj* needless, redundant, undesirable, unnecessary
aan loo bogin *adj* unfavorable

aasaaska

aan loo cadudaarin karin *adj* inexcusable
aan loo eegin *adj* irrespective
aan loolsami karin *adj* inflexible
aan macne lahayn *adj* meaningless
aan macno lahayn *adj* frivolous
aan macquul ahayn *adj* unreasonable
aan mahad naqin *adj* ungrateful
aan ogayn *adj* unaware
aan qaali ahayn *adj* inexpensive
aan qeexnayn *adj* indefinite
aan qiimo lahayn *adj* uneventful
aan qof *adj* impersonal
aan qumanayn *adj* improper
aan raaxo lahayn *adj* uncomfortable
aan rasmi ahayn *adj* unrealistic
aan run ahayn *adj* fake
aan saaxiibtinimo lahayn *adj* unfriendly
aan sal lahayn *adj* unfounded
aan sax ahayn *adj* imprecise, inaccurate
aan shaki lahayn *adj* unequivocal, unsuspecting
aan sharci ahayn *adj* illegitimate
aan sii xulnayn *adj* shallow
aan sinnayn *adj* crooked
aan sir qarin *adj* indiscreet
aan sugnayn *adj* precarious

aan suurtagal *adj* irrational
aan suurtoobi karin *adj* impossible
aan tagin *v* linger
aan toosnayn *adj* inappropriate
aan u dhuujisan *adj* watertight
aan u qalmin *v* disqualify
aan waqti la rabay ahayn *adj* untimely
aan waqtigiisa gaarin *adj* premature
aan wax akhrin *adj* illiterate
aan wax deeqin *adj* scarce
aan xadidnayn *adj* unlimited
aan xajisan karin *n* incontinence
aan xaq ahayn *adj* unfair
aan xasilin *adj* restless
aan xasilnayn *adj* unstable
aan xirnayn *v* undo
aanan ku filnayn *adj* inefficient
aargoosad *v* retaliate
aargoosadka *n* retaliation
aargoosta *adj* vindictive
aarsad *v* avenge, strike back
aarsasho *n* reprisal, vengeance
aarsasho *n* revenge
aas *n* funeral
aasaas *n* background, foundation
aasaas ah *adj* basic
aasaase *n* founder
aasaasiga *adj* rudimentary
aasaaska *n* cornerstone

aasaaska *adj* fundamental
aasbariin *n* aspirin
aashitada ku jirta *n* acidity
aashito *n* acid
aasid *n* burial
aayatiin *n* future
ab *n* ancestor
abaabul *n* promotion
abaabulid *v* mastermind, organize
abaal *n* desert
abaal marin *n* prize, remunerate
abaal marin shaqo *n* incentive
abaalgud *n* reward
abaalmarin *v* award, pay back, reward
abaalmaris *n* award
abaar *n* drought
abeeso *n* viper
aboor *n* termite
Abriil *n* April
abuur *n* seed; nature
abuurid *v* generate, instigate
abuurid mir *iv* sow
abuuris *n* creation
abuuryo *n* fiction
abwaan *n* encyclopedia
ad adag *adj* tough
ad adayg *n* rigor
ad adkayn *v* toughen
adaab *n* etiquette
ad-adag *n* stern

adag *adj* complex, entrenched, arduous, hard
adayg *adj* crisp
adayg *n* hardness
adayga *n* stiffness
adeecid *v* comply, obey
adeecyo *n* compliance
adeeg *n* service, use
adeegad *v* shop
adeege *n* housekeeper, butler, servant, waiter
adeeg-gaaban *n* errand
adeegid *v* serve
adeegsad *v* exercise, use, wear out
adeegsad aalad *v* mechanize
adeegsasho *n* usage
adeegte *n* shopping
adeegto *n* housekeeper, maid, waitress
adeegto rakaab *n* stewardess
adeer *n* uncle
adeerka hooyo-qaba *n* stepfather
adhaxda *n* vertebra
adiga *pro* you
adkaada *adj* strained
adkaan *n* complexity
adkayn *v* condense, harden, stiffen, tighten; complicate
adkaysad *v* endure, put up with, resist, withstand
adkaysasho *n* persistence
adkaysi *n* fortitude

akhriye

adkaysi leh *adj* durable, hardy
adke ah *adj* solid
adoon *n* slave
adoonsi *n* slavery
aduun *n* world
aduunka *n* globe; universe
aduunyo gadoon *n* apocalypse
af *n* mouth
af garasho *n* password
af goys *n* shortcut
af guri *n* dialect
af ku mudyo *n* peck
af lagaado *n* affront
af macaani been ah *adj* effusive
af tir tir *n* napkin
af xirid *v* gag
af xumo *n* obscenity
af xumo ah *adj* obscene
af xun leh *adj* vulgar
afada amiir *n* duchess
afar *adj* four
afar gees ah *adj* square
afar gees isleeg *n* square
afar geesle *n* rectangle
afar iyo toban *adj* fourteen
afar qaad-layn *v* buck
afartan *adj* forty
afayn *v* sharpen
afaysan *adj* sharp
afduub *n* abduction, hijack, kidnapping
afduube *n* hijacker, kidnapper
afduubid *v* abduct, hijack, kidnap
afeef *n* premise
afgambi *n* overthrow
afo *n* wife
afraad *adj* fourth
aftahannimo *n* eloquence
afti *n* referendum
afti qaadid *n* poll
afufyo *n* blow
afuufid *iv* blow
af-xir *n* gag
ag marin *v* coast
agaasime *n* director
agaasin *n* direction
agab *n* goods
agagaar badeed *adj* seaside
agagaarka *n* vicinity
agool *n* dandruff
agoon *n* orphan
agta ah *adv* almost
ahaan jiray *adj* former
ahaansho *iv* be
ahaatin *iv* become
ahmiyad *n* significance
ahmiyad yar *n* minor
ahmiyah *n* importance
akhlaaq xumo *n* delinquency
akhlaaq xun *adj* dissolute
akhlaaq xun leh *adj* naughty
akhrin *iv* read, recite
akhris *n* reading
akhriye *n* reader

al Masiix n Messiah
alaab n inventory
alaab dhigid guri v furnish
alaab guri n appliance
alaab-cunto n foodstuff
alaabo n supplies
alaabta n tool
albaab n door, gate
albaab daad-celis n floodgate
albaabka xiga adj next door
aleelaale n oyster
alif ba'da n alphabet
alifaad n invention
alkahool leh adj alcoholic
alkahool si xun loo cabo n alcoholism
Allah n God
Allah ka cabsi n piety
alwaax n lumber, timber
alwaax adag n hardwood
alwaax xaradh n varnish
alwaax xardhid v varnish
alwaaxa laga boodo n springboard
alxame n welder
alxamid v solder, weld
ama c or
amaah n loan
amaahin iv lend, loan
amaan n commendation, compliment; safety
amaan mudan adj praiseworthy
amaanid v commend, praise
amar n order
amar bixin v decree, warrant
amar cad n mandate
amar diidid v disobey
amar diido ah adj disobedient
amar masuul n decree
amar siin v order
amarku taagleeye n tyrant
amar-kutaagle n despot, tyranny
ambad ah adj stray
ambalaas n ambulance
ambaqaad n initiative
amiir n duke
ammaan n adulation
amrid v command
amuuro siyaasadeed n politics
anaga pro we, us
anba qaadida n resumption
angagid v wither
aniga pro I
ansax ah adj valid
ansax ahaansho n validity
ansaxiye n notary
anshax n morality
anshax darada n immorality, impertinence
anshax daro adj impolite
anshax darro ah adj immoral
anshax xumada n rudeness
anshax xumo adj rude
anshax-daran adj impertinent

antibaayootig *n* antibiotic
aqal wayn *n* mansion
aqalka maxkamadda *n* courthouse
aqbalid *adv* okay
aqbalid *v* soak in, accept, encompass
aqbalida run *n* realism
aqoon *n* knowledge, science
aqoon *adj* literate
aqoon cilmiyeed *n* scholarship
aqoon gaar ah *n* technicality
aqoon sare u leh *adj* proficient
aqooneed *adj* academic
aqoonid *v* acquaint
aqoonis *n* acquaintance
aqoonis *iv* know
aqoon-sare *n* mastery
aqoonsasho *n* recognition
aqoonsi *n* badge, identity
aqoonta sare *n* proficiency
aqoonyahan *n* scholar, scientist
aqoonyahan ah *adj* learned
aqootin *v* recognize
arabikhi *n* corn
arag *n* sight, view, vision
arag ma gudbiye *adj* opaque
arag yar *v* blur
araga *n* look
aragti *v* angle
aragti *n* aspect, concept, imagination, notion, sentiment, theory, visibility

aragti cadaana *adj* vivid
aragti dheeris *n* foresight
aragti gaaban leh *adj* myopic, shortsighted
aragti soo jiidasho leh *adj* picturesque
aragtida *n* viewpoint
arar *n* preface
Arbaca *n* Wednesday
arbush *n* disturbance
arbushaad *n* anarchist
arday *n* pupil, student
arday noqosho *v* matriculate
argagax *n* fright, shock, terror
argagax leh *adj* frightening, gruesome
argagaxid *adj* petrified
argagixin *v* frighten, terrorize
argagixisinimo *n* terrorism
argagixiso *n* terrorist
ari *n* goat
arin *n* issue
arin aad u foolxun *adj* hideous
arin la haleeyay *v* mess up
arji *n* petition, application
arji qorte *n* applicant
arkid *v* discern, behold, see, spot
arkid waxaan jirin *v* hallucinate
armaajo *n* cupboard
armaajo dhareed *n* dresser
armaarjo *n* cabinet
aroor *n* morning

aroos *n* bride
aroose *n* bridegroom
arrimo ganacsi *n* firm
arrin *n* case, affair
arruurinyo *n* roundup
aruurin *v* amass
aruurin diiwaan *n* archive
aruuris *n* collection
arxan daran *adj* cruel
arxan daran *n* savagery
arxan daro *n* cruelty
asaas *n* basics
asal *n* background
asal ah *adj* authentic
asal hore ah *adv* originally
asal hubin *n* authenticity
asal raac ah *adj* orthodox, radical
asberjos *n* asparagus
asbuuc yaaqo *n* weekend
askarayn *v* recruit
askari *n* paratrooper, soldier
askari boliis ah *n* cop
askari is qorid *v* enlist
askariga booliiska ah *n* policeman
aslid *v* dye
asluub *n* manners
asluub leh *adj* genteel
astaan *n* emblem, feature, sign, symbol, symptom
astaan ahaan *adj* symbolic
asxaan *n* favor

atom ah *adj* atomic
awdid *v* plug
awood *n* faculty, ability, authority, capability, competence, intuition; power, force
awood *adj* mighty
awood ahaan *adj* physically
awood Alleh *adj* divine
awood arag *n* eyesight
awood badan leh *adj* forceful
awood badanle *n* czar
awood daran *adj* impotent
awood garasho *n* perception
awood ku furid *v* break open
awood ku sheegasho *adj* bully
awood la'aan *adj* powerless
awood la'aanta *n* inability
awood leh *adj* competent, powerful
awood sare leh *adj* potent
awood sheegad *v* boss around
awood sheegto *adj* bossy
awood talis *adj* authoritarian
awood u diidid *v* incapacitate
awood xafiis *adj* supreme
awood xukun *n* dominion
awood yaran *v* falter
awooda *adj* able, capable
awooda danab *n* magnetism
awooda taliyenimo *n* lordship
awoodid *v* afford; can
awoodin *v* enable

awoowe *n* grandparents, granddad, grandfather
awrka cirka *n* constellation
Axad *n* Sunday
axmaqnimo *n* indiscretion
ay biiteey *n* kite
ayaan daro *n* calamity
ayaan daro ah *adj* unlucky
ayada *pro* her
ayada oo tusaale *v* illustrate
ayadoon la tixgelinin *adv* regardless
ayaga *pro* they
ayax *n* locust
ayeeyo *n* grandparents, grandmother, granny
ayidid *pre* for
Ayrish *adj* Irish
aysan ku filayn *adj* deficient

baaba *n* devastation
baaba' *n* havoc
baaba leh *adj* disastrous
baabi'in *n* holocaust, annihilation
baabi'in *v* annihilate
baabi'iye *n* destroyer

baabuur *n* auto, automobile
baadari wayn *n* pontiff
baaddiye la xiriira *adj* country
baadil ah *adj* evil
baadiyaha *n* countryside
baadiye *n* wilderness
baaf *n* basin
baafis *n* inquiry
baaha *adj* widespread
baahi qaba *adj* destitute
baahi wax u qab *n* need
baahid *v* sprawl
baahin *v* disseminate, broadcast
baahino *n* broadcast
baahiye *n* broadcaster
baajin *v* foil, call off, cancel
baajis *n* cancellation
baakad *n* cardboard, parcel
baakad boosto *n* parcel post
baakteeriyada *n* bacteria
baal *n* feather, wing
baalaley *n* moth
baaldi *n* bucket, pail
baalkoone *n* balcony
baambolo *n* toy
ba'an *adj* severe
baaq *n* signal, gesture, proclamation
baaquli *n* bowl
baar *v* bar
baar jarid *v* prune
baare *n* inspector

baarid *v* check, investigate, look into, ransack
baarid *n* check up
baarid cilmiyeed *v* research
baaris *n* investigation, research, scrutiny
baaris *v* probe
baaritaan *n* check
baaritaanka maydaka *n* inquest
baarlamaan *n* parliament
baaruud *n* gunpowder
baasayste *adj* pessimistic
baasboor *n* passport
baashaal *v* chill out
baaskiil *n* bicycle, bike, cycle
baastoolad *n* pistol
baaxad leh *adj* vast
baayactan *n* bargaining
babisyada kaluun *n* fin
babqaa *n* parrot
bacrami kara *n* fertility
bacramin *n* cloning
bacramin *v* fertilize
bacran ah *adj* fertile
bad *n* sea
bad baadiye *n* savior
bad lahayn *adj* landlocked
badal *v* alter
badal ahaan *n* lieu
badal ahaan ah *adv* instead
badalaad *n* alteration, replacement
badalaad sharci *n* amendment
badalasho *n* convert
badalid *v* amend, change, convert, replace
badalis *n* conversion
badalmid *v* transform
badalyo *n* transfer
badan *adj* many, numerous
badanaa soo noq-noqda *v* frequent
badbaade *n* survivor
badbaadid *v* survive
badbaadin *v* rescue, salvage, save
badbaado *n* redemption, safeguard, salvation, survival
badda la xiriira *adj* marine
badeecad *n* merchandise
badeeco *n* product
badeel *n* spade, shovel
badhan *n* button
badin *v* copy, redouble
badmaax *n* sailor
baduugid *v* smash
baduugmid *v* shatter
badwayn *n* ocean
bahal u eg eeyda *n* wolf
bahalaw *n* rabies
bahalnimo ah *adj* savage
bakaar weyn *n* barn
bakayle *n* rabbit
bakayle u eke *n* hare

bakeeri *n* glass, glassware
bakh bakhlayn *v* babble
bakhaar *n* depot, warehouse; pantry
bakhiil *n* miser
bakhshiish *n* tip
bakhti iyo nasiib *n* raffle
bakhtiin *v* turn out
bakhtiyaa nasiib *n* lottery
bal qalalan *n* straw
balaaran *adj* broad, wide
balaarin *v* enhance
balaarmid *v* broaden, widen
balaaya doon ah *adj* malevolent
balaayo *n* plague, monster, woes
balaayo sheeg ah *adj* ominous, sinister
balac *n* width
balan *n* promise
balan qaad *n* guarantee
balan qaadid *v* guarantee
balanbaalis *n* butterfly
balanqaadyo guur *n* engagement
baldi qashin *n* bin
bali *n* pond, reservoir
ballan *n* appointment
bam garayn *n* bombing
bambaano *n* grenade
ban dhigyo *n* array
banaan *adj* blank
banayn *v* bulldoze, clear

banbayn *v* bomb
banbeelmo *n* grapefruit
banbo *n* bomb
bandhig *n* exhibition, presentation
bandhigyo *n* display
bandoo *n* curfew
bangi *n* bank
bani aadam *n* human being
banjarid *iv* blow out
bankiine *n* bench
bannaan *n* space
baqal *n* mule
baqdin *v* dismay, consternation
baqdin galin *v* daunt
baqdin ka qabid *v* dread
baqdin leh *adj* apprehensive
baqshiish *n* gratuity
bar *n* blemish, half, mark, spot, stain
bar baarid *v* sift
bar bar ah *adj* lateral
bar ciidan *n* fortress
bar tilmaansad *pre* upon
baraakooyin *n* barracks
baraarugo *n* awakening
baradho *n* potato
baradho la shiilay *n* fries
baraf *adj* freezing
baraf *n* ice, snow
baraf aad u qabaw *n* blizzard
baraf dhacyo *n* snowfall

baraf duul duulka *n* snowflake
baraf fariistay *adj* frozen
baraf ka sifayn *v* defrost
baraf leh *adj* icy
baraf qul-qulaaya *n* glacier
barafoobid *iv* freeze
baraka *n* benediction
barakayn *v* bless
barakaysan *adj* holy
barako *n* blessing
baranaya *adj* practicing
baranbaro *n* cockroach
bararid *iv* swell
bararka *n* inflammation
bararsan *adj* swollen
bararyo *n* swelling
barashada qadiimiga *n* archaeology
barasho *n* introduction
barashuud *n* parachute
baratin *v* practice, learn, master
baratin aqoon *v* educate
barbaro *n* parallel
barbarooni *n* bell pepper
bar-dhammaadka safarka *n* destination
bare *n* teacher
bare gaar ah *n* tutor
bareerid khatar *v* venture
bari *n* booty; east; orient
bari *v* entreat
bari biyood leh *adj* amphibious
bari ka socde *n* easterner
bari taarid *v* boost
barid *v* enlighten, instruct, teach
barid nadaam *v* indoctrinate
bariis *n* rice
barjo *n* brunch
barkimo jilicsan *n* cushion
barkin *n* pillow
barkin waraabe *n* mushroom
barmiil *n* keg
baro bixin *v* displace
baroor *n* sob, wail
baroor diiqid *v* mourn
baroorad *v* sob
barooratin *v* wail
baroosin *n* anchor
bartamaha shay *n* hub
bartamaha u dhaw *adj* central
bartamayn *v* centralize
bartame *n* middle
bartan *n* center
bartiikh *n* cantaloupe
baruur *adj* corpulent, fatty
barwaaqo *n* prosperity
barxid *v* adulterate, dilute
baryahaan danbe *adv* nowadays
baryid *v* beg, coax, implore, plead, solicit
baryo *n* plea
bas *n* bus
basa xiir ah *adj* bald
basaadid *v* spy

basaas *n* spy
basaasnimo *n* espionage
basal *n* onion
basali *adj* pink
basbaas *n* pepper
bash *v* splash
batari *n* battery
bawdo *n* thigh
baxaad *adj* immense
baxaadka *n* immensity
baxnaano leh *adj* retroactive
baxsad *n* deserter
baxsad *v* defect
baxsan-og *adj* elusive
baxsasho *n* defection
bayaan ah *v* manifest
baylahan *adj* vulnerable
baytaraaf *n* beet
bed *n* zone, area
bedalid *v* substitute
beeb *n* pipe
beec *n* sale
beel *n* population
been *n* lie
been *n* falsehood
been abuur *n* forgery
been abuur ah *adj* counterfeit
been abuurid *v* counterfeit, fabricate, fake, falsify, forge
been ah *n* hoax
been ah *adj* fictitious
been dhaarasho *n* perjury

beenayn *v* disprove, rebut, refute
beenin *v* contradict, deny
beenlaw *adj* liar
beer *n* field, farm, garden; liver
beer *v* park
beer caaneed *n* dairy farm
beer caws leh *n* lawn
beer fale *n* gardener
beer la xiriira *adj* agricultural
beer miino *n* minefield
beer miro *n* vineyard
beer nasasho *n* park
beer nugayl *n* sympathy
beer nugayl leh *adj* squeamish
beer nugaylid *v* sympathize
beer tufaax *n* orchard
beer wayn *n* ranch
beer yaro *n* pancreas
beeraley *n* farmer
beerasho *n* farming
beerid *v* farm
beerta xayawaanka *n* zoo
beey'ad *n* environment
beri *n* epoch
berisamaad *n* heyday
berito *adv* tomorrow
besbaas *adj* spicy
bidca *n* heresy
bidci *adj* heretic
bidhaamid *v* glow, twinkle
bidix *adv* left
biigooyin leh *adj* pleated

biil *n* bill
biil dirid *v* bill
biin *n* pin
biinso *n* pincers
bikaaco *n* lens
bikra *n* virgin
bikrada *n* virginity
bikro ah *adj* chaste
bil *n* month
bilaa diin *n* atheist
bilaa diin ah *adj* pagan
bilaa nidaam *n* mayhem
bilaa walwal *adj* carefree
bilaa xad *adj* boundless
bilaabad *v* start
bilaabasho *v* break out
bilaabe *n* beginner
bilaabe xirfad *adj* amateur
bilaabid *iv* begin, inaugurate, launch, originate, proceed
bilaabid safar *v* set off
bilaabmida *n* beginning, inauguration
bilaa-dhadhan ah *adj* tasteless
bilaamid *v* commence
bilad *n* medal
bilad wayn *n* medallion
bilaw *n* origin, start
bilaw *adj* original
bilaw hore ah *adj* initial
bilawda *n* outbreak
bilawga *v* initial
bilawga *adv* early
bilawga *n* inception, kickoff
bilawga hore *n* onset, outset
bile ah *adv* monthly
bilic *v* blemish
bilicsan *adj* vivacious
bililiqaysad *v* loot, pillage
bililiqo *n* loot
Biljam *n* Belgium
Biljan ah *adj* Belgian
bilyaardi *n* billiards
bilyan dheere *n* billionaire
biqid *v* chicken out
bir *v* iron
bir adag *n* steel
bir cad *n* nickel
bir daabo *n* pan
bir lab *n* magnet
bir lab ah *adj* magnetic
biriij *n* bridge
biriij biyo kor mara *n* aqueduct
birikee *n* lighter
biriq *n* lightning
biririf *n* interlude; interval
birkad *n* tank
biroqaraadiyad *n* red tape
birqaab *n* tongs
bir-qaab-yar *n* tweezers
birqid *v* sparkle, glitter
birta madow ee isha *n* pupil
birta sunta *n* buckle
birta wax lagu dhacaayo *n* bit

bir-taawo *n* frying pan
bisad yar *n* kitten
bislaada *adj* ripe
bislaaday *v* fester
bislaatin *v* ripen
bistoolad *v* revolver
bitijoor *n* torch
bixid *v* go out
bixin *v* confer, bestow, give away, spare, yield; pay redeem; remove
bixin madax fur *v* ransom
bixinyo *n* payment, provision
bixitaan *n* exit
biya baxa *n* climax
biya dhac yar *n* cascade
biya fariisi *n* swamp
biya ka go'an bad *n* lagoon
biya raacin *v* rinse
biyo *n* water
biyo badan *adj* watery
biyo chac *n* waterfall
biyo diiriye *n* water heater
biyo fadhiisad *n* stagnation
biyo fariisad *n* condensation
biyo gantaal ah *n* geyser
biyo ilaaliye *n* lifeguard
biyo kacsan *n* turbulence
biyo ku nool *adj* aquatic
biyo qabatin ur leh *adj* stagnant
biyo saaris *n* drainage
biyo xidh *n* dam

biyomareen *n* canal
biyo-xireen *n* dike
bocor *n* pumpkin
bog *n* page
bogaadin *adj* complimentary
bogsad *v* recuperate
bogsan og *adj* resilient
bogsanaha *adj* convalescent
bogsasho *n* recovery
bogsiiye *n* healer
bohol *n* cavern
bolol *n* mold, decay
bololid *v* decay
bomaato jilicsan *n* lotion
boobid *v* extort, plunder
boobid cunto *v* devour, gobble
boobid xukun *v* usurp
bood bood *n* bounce
bood booda *adj* jumpy
bood boodid *iv* leap
bood boodin *v* bounce
boodh *n* placard
boodid *n* spring
boodid *v* jump, spring
boodis *n* jump, leap
boog *n* ulcer
bool *n* bolt, screw
bool *v* rivet
boola boola cad *n* swan
Boolaand *n* Poland
booli *n* booty, spoils
booliis *n* police

boolo boolo *n* duck
boombale *n* doll
booqad *v* visit
booqasho *v* drop in
booqasho *n* visit
booqde *n* visitor
boor *n* dust
boor ka buuxo *adj* dusty
booraan hadimmo *n* pitfall
boorin *v* hearten
boorsa jeeb *n* wallet
boorsada dhabarka *n* backpack
boorso *n* bag, purse
boorso gacmeed *n* briefcase
boorsooyin *n* baggage
Boortaqiis *n* Portugal
boos cireed *n* airmail
boostaale *n* mailman, postman
boostadu *n* post office
boosto *n* mail
boosto ku dirid *v* post
booto *v* bluff
boqol *adj* hundred
boqol guuro *n* centenary
boqolaad *adj* hundredth
boqoley *n* percentage
boqolkiiba ah *adv* percent
boqor *n* king
boqorad *n* empress, monarch, queen
boqoreed *adj* royal
boqortooyo *n* empire, kingdom, realm
boqortooyo maamule *n* emperor
boqortoyo *n* monarchy
boqrid *n* coronation
boqrid *v* crown
boyox ah *adj* blond
bu *n* embryo
bu'da ukunta ee huruuda ah *n* yolk
budayn *v* bludgeon, pulverize
budo *n* powder
budo sun ah *n* arsenic
bugsayn *v* heal
bukaan *n* sickness
bukaan socod *n* outpatient
bulaacad *n* sewage
bulaalid *v* boom
bulaan *v* clamor
bulalayr *n* firecracker
bulshaawi ah *adj* affable, outgoing, sociable
bulshay ah *adj* gregarious
bulsho *n* community, society
bulshoobid *v* socialize
buluug *adj* blue
buluug madaw leh *adj* navy blue
bunduq *n* firearm, gun, rifle
buntukh *n* shotgun
buqid *iv* burst
buqsin *n* slot
bur *n* lump, wafer

bur bur *n* dissolution; rubble, ruin
buraash *n* brush
buraashad *n* canteen
burayn *v* batter, club
burbur *n* devastation, destruction
bur-bur *n* wreckage
burbur leh *adj* destructive, devastating
burburid *v* ruin, wreck, crumble, crush, destroy, devastate, disintegrate, ravage
burburinaya *adj* crushing
burcad *n* butter, cheese
burin *n* annulment
burin *v* nullify, override
burin amar sare *v* overrule
buris *n* hammer
buro *n* bonus; wart
buro wayn *n* tumor
bursad *v* chase
buruq *n* bulb
burushka rinjiga *n* paintbrush
bus *n* grime
bus bus *n* chicken pox
bushkuleetile *n* cyclist
bushqad *n* envelope
buskud *n* biscuit, cookie
buste *n* blanket
buufin *v* inflate
buufin duusha *n* balloon
buug *n* book
buug dhigaalyo *n* bookkeeping
buug iibiye *n* bookseller
buug jeeg *n* checkbook
buug tilmaameed *n* guidebook
buug tusaale bixiya *n* manual
buug waxbarasho *n* workbook
buug xayaysiis ah *n* brochure
buug yar *n* booklet, pamphlet
buug-iskuul *n* textbook
buug-yare *n* leaflet
buul *n* nest
buulo *n* hamlet, slum
buun buunin *v* exaggerate
buundo *n* bridge, viaduct
buuq *n* brawl, commotion, tumult; crowd, mob, throng
buuq *adj* rowdy
buuqid *v* mob
buur *n* mountain
buur kor *n* climbing
buuraleey ah *adj* mountainous
buuraley ah *adj* hilly
buuran *adj* chubby
buuri *n* tobacco
buux dhaaf *n* deluge
buux dhaafid *adj* overcrowded
buux dhaafid *v* overflow
buuxa *adj* cramped, crowded, full
buuxda *adj* bloated
buuxin *v* cram, fill, supersede
buuxin karid *v* qualify

C

caabbin *v* repel
caabin *v* quash
caabis *n* repulse
caabiyid *v* counteract
caabudid mudan *n* deity
caabudyo *n* worship
caad *v* blur
caad *n* cataract
caad lahayn *adj* clear
caad leh *adj* blurred
caadi ah *adj* normal, ordinary, plain, usual; informal
caadi ah *n* informality, mediocrity
caadi ahaansho *adv* alright
caadi ahaanta *n* regularity
caadi ahayn *adj* abnormal
caadi dareemayn *n* qualm
caadiga *n* norm
caadiga ka baxsan *n* abnormality
caadil *n* candor
caadiyayn *v* normalize, standardize
caado *n* hobby, habit, tradition
caado ah *adj* customary
caado dhamaad *n* menopause
caado helida *n* menstruation
caafimaad *n* welfare
caafimaad qab ah *adj* healthy
caafimaadid *v* remedy
caafimaadka u roon *adj* wholesome
caag *n* rubber, plastic
caajis *adj* lazy
caajis badane *n* bum
caajisa *adj* boring
caajislow *adj* slob
caajisnimo *n* laziness
caajisyo *n* boredom
caalamkoo-dhan *adj* worldwide
caami *n* layman
caamifaad *n* health
caan *n* fame
caan ah *adv* reputedly
caan ah *adj* familiar, famous, notorious, popular, prominent
caano *n* milk
caano leh *adj* milky
caaqil *n* chief, philosopher
caaqil *adj* wise
caaqil ah *adj* sensible
caaqilnimo *n* wisdom
caarad *n* point
caarad fiiqan leh *adj* pointed
caarad waran *v* spearhead
caarada *n* tip
caarada *adj* premier
caaraysan *adj* moldy
caaraystay *adj* moldy
caaro *n* spider
caaro wayn *n* tarantula

caaryid *v* ebb
caasimad *n* capital, metropolis
caasinimo *n* disobedience
caato *adj* slim
caato ah *adj* lean, skinny, slender
caawanimo *adv* tonight
caawimo *n* aid
caawin *v* aid, avail, help
caawin leh *adj* helpful
caawinid dhaqaale *v* subsidize
caawiye *n* attendant, helper
caawiye ah *adj* auxiliary
caayid *v* affront
cabaad *n* shriek
cabaadid *v* shriek
cabasho *n* complaint
cabasho badan *v* grouch
cabashoole ah *adj* grouchy
cabatin *v* complain, protest
cabatin *n* gripe
cabbitaan cunto ka hor la cabo *n* aperitif
cabbitaan liin *n* lemonade
cabe *n* drinker
cabid *iv* drink
cabir *n* measurement
cabir dherer *n* length
cabir duxeed *n* calorie
cabiraad *n* expression
cabirid *v* measure, weigh
cabirid shay *v* size up
cabirid wakhti *v* time

cabitaan *n* beverage, drink, infusion, juice
cabitaan fudud *n* soda
cabsada *adj* afraid
cabsan *adj* drunk, intoxicated
cabsanaan *n* drunkenness
cabsatin *v* horrify
cabsi *n* fear, horror, panic, phobia, scare
cabsi leh *adj* apprehensive, creepy, eerie, fearful, scary, terrifying
cabsi wayn leh *adj* dreaded
cabsiin *v* scare
caburid *v* suffocate
caburin *v* muffle, oppress, stifle
caburin qof *v* smother
cabursan *adj* stuffy, pent-up
cad *adj* clear, decisive
cad *n* part
cad hilib oo jiir ah *n* steak
cadaadin *v* quash, repress; compress
cadaadin qof *v* persecute
cadaadinyo *n* compression
cadaadis *n* oppression, pressure, repression, stress
cadaadis *adj* pushy
cadaadis leh *adj* stressful
cadaalad darada *n* unfairness
cadaalad daro *n* injustice
cadaan *adj* white

cadaanta *n* brightness
cadaanta sheeko *n* moral
cadaawad *n* animosity
cadaawe *n* foe
cadaawe ah *adj* hostile
cadaawo *n* rancor
cadadka yar ee shay *n* morsel
cadar *n* cologne
cadaw *n* enemy, opponent
cadaw isku ah *n* adversary
cadayid *v* brush
cadayn *v* bleach, whiten; certify, justify, prove, verify
cadayn *n* clarification, proof
cadayn khalad *v* debunk
cadayn qoraal ah *n* certificate
cadayno *v* assert
cadayno *n* verification
cadaysanaan *n* clearness
cadaysta bareere *adj* avowed
cadceed *n* sun
cadceed dhawr *n* sunblock
cadceedi jirto *adj* sunny
caddad *n* amount
caddad isku darsan *n* lump sum
cafin *v* condone, forgive, pardon
cafin leh *adj* forgivable
cafis *n* absolution, amnesty, forgiveness, remission, reprieve
cafriit *n* apparition
cag *n* foot, sole
cag riix *n* pedal

caga cadaan *adj* barefoot
caga gashi *n* footwear
caga jiidid *v* shuffle
cagaar *adj* green
cagaf *n* tractor
cagaha xoolaad *n* paw
cago *n* feet
cagsaarid *v* stamp out
cagta *n* toe
cahdi *v* vow
cajab galin *v* impress
cajab galiya *adj* impressive
cajalad *n* tape
cajiib *adj* marvelous
cajiib ah *adj* magnificent, fantastic, miraculous, stupendous; singular; curious
cajiin *n* dough
caksi *adv* conversely
calaacal *n* palm
calaamad *n* token
calaamad ganacsi *n* trademark
calaamad madaw *n* blot
calaamad saadaleed u noqosho *v* foreshadow
calaamad xiddigtu u eg *n* asterisk
calaamadin *v* mark
calaamadiye *n* marker
calal *n* rag
calal ah *adj* ragged
calalin *v* chew

carfoon

calam *n* banner
calan *n* flag
caleemo *n* leaves
caleemo saar *n* crowning
caleemosaarid *n* ordination
caleen *n* leaf
caleen dhacsad *iv* shed
caleen wayn *n* bough
callaaf *n* bait
calmatin *v* incline
calool *n* abdomen, gut, stomach
calool adayga *n* guts
calool istaaga *n* constipation
calool istaagtey *adj* constipated
calool xanuun *n* indigestion
calool-xanuun *n* colic
caloosha *n* tummy
caloosha jilcisa *adj* laxative
caloosha la xiriira *adj* gastric
calyo *n* saliva
camal *n* deed
cambaarayn *v* condemn
camir *n* deluge
camiran *adj* bustling
can jilid *v* mock
canaan *n* rebuke
canaanad *v* censure, rebuke
canaanasho yar *v* chide
canab *n* grape
cananaas *n* pineapple
canbaarayn *v* denounce
canbuur *n* blouse

canqow *n* ankle
canshuur *n* tax
canshuur jid-mar *n* toll
canshuur-bixin *n* customs
cantoobo *n* handful
caqiibo aan leheyn *adj* incorrigible
caqiido *n* doctrine
caqli *n* mentality, mind
caqli badan *adj* bright, brilliant
caqli badane *n* genius
caqli badni *adj* witty
caqli gal *n* logic
caqli gal ah *adj* logical, reasonable
caqli la kaashi *n* discretion
caqli qab ah *adj* sane
caqliga *n* sanity
caqliyan *adv* mentally
car *v* dare
cara gadin *v* plow
carab *n* tongue
carab ku adkayn *v* emphasize
carabaabid *v* refer to
Carabi *adj* Arabic
caraf *n* scent, fragrance
cararid *v* dash, flee
cararis *n* evasion
caraysan *adj* sullen
carbis *n* drill
carfaya *adj* aromatic
carfoon *adj* fragrant

cariiri ah *adj* congested
cariish *n* chalet, shed
carmal *n* widower
carmali *n* widow
caro *n* fury; soil
caro gedin *v* cultivate
caro gedis *n* cultivation
caro la ooyid *n* tantrum
carqalad *n* hitch
carqaladayn *v* disturb
carqalo *n* interference
carra-rogid *v* till
carsaanyo *n* crab
carsaanyo badeed *n* lobster
caruur *n* children
caruur ilaaliye *n* babysitter
caruureyn *v* kid
caruus la xiriira *adj* bridal
carwo *n* fair
carwo cayaareed *n* circus
casaan *adj* red
casaan-kulul *adj* red-hot
casayn *v* rip off, defraud; redden
casbi galin *n* deterrence
casha sharaf *n* banquet
cashar *n* lesson
cashayn *v* dine
casho *n* dinner, supper
casri ah *adj* contemporary, up-to-date
casriyeyn *v* upgrade
casuur *adj* rosy

cawaan *n* heathen
cawaaqib *adj* consequent
cawaaqib *n* corollary, outcome
cawo *n* night
caws *n* grass, turf
caws engegsan *n* hay
caws la aruuriyey *n* haystack
cay *n* affront
cayaar *n* sport
cayaar miiran ah *adj* playful
cayaaraya *n* dancing
cayaarid *v* play
cayaartooy *n* athlete
cayaartoy *n* player, sportsman
cayayaan *n* beetle, bug, insect
cayilin *v* fatten
cayimid *v* designate
caymis *n* insurance
cayr *n* poor
cayrin *v* drive away
cayro *n* expulsion
cayrsad *v* pursue
cayrtoobay *adj* broke
ceeb *n* disgrace, scandal
ceeb leh *adj* disgraceful, dishonorable
ceebayn *v* insult, scandalize
ceeboobid *v* mortify
ceeboodid *v* disgrace
ceeboow *n* mortification
ceegaagid *v* pool
ceegaagin *v* saturate

ceejin *v* choke, strangle
ceel *adj* well
ceeriin *adj* raw
ceeryaamo *n* fog
ceeryaamo leh *adj* foggy
celcelis *n* average
celin *v* hold back, curb, restrain
celin lacageed *v* refund
celinyo lacag *n* refund
ceshadyo *n* withdrawal
ceyl *n* well
ci' *v* howl
cibaadaysta *adj* devout
ciddi *n* nail
cidi *n* claw, fingernail
cidi cageed *n* toenail
cidiyaysad *v* claw
cidla' *n* seclusion
cidlayn *n* clearance
cidlayn *adj* deserted
ciid *n* celebration; sand
ciid Masiixi *n* Easter
ciida masiixiga *n* Christmas
Ciidal masiixi *n* X-mas
ciidamo *n* deployment
ciidan *n* army
ciidan badan *n* legion
ciidan dadeed *n* manpower
ciidan gayn *v* deploy
ciidan lug *n* infantry
ciidan xoojin *n* reinforcements
ciidanka bada *n* navy

ciidha dil *v* tease
ciil *n* resentment
ciiro *n* haze, mist
ciiro leh *adj* fuzzy, hazy
ciiro qoyan leh *adj* misty
ciirsi la'aan ah *adj* helpless
ciirsila *n* quandary
cilaaqad *n* buckle
cilad *n* defect, fault, flaw
cilad leh *adj* faulty
ciladaysan *adj* defective
cilin *n* dwarf, midget
cilmi dhirta *n* botany
cilmi falagle *n* astrologer
cilmi nafsi *n* psychology
cilmiga *n* medicine
cilmiga barashada nafleyda *n* biology
cilmiga barashada xayawaanka *n* zoology
cilmiga beeraha *n* agriculture
cilmiga cudurada maskaxda *n* psychiatry
cilmiga cudurka haweenka *n* gynecology
cilmiga dhiska jirka *n* anatomy
cilmiga kimida *n* chemistry
cilmiga naqshada *n* architecture
cilmiga wadnaha *n* cardiology
cilmiga waxyaabaha uu dhulka ka samaysan yahay *n* geology

cilmiga xidigiska *n* astronomy
cilmiga xiriirka noolaha iyo beey'ada *n* ecology
cilmiyaysan *adj* scientific
cimilo *n* climate, weather
cimri *adj* lifetime
cinwaan *n* address, heading, title, zip code
cinwaan farac *n* subtitle
ciqaab *n* chastisement, beating, expiation, penalty, punishment
ciqaab ka baqayn *n* impunity
ciqaab leh *adj* punishable
ciqaabe *n* prosecutor
ciqaabid *v* chastise, penalize, punish
ciqaabid dambi *v* expiate
cir *n* sky
cir daloolo *n* skylight
cir daruuro leh *adj* overcast
cir guduud *n* dusk, twilight
cirbixiyeen *n* astronaut, cosmonaut
cirfiid *n* fairy
cirib *n* heel
ciribtir *v* eradicate
cirif *n* corner
cirifka biyo *n* cape
ciriiri *n* congestion
cirrid *n* gum
cirwayne *n* glutton
cirwayni *n* appetite

ciyaalnima *adj* childish
ciyaalnimo *adj* juvenile, puerile
ciyaar *n* karate
ciyaara fayaliinta *n* violinist
ciyaaraha fudud *n* Olympics
ciyaarta boojada *v* bowl
ciyaw *n* owl
ciyid *n* bark
cod *n* sound, voice; vote
cod aad u dheer *n* piercing
cod aan xabeeb lahayn *n* bass
cod bixin *v* vote
cod dheereeye *n* amplifier
cod hoose *n* murmur
cod isku si ah *adj* monotonous
cod kordhin *v* amplify
cod la maqli karo *adj* audible
codsasho *v* apply for
codsi diiwaan gelin *v* file
cosob ah *adj* lush
cuban *adj* stuffy
cudur *n* disease
cudur faafa *n* epidemic
cudur faafa *adj* infectious
cudur ku dhaca lugaha *n* gout
cudur raaga *adj* chronic
cudur safmar ah *n* plague
cudur xun ah *adj* virulent
cudurdaar *n* excuse
cudurdaarid *v* excuse
cuf *n* density
cufan *adj* dense

cufid *v* pack
cufis jiidad *n* gravity
culayska *n* heaviness, weight
culus *adj* heavy
cumri gaaban *adj* short-lived
cuncun *v* itch
cuncunka *n* itchiness
cunid *v* eat away; eat
cunsiiye *n* appetizer
cunsur *n* factor
cunto *n* nutrition, refreshment, sustenance, cuisine, food, meal, oatmeal
cunto badeed *n* seafood
cunto gaar macaan u ah *n* delicacy
cunto karin *n* cooking
cunto la dubay *adj* crispy
cunto la'aan *n* famine
cunto qaadasho nidaamsan *n* diet
cunto qurxin *v* garnish
cunto xumaaday *adj* stale
cunto yar *v* nibble
cunto yarayn *v* diet
cuntosiin *iv* feed
cunug *n* baby, kid
cunugga awoowe ama ayeeyo loo yahay *n* grandchild
cuqdad qaada *adj* paranoid
curcur *n* wrist
curin *v* invent

curis *n* essay
curiyaha meerkuri *n* mercury
curiyaha naytarajiin *n* nitrogen
curiyaha zinc *n* zinc
curiye kiimiko ah *n* plutonium
curiye macdan ku jira *adj* leaded
curyaamid *v* maim
curyaamid *adj* cripple
curyaamid *n* disability
curyaamin *v* immobilize
curyaan *n* handicap
curyaan *adj* lame
curyaan ah *adj* disabled
cusayb ah *adj* modern, new
cusbitaal *n* hospital
cusbo *n* salt
cusboonaansho *n* novelty
cusboonayn *v* update
cusboonaysiin *v* freshen, modernize
cusboonaysiin *n* renewal
cusho *n* padding
cusub ah *adj* brand-new
cutub *n* chapter, paragraph, unit
cutub maraakiib ah *n* fleet

D

da' *n* age
da' wayn *n* old age
daab *n* hilt
daabacaad *n* duplication, edition, publication
daabacaad buug *n* printing
daabacaad xumo *n* misprint
daabace *n* printer
daabacid *v* print
daabacis *n* print
daabicid *v* duplicate; edit
daacad *adj* honest, loyal, sincere
daacad *n* obedience
daacad ah *adv* earnestly
daacad ah *adj* staunch, wholehearted
daacad ah *adj* frank
daacad darane ah *adj* treacherous
daacad daro *n* treachery
daacad darooda *adj* dishonest
daacad u ahaan *n* allegiance
daacad u hadal *adj* candid
daacadnimada *n* frankness
daacadnimo *n* fidelity, fairness, honest, integrity, loyalty, sincerity
daacid *v* belch, burp
daacida *n* belch
daaco *n* burp
daacuun *n* cholera
daad *n* flood
daadaga buur *n* hillside
daadin *v* leak
daadin qashin *v* dump
daaduume *n* drifter
daafac *n* defense
daafac la'aan *adj* defenseless
daafaha *n* outskirts
daaficid *v* protect
daah *n* curtain, screen
daah ka qaadid *v* let out
daahay *adv* tardy
daahin *v* delay
daahyo *n* setback
daal *n* fatigue
daal aad ah *adj* worn-out
daal leh *adj* exhausting, tiresome
daal tirad *v* rest
daalan *adj* tired, weary
daalanaanta *n* tiredness
daalid *v* exhaust, tire
daalin *adj* tireless
daalin *v* wear down
daalitaan *n* exhaustion
daamaci ah *adj* greedy
daamur *n* tar
daan *n* jaw
daan daamid *v* stun
daan daansad *v* provoke
daan daansi *n* provocation
daanyeer *n* monkey
daaqid *v* graze

daarad *n* porch
daarid dab *v* ignite
daarid koronto *v* switch on
daash *n* terrace
daa'uus *n* peacock
daawade *n* spectator
daawasho yaab leh *n* spectacle
daawayn *n* medication
daawayn leh *adj* medicinal
daawaynyo *n* therapy
daawo *n* remedy
daawo lahayn *adj* incurable
daawo sumeed *n* antidote
daawoobid *v* cure
dab *n* fire
dab daarid *v* kindle
dab damis *n* fireman
dab damiye *n* firefighter
dab dhaliye *n* generator
dab duureed *n* campfire
dab guri la kulaalo *n* fireplace
dab rid cireed *n* fireworks
daba case *n* carrot
daba gaab *n* shorts
daba galid *v* tail
daba jooga *adj* subsequent
daba socota *adj* preceding
daba yaaqada *adj* latter
daba yaaqo *n* ending
dabaaji *n* down payment
dabaalad *iv* swim
dabaalasho *n* swimming

dabaaldegid *v* celebrate
dabaasad *n* stapler
dabaashe *n* swimmer
dabacsan *adj* lax, loose, slack
dabada *n* tail
dabadhilif *n* henchman
dabagaale *n* squirrel
dabakaayo *n* booth, kiosk
dabakha hoose *adv* downstairs
dabakha sare *adv* upstairs
dabaq *n* story
dabaqa u hooseeya *n* ground floor
dabaqad *n* caste, category
dabaqad bulsho *n* aristocracy
dabaqada dhexe *adj* bourgeois
dabar *n* shackle
dabar go'ay *adj* extinct
dabargo'id *v* die out
dabayl *n* wind
dabayl *iv* wind
dabayl leh *adj* windy
dabayl xoog badan *n* gust
dabayl xoogan leh *adj* gusty
dabayl xoog-badan *n* gale
dabaylo roob leh *adj* stormy
dabaylo xoogan *n* storm
dabci *n* character, temper
dabcid *v* mellow, relent, slacken
dabcin *v* ease, loosen, relax, cushion; break free
dabeecad axmaqnimo *adj* bestial

dabeecad deganaan *n* gentleness
dabeed gaara *adj* characteristic
dabi galid *v* sin
dabiiciyun *adj* natural
dabin *n* death trap, trap, snare
dabin ku qabasho *v* snare
dabo *n* butt
dabool *n* cap, lid
dabool ka qaadid *v* uncover
daboolid *v* canvas, cover, envelop
daboolid dhaawac *v* bandage
daboolka nalka *n* lampshade
daboolyo *n* cover-up
dabshid *n* bonfire
dacaayad *n* propaganda, satire
dacaayad diineed *n* sacrilege
dacal *n* edge, margin
dacal ka laadlaada *n* fringe
dacalada jirka *n* extremities
dacas *n* slipper
daciifin *v* attenuate
dacwad *n* lawsuit
dacwayn *v* accuse, sue
dacwo *n* accusation, allegation
dacwo oogid *v* litigate
dad *n* humankind, mankind, people
dad diinta fidiyo *n* mission
dad meel ku nool *n* inhabitant
dad u eg *adj* manly
dadaal *n* effort, exertion
dadaalid *v* endeavor
dadaalid *n* endeavor
dadab ah *adj* diagonal
dadajin *v* quicken
dadaya *n* wrapping
dadcun *n* cannibal
dadid *v* wrap up
dadka dhalantoona *n* posterity
dadka giriiga *adj* Greek
dad-mareen *n* crosswalk
dad-weyne ku saabsan *adv* publicly
dafid *v* snatch
dafirid *v* disclaim
dafo *n* hawk
daga *adj* subdued
dagaal *n* attack, battle, combat, fight, scuffle, war
dagaal doon *adj* belligerent
dagaal galyo *n* warfare
dagaal lo'eed *n* bull fight
dagaal u heelan *adj* militant
dagaalame *n* fighter
dagaale *n* combatant
dagaalid *v* battle, fight
dagaalyahan *n* warrior
dagaan *n* residence
dagal wade *n* assailant
dagan *n* occupant
dagan *adj* stable
daganaan *adj* composed
daganaan *n* serenity

damin koronto

daganaansho *n* poise
dagani *n* calm
dagasho *n* descent
dagay *adj* sunken
dagid *v* occupy, reside
dagid meel *v* populate
dahaar *n* cover, insulation, lining
dahaarka madaxa *n* scalp
dahab *n* gold
dahable *n* jeweler
daharka isha *n* eyelid
dajin *n* comfort
dajin qof *v* soothe
dajin xanaaq *v* pacify
dajiye *n* comforter
dakad *n* harbor
dakhli *n* budget, earnings
dalab *n* petition
dalab cuntoo oo qoran *n* menu
dalacsiin *v* promote
dalad *n* umbrella
dal-dalid *v* crucify
daldalmid *n* barrage
daldalool leh *adj* porous
dal-daloolaha jirka *n* pore
daliigin *n* stripe
daliigo *adj* striped
daliil *n* evidence
dalka Ayrlaand *n* Ireland
dalka Swiidhan *n* Sweden
dalool *n* punch, gap, hole, puncture, cavity, vent

daloolin *v* bore
dalooliye *n* drill
dalqo *n* throat
dalxiis *n* tourism
dalxiise *n* tourist
dalxiisyo *v* sightseeing
damaaci *n* greed
damaaci ah *adj* selfish
damaacinimada *n* selfishness
damaanad *n* bail, warranty
damaashaad *n* festivity
damac *n* temptation
damac galin *v* tempt
damac galiya *adj* tempting
damal *n* block
dambe *adj* later
dambi ku cadaad *n* conviction
dambi ku waayid *v* exonerate
dambi moogid *v* conspire
dambiil *n* net
dambiile gar-gaarid *n* complicity
dambiile ilaaliye *n* bailiff
damcid *v* covet; intend
dameer *n* donkey
dameer-faraw *n* zebra
damid *iv* stall
damiin ah *adj* dull
damiinasho *v* bail out
damiir *n* conscience, ethics
damin *v* extinguish, put out, turn off
damin koronto *v* switch off

dammaanad-qaade n guarantor
damrad n harpoon
dan wadaag ah adj solitary
danab birqiye n spark plug
danayn n interest
danayn la'aan n apathy
danaystenimo n self-interest
danbaabuuro v flicker
danbas n ash
danbasayn v cremate
danbi n sin
danbi aan lahayn adj innocent
danbi ah adj sinful
danbi baare n detective
danbi culus n felony
danbi ku cadayn v incriminate
danbi ku waa'iyd v acquit
danbi la n innocence
danbi la galo n crime
danbiil n basket
danbiile n culprit; guilt
danbiile adj criminal
danbiile ah adj guilty
danbiile wayn n felon
danbilaw n sinner
daneeya adj interested
danjire n ambassador
Danmaark n Denmark
daqal n mast
daqiijin iv grind
daqiiq n flour
daqiiqad n minute

darajo n grade, rank
daran adj stringent
darawal n driver
daray adj fresh
daray ahaan n freshness
darbaal n canvas
darbi jiif n vagrant
dardaaran n testament
dardar galin v electrify
dardarid v overrun
dareeme n antenna; nerve
dareemid iv feel, sense; felt
dareen n awe, feeling, sensation, sense
dareen adj passionate
dareen aad ah leh adj sensitive
dareen dhadhan n palate
dareen fiican leh adj cozy
dareen hore qaba n premonition
dareen jacayl n romance
dareen jacayl leh adj loving
dareen la'aan n anesthesia, numbness
dareen maqal adj acoustic
dareen naxdin leh adj pathetic
dareen qiiro adj sentimental
dareen tuhun n scruples
dareen xun leh adj harsh
dareere n fluid, liquid; gasoline
dareere ka dhigid n puree
dareere wax sifeeya n detergent

deero lab ah

dareerid v trickle
daren shahwo-kicin leh adj sensual
darid v stab
dariishad n window
darin n mat
daris n neighbor, neighborhood
darmaan n colt
darnaansho n intensity
darnaashaha n severity
daroogayn v dope
daroogo n dope, narcotic
darroor leh n leakage
darsan n dozen
daruur n cloud
daruur lahayn adj cloudless
daruuri ahayn n amenities
darxumo n hardship
daryeelid v care about
daryeelka n clinic
dastuur n constitution
dawaarle n tailor
dawaco n fox
dawacow ah adj foxy
dawakhaad n dizziness
dawlad n government, regime
dawlad la'aan n anarchy
dawo n cure, drug
dawo dadka seexisa n opium
daxal n rust
daxalaysad v corrode, rust
daxalaysatay adj rusty

dayac n neglect
dayac tir u baahan n disrepair
dayac tirid v repair
dayacaad n indifference, negligence
dayacaad law ah adj negligent
dayacid v neglect
dayactir n maintenance
dayactirid v service
dayactirid mihiima v overhaul
da'yar adj young
dayax n moon
dayax gacmeed n satellite
dayicid v botch
dayn bixiye n creditor
dayn la bixiyo n credit
dayn qab n debit
dayn qabe n debtor
daynsad v borrow
dayoobid v space out
dayr n fall, autumn; courtyard
dayr danbeed n backyard
dayro adj outcast
dayuurad-mar n runway
deeq n bounty, donation, generosity, grant, offering
deeqa adj adequate
deeqe n donor
deeqsi ah adj lavish
deeqsiin v squeeze up
deero n antelope, deer
deero lab ah n buck

deg deg

- **deg deg** *adj* hasty
- **deg deg ah** *adj* urgent
- **deg deg ku cunid** *v* gulp down
- **deg dega** *adj* crucial
- **degaan** *n* district
- **degaan cawseed** *n* meadow
- **degaandeg** *adv* downhill
- **degaanka hoose ah** *adj* local
- **degan** *adj* cool, placid
- **deganaan** *adj* bland
- **deganaan leh** *adj* calm
- **degdegid** *v* hasten, rush, speed
- **degenaansho** *n* coolness
- **degene** *n* settler
- **degid** *v* go under; land
- **degmo** *n* district, borough
- **degmo wayn** *n* county
- **degniin** *n* portent
- **dejin** *v* defuse
- **dejin** *n* solace
- **dejin qof** *v* calm down, sedate
- **dejinta** *n* sedation
- **dekad** *n* port
- **dekad yar** *n* pier
- **deked oo kale ah** *n* wharf
- **deris ku nool** *n* parasite
- **deyn** *n* debt
- **deyn-bax** *n* liquidation
- **deyr** *n* fence; yard
- **deyrka guri** *n* patio
- **dhaafey** *n* past
- **dhaafid** *v* bypass
- **dhaar** *n* oath
- **dhaaraan** *n* apron
- **dhaaratin** *iv* swear
- **dhaawac** *adj* hurt
- **dhaawac** *n* injury, wound
- **dhaawac gaarin** *adj* unharmed
- **dhaawac qabowgu sababo** *n* frostbite
- **dhaawacid** *v* maul
- **dhaawacmay** *v* wound
- **dhaawicid** *v* maim, traumatize
- **dhab** *n* lap; fact
- **dhab ah** *adj* intrinsic, real, serious
- **dhab ah** *n* reality
- **dhab ahaanta** *n* seriousness
- **dhab ahayn** *n* fantasy
- **dhab ahayn** *adj* insincere
- **dhaba dheerays** *n* extension
- **dhaban** *n* cheek
- **dhabar** *n* back
- **dhabe** *n* lane, path
- **dhabooq** *v* smear
- **dhabooqid** *n* smear
- **dhabqin** *v* heckle, interrupt, intrude
- **dhabqinta** *n* interruption
- **dhac** *n* extortion, mugging, piracy
- **dhaca** *adj* punctual
- **dhaca** *n* robbery
- **dhacaa** *n* robber
- **dhacdada ka hor** *adv* beforehand
- **dhacdiidsad** *v* recline

dhalid ilmo

dhacdo *n* event, happening, incident, occurrence
dhacdo dhici kara *n* eventuality
dhacdo hore *n* precedent
dhacdo markeed *n* occasion
dhacdooyin xiriira *n* proceedings
dhadhaab *n* rock
dhadhamin *v* taste
dhadhan *n* flavor, taste
dhadhan fiican leh *adj* tasteful
dhadhan leh *adj* delicious, tasty
dhadhan qurxoon *n* elegance
dhado *n* dew
dhafaagid *v* coagulate
dhafar *n* vigil
dhafoor *n* temple
dhag *n* ear
dhag fage *n* earphones
dhag xanuun *n* earache
dhagaati *n* label
dhagar *n* ruse
dhagax *n* slab, stone
dhagax leh *adj* rocky
dhagax naar *n* volcano
dhagax nuuradeed *n* limestone
dhagax qaali ah *n* gem, jewel
dhagax qaro yar *n* slate
dhagax qodan *n* quarry
dhagax wayn *n* boulder
dhagax yar *n* pebble
dhagaxa qabriga *n* gravestone

dhagax-qabri *n* tombstone
dhagaysad *v* listen
dhagaystayaal *n* audience
dhagayste *n* listener
dhagool ah *adj* deaf
dhagxin *v* stone
dhakada *n* ridge
dhakhli *n* income
dhakhsad *v* dash
dhakhso leh *v* snap
dhakhso u dhaqaaqid *v* dart
dhakhtar *n* doctor
dhakhtar qaliin *n* surgeon
dhakhtar xoolaad *n* veterinarian
dhakhtarka ilkaha *n* dentist
dhaktar *n* physician
dhalaala *adj* shiny
dhalaalaaya *adj* bright
dhalaalaayo *n* shine
dhalaalid *v* thaw
dhalaalin *v* polish
dhalaalis *n* thaw
dhalaaliye *n* polish
dhalaanimo *n* infancy
dhalan rogid *v* deform
dhalanrog *n* camouflage
dhalanrogid *v* camouflage
dhalanteed *n* illusion
dhalasho *n* nationality; birth
dhalasho *v* be born
dhaleeco *n* condemnation
dhalid ilmo *iv* breed

dhaliil *v* disapprove
dhaliilid *v* criticize
dhaliilyo *n* criticism
dhalin yarayn *v* rejuvenate
dhalinyaranimo *n* adolescent, youth
dhalinyaro *n* adolescence
dhalo *n* glass
dhalo yar *n* jar
dhamaad *n* end
dhamaad ah *adj* final
dhamaad lahayn *adv* ceaselessly
dhamaad lahayn *adj* endless
dhamaad lahayn *n* eternity
dhamaad mudo *n* expiration
dhamaadka *n* dead end
dhamaadka *v* culminate
dhamaadka gacan *n* hand
dhamaan bahda qare *n* melon
dhamaan dadka *n* humanities
dhamaantood *adj* all
dhamaantood *adv* completely
dhamayn *v* complete, finish, terminate; eat away
dhamayn *v* end
dhamaystiran *adj* complete
dhamaystirka *n* completion
dhambaal wade *n* courier, messenger
dhambaalid *iv* split
dhammaystiran *adj* absolute
dhan balan *n* split

dhanaan *adj* sour
dhanbalan *n* schism
dhantaalan *n* imperfection
dhaqaajin *v* activate, mobilize
dhaqaalaha *n* economy
dhaqaale soo gala *n* revenue
dhaqaaq *n* motion, move
dhaqaaq lahayn *adj* motionless
dhaqaaqid *v* motion
dhaqaaqid *n* advance
dhaqan *n* culture, custom
dhaqanka ku dabbakhan *adj* conventional
dhaq-dhaqaajinta faraha ama gacmaha *v* gesticulate
dhaqdhaqaaq *n* movement
dhaq-dhaqaaq samayn *n* maneuver
dhaqid qalajis *v* dry clean
dhaqsa ah *adj* quick, swift
dhaqsasho *n* hustle
dhaqsho *v* hurry up
dhaqsiya ah *adj* speedy
dhaqsiyo *n* haste, speed
dhaqso ah *adj* rapid
dhar *n* clothes, fabric
dhar *adj* sporty
dhar baadari *n* cassock
dhar dun ku qurxin *v* embroider
dhar fidsan *adj* baggy
dhar hoosaad *n* lingerie
dhar iska bixin *v* undress

dheeraad

dhar xirad *v* dress
dharaar *n* day
dharab *adj* frosty
dharab *n* moisture
dharbaaxid *v* slap, smack
dharbaaxo *n* slap
dharbaaxyo *n* smack
dharbin *v* moisten
dhari *n* pot
dhari ubaxeed *n* flowerpot
dharka *n* apparel
dharka hurdada *n* pajamas
dharka la xirto *n* clothing
dharka oo dhan *n* wardrobe
dhasha *adj* born
dhaw *pre* near
dhawaan *adv* newly
dhawaan is aroosey *adj* newlywed
dhawaansho *n* proximity
dhawaaq *n* ring, howl
dhawaaq dheer *v* honk
dhawaaqa telefoonka *n* dial tone
dhawaaqid *v* howl, scream, sound
dhawaaqid farxadeed *v* exclaim
dhawaqa *n* tone
dhawr *n* conserve
dhawr *adj* several
dhawr xaas yeelasho *n* polygamy
dhawrid *v* conserve, preserve, stare
dhawrsani *n* chastity
dhawrto *n* proceeds
dhawryo *n* providence
dhaxal *n* heritage, inheritance, legacy
dhaxal ka qadin *v* disinherit
dhaxal u leh *adj* hereditary
dhaxasho *n* heiress
dhaxle *n* heir
dhaxlid *v* inherit
dhaxyo *n* stay
dhayal *n* sham
dhayal ah *adj* phony
dhayo *n* ointment
dhedo *n* frost
dheecaan *n* hormone, sap
dheecaan leh *adj* juicy
dheef shiid *n* digestion
dheef shiidid *v* digest
dheef-mareen *adj* digestive
dheefsad *v* exploit
dheel *n* game, play
dheel dheel *n* mischief
dheeli tiris *n* balance
dheelitiryo *n* equilibrium
dheelli *n* imbalance
dheelli tir *n* counterpart
dheeman *n* diamond
dheer *adj* long, tall
dheeraad *n* excess, surplus

dheeraad *adv* extra
dheeraad ah *adj* additional, excessive, spare, subsidiary
dheerayn *v* prolong
dheerayn *v* lengthen
dheereeya *adj* fast
dheg dheg leh *adj* sticky
dheg-nuugsi *v* eavesdrop
dhego-dhego *n* earring
dherarsasho *n* longing
dherer *n* height
dhex *n* belly
dhex dhex ah *adj* moderate
dhex dhexaad *adj* neutral
dhex dhexaad ah *adj* medium
dhex dhexaadin *v* mediate
dhex dhexaadis *n* arbitration
dhex dhexaadiye *n* arbiter, intermediary
dhex dhigid *v* center
dhex galid *v* infiltrate, intervene, penetrate
dhex galis *n* insertion, intervention
dhex ka laacid *v* intercept
dhex ku-jir *n* enclave
dhexda *n* waist
dhexdhexaada *adj* impartial
dhexdhexaadiye *n* mediator
dhexgalid muran *v* embroil
dhexgalitaan *n* infiltration
dhexmaryo *pre* through (thru)

dhexroor *n* diameter
dhib *n* affliction, agony, trouble
dhib *v* annoy
dhib badan *adj* cumbersome, nagging
dhib u dhig *v* adjourn
dhib u dhigista *n* postponement
dhib yar *n* convenience
dhib yari *n* ease
dhibaad *n* dowry
dhibaatayn *adj* atrocious
dhibaatayn *iv* beset
dhibaataysan *n* suffering
dhibaateeya *adj* abusive
dhibaateyn *n* harassment, abuse
dhibaato *n* crisis, difficulty, problem
dhibaato keena *adj* mischievous
dhibaato lahayn *adj* harmless
dhibaato leh *adj* burdensome, difficult, troublesome
dhibane *n* victim
dhib-badan *adj* daunting
dhibic *n* dot, drop, speck
dhibic *v* pinpoint
dhibiclayn *v* drip
dhibid *n* aggravation
dhibid *v* trouble, victimize
dhibid qof *v* nag
dhiblaawe *n* nuisance
dhiblow *v* cuss
dhibmiilo koronto *n* spark

dhibow *n* recruit
dhibtood *v* agonize
dhici doona *adj* impending
dhici kara *adj* probable
dhici karin *adj* absurd
dhicid *v* extort, rip off, mug, rob; drop off; topple, tumble; happen, occur
dhicid *n* downfall
dhicid isku mar *v* coincide
dhicin *v* miscarry
dhicinta *n* miscarriage
dhicis *n* slump
dhicis ah *adj* premature; immature
dhicis ahaanta *n* immaturity
dhicisiin *n* abortion
dhicitaan *n* fall
dhidban *adj* immobile, steady
dhidid *n* sweat
dhididid *v* perspire, sweat
dhididis *n* perspiration
dhif ah *adj* infrequent, rare
dhig *n* arch
dhigaal *n* fund, reservation, resource, stock
dhigaal badeeco *v* stock
dhigaalin *v* store
dhigaalka *n* stocking
dhigadyo sharad *n* bet
dhigid *n* file
dhigid *iv* put
dhigid curaar *v* pawn
dhigid meel khaldan *v* misplace
dhigis *n* lay
dhigo *n* longitude
dhihid *iv* say, utter
dhiidhiyid *n* resistance
dhiig *n* blood
dhiig badan leh *adj* gory
dhiig bax *n* hemorrhage
dhiig ku shubida *n* transfusion
dhiig leh *adj* bloody
dhiig u haraadan *adj* bloodthirsty
dhiig xiran *n* clot
dhiig yari *n* anemia
dhiig yari hayso *adj* anemic
dhiigbixid *n* bleeding
dhiigid *iv* bleed
dhiiqo *n* bog; mud
dhiiqo leh *adj* muddy
dhiiri galin *v* cheer
dhiirri-gelin *v* spur
dhimanaya *adj* dying
dhimasho *n* death, demise, doom, mortality
dhimasho *adj* lethal
dhimasho *v* pass away, die, perish
dhimbiilo holac *n* flare
dhimbiilo yar yar *n* cinder
dhimbir heesta *n* canary
dhimid *v* atrophy, deaden
dhimis *v* cut down, cut back
dhimis *n* discount

dhinac *adj* lateral
dhinac *n* flank, side
dhinac *pre* by
dhinac ah *adv* aside
dhinac bayrid *v* sidestep
dhinac dhigid *v* put aside
dhinac dhinac *adv* sideways
dhinac jooga *pre* along
dhinac jooge *n* bystander
dhinac u bayr *v* dodge
dhinac u dhaqaaq *v* turn over
dhinac u taraarixid *v* skate
dhinac xun eege *n* cynicism
dhinac yaal *pre* beside
dhinac yaala *pre* alongside
dhinaca bari *adj* eastern
dhinaca gadaale *adj* backward
dhinaca galbeed *adv* westbound
dhinaca kale *pre* across
dhinaca lidka isku badal *n* reversal
dhinmay *v* decrease
dhinta *adj* mortal
dhintay *adj* deceased
dhiqid *v* wash
dhir *n* species, vegetation
dhir gaabin *v* trim
dhir lagu carfiyo *n* spice
dhise *n* builder
dhisid *iv* build, construct
dhisid qalcad *v* fortify
dhisitaan *n* construction

dhismasho *n* buildup
dhisme *n* building, structure
dhisme aad u dheer *n* skyscraper
dhisme wayn *n* edifice
dhismo *n* premises
dhogor *n* fur
dhogor ari *n* fleece
dhogor idaad *n* wool
dhogor idaad leh *adj* woolen
dhogor leh *adj* furry
dhoobo *v* accumulate
dhoobo *n* clay
dhoobo ah *n* porcelain
dhoobo dadka liqda *n* quicksand
dhoofin *v* export
dhoofis *n* extradition
dhoogte *n* sniper
dhoola cadayn *v* smile
dhoola cadays *n* smile
dhufadyo *n* stroke
dhufasho ku celin *v* hit back
dhufatin *v* jerk
dhufays *n* trench
dhug dhugleey *n* motorcycle
dhugma yeelad *v* concentrate
dhugmo *n* concentration
dhugyeelatin *v* heed
dhukay *n* earwax
dhul *n* estate, land, patrimony
dhul *adj* pastoral
dhul *n* territory
dhul cabir *n* acre

dib u dahaarid

dhul daaqsimeed *n* pasture
dhul dilaac *n* chasm
dhul fidsan *n* terrain
dhul hoostiisa *adj* underground
dhul jilicsan oo qoyan *n* quagmire
dhul qalalane ah *adj* arid
dhul wayne *n* mainland
dhul xeebaad *adj* coastal
dhulbare *n* equator
dhul-dadow *v* trespass
dhulgariir *n* earth, earthquake
dhulka beeraha *n* farmyard
dhulka kicid *n* lift-off
dhulka kulaylaha ah *n* tropic
dhumuc *n* breadth
dhumucda *n* thickness
dhunkasho *n* kiss
dhunkatin *v* kiss
dhunsanaan *n* delusion
dhururuq *n* cent
dhutin *v* cripple, limp
dhutis *n* limp
dhuub *n* bar
dhuuban *adj* lean, narrow
dhuudhi *n* leech
dhuuje *n* wrench
dhuujin *v* fasten, buckle up, secure
dhuujiye *n* zipper
dhuumad *v* sneak
dhuumaha bulaacada *n* sewer

dhuumanaaya *adj* evasive
dhuun *n* pipe, duct, cylinder; esophagus, larynx
dhuun dheer *n* pipeline
dhuuqa *adj* absorbent
dhuuqid *v* absorb, soak up; suck
dhuux *n* bone marrow
dhuux lafeed *n* marrow
dhuxul *n* charcoal
dhuxul dhagax *n* coal
dhuxul shidid *v* char
dib dhac *n* delay
dib dhicid *v* hinder
dib dhigid *v* procrastinate
dib gurasho *n* retreat
dib iskugu imaansho *n* reunion
dib u adeegsad *v* recycle
dib u bixin *v* repay
dib u bixinta *n* repayment
dib u bood boodid *v* rebound
dib u buuxin *v* refill, replenish
dib u caabbin *v* repulse
dib u celin *v* turn back
dib u celinyo *n* restraint
dib u ciyaarid *n* replay
dib u cusbayn *v* renovate
dib u cusboonayn *v* renew
dib u cusboonaysiin *n* renovation
dib u daabicid *v* reprint
dib u dagid *v* relocate
dib u dahaarid *v* recover

dib u danabayn *v* recharge
dib u dhac akhlaaqeed *n* decadence
dib u dhalasho *n* rebirth
dib u dhaqaaqid *v* move back
dib u dhigid *v* defer
dib u dhisid *v* rebuild, reconstruct
dib u galis *n* reentry
dib u gocasho *v* recollect
dib u gurad *v* retreat
dib u guursad *v* remarry
dib u habayn *v* reform
dib u hanasho *v* win back
dib u hantiyid *v* regain
dib u helid *v* get back, recoup, retrieve
dib u helyo *n* retrieval
dib u heshiin *v* reconcile
dib u laabasho *n* restoration
dib u maalgalin *v* refinance
dib u malaasid *v* resurface
dib u matalaad *n* reenactment
dib u noqod *v* recede
dib u noqosho *v* fall back
dib u qaadasho *v* take back
dib u qabad *v* recapture
dib u qalooc *n* scorpion
dib u qurxin *v* refurbish
dib u samayn *v* recreate, remake, reproduce
dib u sheegatin *v* reclaim
dib u shidaalin *v* refuel
dib u siin *v* give back
dib u sixid *v* revise
dib u soo celin *v* bring back
dib u soo celinta *n* regeneration
dib u soo doorad *v* reelect
dib u soo muuqda *v* reappear
dib u tiirsi *v* lean back
dib u xasuusasho *n* recollection
dib u xoojin *v* reinforce
dib uga fakarid *v* reconsider
dib uga joojsad *v* refrain
dib ugu noqosho *n* revision
dibad *adv* abroad
dibad seexad *v* camp
dibada ah *adv* outdoor, outer
dibdhac *n* hindrance
dibdhac ah *adj* overdue
dibi *n* bull, ox
dibi dibadeed *n* bison
dibi sac yar *n* calf
dibida *n* oxen
dibin *n* lip
dibjir *n* vagrant
diblomaasi *n* diplomat
diblomaasi ah *adj* diplomatic
dibudhigid *v* postpone
diciifid *v* wane
didid *v* rampage
didmo *n* stampede
difaac *n* protection
difaacid *v* defend, shelter

dilaacid

digaag *n* chicken, poultry
digaagad *n* hen
digid *v* warn
digir *n* bean, kidney bean
digir cagaar *n* green bean
digir gacaar *n* pea
digis *n* warning
digniin *v* admonish
digniin *n* admonition, reminder
digniin *adj* alert
digniin leh *adj* alarming
digo *n* dung
digo xoolaad *n* manure
digri *n* carol
digsi suugo *n* saucepan
di'id *v* rain
di'id baraf *v* snow
di'id yar *v* drizzle
diida *adj* defiant
diidid *v* defy, object, oppose, rebuff, refuse, reject, turn down
diidid qayaxan *v* veto
dii-diin *n* tortoise
diidmo *n* defiance, disapproval, refusal
diidmo ah *adj* negative
diido *n* rebuff, rejection
diidyo *n* denial
diin *n* religion
diin ceelaad *n* turtle
diin faafin *n* disciple
diin faafiye *n* missionary
diinta Yuhuuda *n* Judaism
diiq *n* cock, rooster
diiq ciyid *v* crow
diir *n* peel
diir *n* caterpillar
diirad *n* binoculars
diiran *adj* lukewarm, tepid, warm
diiranaan *adj* hearty
diirid *v* bark, peel, simmer
diirimaad *n* warmth
Diisambar *n* December
diisid *v* dent
diisyo *n* dent
diiwaan *n* data, directory
diiwaan ilaaliye *n* bookkeeper
diiwaan taarikheed *n* chronicle
diiwaangalin *v* catalog
diiwaangalis *n* enrollment
diiwaanka xisaabaadka *n* ledger
diiwaan-keydiye *n* database
diiwan galin *v* log
diiwan galyo *n* registration
dil *n* murder
dil aan loo marin sharci *v* lynch
dilaa *n* assassin, killer, murderer
dilaa ah *adj* deadly
dilaac *n* fracture, rupture
dilaac *v* crack
dilaac yar *n* crevice
dilaaca *n* bronchitis
dilaacid *v* rupture

dilaal *n* middleman
dilid *v* assassinate, exterminate, kill, slay
dilid qof magaciis *v* discredit
dilis *n* killing
dilitaan *n* assassination
dimuqraadi ah *adj* democratic
dimuqraadiyada *n* democracy
dire *n* sender
dirid *v* ship, send
dirid lacag *v* remit
dirir *n* duel
dirqi ah *adj* mandatory
diryaamid *v* rumble
diryaan *n* boom
dixiri *n* worm
diyaar ah *adj* ready
diyaarad *n* plane, aircraft, airline, airplane
diyaarad rakaab *n* airliner
diyaargaraw *n* preparation
diyaarin *v* prepare, provide
diyaarsan *v* process
doob *n* bachelor
doob ahaansho *n* celibacy
doobi *n* laundry
dood *n* controversy, debate
doodid *v* debate
doofaar *n* hog, pig
dookh *n* hobby
doolar *n* dollar
dooli *n* rat
dooli biyood *n* beaver
dooli yar *n* mice
doolshe *n* cake, tart
doolshe khudaareed *n* pie
doon *n* boat
doon sharaacan *n* sailboat
doon wayn *n* barge
doon xirid *v* moor
dooni raaxeed *n* yacht
doonid *v* seek
doonis *n* will, wish
doonis samayn *adj* willing
doonista samayn *n* willingness
doontii nabi nuux *n* ark
door bidyo *n* preference
dooransiinyo *n* offer
doorasho *n* choice, election, option, voting
dooratin *v* elect
door-biddid *adv* rather
doorsoomid *adj* faded
doox *n* plain
dooxo *n* valley
doqon *n* moron, idiot
doqon ah *adj* stupid
doqoniimada *n* stupidity
doqoniimo *adj* idiotic
doqonnimo *adj* silly
doqosh *n* shack
dub u dhoofin *v* repatriate
dub u qaabayn *v* remodel
dub u toosin *v* reorganize

duriyad ama fir

dubaaxyo *n* tremor
dubbe *n* anvil
dubbeyn *v* hammer
dube *n* baker
dubid *v* bake
dubid *n* barbecue
dubka miro *n* hull
duco *n* litany, prayer
duday *adj* startled
dudid *v* startle
dufan *n* cholesterol
dufan leh *adj* greasy
dugaag *n* beast
dugsi *n* school, seminary
dugsi waxbarasho *n* academy
duhur *n* midday, noon
dukaan *n* outlet, shop, store
dukaan buugeed *n* bookstore
dukaan daawo *n* drugstore
dukaan xadyo *n* shoplifting
dukaanka cuntada *n* groceries
dukaanka dahablaha *n* jewelry store
dukaanka kabaha *n* shoe store
dul *n* surface
dul carar *v* overrun
dul marid *v* run over
dul saneed *n* nostril
dulan *n* pest
duleel *n* perforation
duleelin *v* perforate
dulinimo *n* degradation, depravity
dulli *n* vice
dulqaad *adj* meek
dulqaad *n* patience
dulqaad la'aanta *n* intolerance
dulqaad leh *adj* lenient
dulqaadad *v* tolerate
dulqaadanaya *n* meekness
dulqaadka *n* leniency, tolerance
dulqaata *adj* patient
dulsaar *n* surcharge
duluc hadal *n* context
dulucda hadal *n* theme
dumaashi *n* sister-in-law
dumar *n* female, women
dumarnimo leh *adj* feminine
dumid *v* collapse
dumin *v* demolish
dumin dhisme *v* pull down
dumis *v* cave in
dumis *n* collapse, demolition
dun *n* floss, thread
dunida barkeed *n* hemisphere
duq reer *n* patriarch
duqa magaalo *n* mayor
duqooba *adj* decrepit
duqsi *n* fly
durba yimaada *n* outburst
durbaan *n* drum
durdur *n* stream
dur-dur *n* torrent
durid *v* inject
duriyad ama fir *n* descendant

durjin v move
durmo n injection
duruf ah adj circumstantial
dusha adv outside
dusha n top
dusha dhisme n framework
dusha ka adag adj crusty
dusha ka dhalaala n gloss
dusha rooti n crust
duub n roll
duub cimaamad n turbine
duub duub n wrinkle
duub duubma v wind up
duub sigaar n cigar
duuban adj convoluted
duubid v curl; wrap
duubmid v curl
duubyo maqal n recording
duu-duub n furrow
duufaan n cyclone, hurricane
duufaano xoog leh n tycoon
duufsad v pander
duug n burial, antiquity
duug ah adj shabby
duugid v massage
duul duul n shrapnel
duulid v soar
duulimaad n flight
duulista hawada n aviation
duuliye n aviator, pilot
duullaan n expedition
duumo n malaria

duur n wood
duur xulid v stray
duurjoog n wildlife
duurjoog ah adj wild
dux n cholesterol
duxda n broth

eber n zero
edab n decorum, discipline
edab ah adj ethical
edab daran adj cheeky
edab daro n discourtesy
edboon adj courteous, polite
edeb darro adj insolent
edeb sanaanta n politeness
eebe ka cabsada adj pious
eed n blame, reproach
eed isa saarid n culpability
eed laawe adj blameless
eedada aabe-qaba n stepmother
eedayn v allege, blame, reproach
eedaysane n defendant, suspect
eedo n aunt
eegid v look at, observe
eegid n survey

fal

eegid guud *n* overview
eex *n* bias
eey *n* dog
eey biyood *n* otter
eey ugaareed *n* hound
eey yar *n* puppy
elektaroonik *adj* electronic
engajin *v* drain
engenjin *v* dehydrate
eray *n* syllable, word
eray eray *adj* literal
erayo *n* spell
ereyo khaas u ah cilmi gaar ah *n* terminology
ergay *n* delegate, envoy
ergo *n* mission
ey *n* jackal

faafin *v* disseminate
faaf-reeb *n* censorship
faagid *iv* dig
faa'ido leh *adj* opportune
faa'iid daro *n* disadvantage
faa'iida laaw ah *adj* useless
faa'iidada *n* leverage, usefulness
faa'iidid *v* profit

faa'iido *n* advantage, benefit, profit
faa'iido *adj* rewarding
faa'iido dhal ah *adj* profitable
faa'iido leh *adj* beneficial, useful
faalayn *v* comment
faalo *n* comment; tower
faan *n* flattery
faan *adj* ostentatious
faanin *v* brag, flatter
faaruqin *n* clearance
faaruqin *adj* desolate
faas *n* ax
faas yar *n* hatchet
faashad *n* dressing
fac *n* generation
fadarayn *v* pollute
fadhi *n* couch, seat, session, setting, sitting
fadhiya *adj* idle
fadhiyid *v* stagnate
fadliga *adv* behalf (on)
fagaare *n* arena
faham *adj* understanding
fahmad yar *adj* dumb
fahmid *v* comprehend, understand
fakad *n* deserter, fugitive
fakade *n* exile
fakarid *v* reason
fakhriyey *adj* bankrupt
fal *n* means

fal faliirin *v* splinter
falaagada *n* insurgency
falaago *n* rebel
falaagonimo *n* rebellion
falaar *n* arrow
falaar ilays *n* ray
falag *n* galaxy
falagoobid *v* rebel
falanqayn *v* analyze
falaxgoodin *n* bluff
falid edaab xumo *v* misbehave
faliir *n* fragment, splinter
falisid *v* bankrupt
falkaab *n* adverb
fal-safad *n* philosophy
fal-xariiftinimo *n* feat
fangaska *n* mold, fungus
fanka muusiko *n* opera
faquuqyo *n* isolation
far *n* digit, finger
far foodeed *n* fingertip
far gashi *n* ring
fara baxa *adj* rampant
fara buuxsi *n* grasp
fara qaad *n* fingerprint
faraanfar *n* mole
farammugo *n* octopus
Faransiiska *n* France
Faransiiska u dhashay *adj* French
faras *n* horse
faras magaalo *n* downtown

farax *n* happiness, joy, pleasure
farax *n* euphoria
farax dhalaal *n* ecstasy
farax leh *adj* delightful, merry
farax wayn leh *adj* ecstatic
faraxsan *adj* cheerful, glad, joyful
faraxsanaansho *n* delight
fardoolay *n* cavalry
fareem *n* frame
fargeetada beeraha *n* pitchfork
fargeeto *n* cutlery, fork; rake
fariid *adj* precocious
fariin *n* message
fariirac *n* rash
fariisad *iv* sit
fariistay *adj* seated
farmashiile *n* pharmacist
farmashiistaha *n* chemist
farmashiiyaha *n* pharmacy
faro boodlayn *n* tiptoe
faro gelin *v* interfere
faro la gelid *v* meddle
faro xumayn *v* molest
farqi yeelasho *v* contrast
farsamada koowaad *n* prototype
farsamo farshaxan *n* sculpture
farsamo yaqaan *n* artisan, mechanic, technician
farshaxan *n* art, craft, sculptor
farshaxan yaqaan *n* craftsman
faruur *n* cleft
farxad *adj* pleasant

fikir

farxad aad ah *adj* blissful
farxad galin *v* please
farxad galin leh *adj* exhilarating
farxad la'aan *n* unhappiness
farxad le *adj* jolly, jubilant
farxad leh *adj* enchanting, festive, happy, jovial, pleasing
farxad wayn *n* bliss
farxadgalin *v* charm
farxid *v* exult, rejoice
fasaad *adj* corrupt
fasaad *n* degeneration
fasaad leh *adj* degenerate
fasaadin *v* corrupt
fasaadin *adj* deprave
fasahaadis *v* debase
fasal *n* class, classroom
fasax *n* vacation
fasaxaad *n* dismissal
fasaxid *v* dismiss
faseexad *n* hinge
fasirid khalad *v* misinterpret
fatahaad *n* flooding
fatahid *v* inundate
fatashid *v* inspect
fatishaad *n* inspection
faxal *n* graft
faxiso *n* yeast
fayaliin *n* violin
faydid *v* disclose
faynuus *n* lantern
Febraayo *n* February

feegar ah *adj* sketchy
feejig la'aan *adj* reckless
feejignaan *n* attention, precaution
feejignaan *adj* wary
feer *n* punch, rib
feerid *v* box, punch
feertamid *n* boxing
feeryahan *n* boxer
fiber *n* fiber
ficil *n* verb
ficil qaadasho *n* reaction
fidin *v* branch out, extend, spread
fidin *n* dispersal, expansion
fidin *adj* outstretched
fidinaya *c* providing that
fidis *v* expand
fidmid *v* stretch
fiican *adj* fair, decent, fine, dashing
fiican *adv* fine
fiicnaan la'aan *n* meanness
fiid *n* dusk
fiilid *v* germinate, bloom
fiilo dheer *n* cable
Fiinlaand *n* Finland
fiiq *n* apex, peak, summit
fiir fiirin *v* look through
fiirin *v* look, view, watch
fiitamiin *n* vitamin
fiix *n* cyst
fikir *n* thought

fikrad *n* idea, ideology, innovation
fikrad abuuryo *n* conception
fikrad is burin *v* conflict
fikrad keena *adj* creative
fikrad khaldan *n* fallacy
fikrad leh *n* creativity
fikrad qofeed *n* opinion
filasho *n* anticipation, expectancy
filid *v* look forward, hope, expect, suspect
filid *c* supposing
filim *n* film, movie
filim qaadid *v* film
filitaan *n* prospect
fin *n* pimple
findhicil *n* toothpick
fir *n* breed
fir side *n* gene
firaaqayn *v* vacate
firaaqo eegasho *n* opportunity
firdhad *n* debris
firdhin *v* dispel, scatter
firfircoon *adj* active
fir-fircoon *adj* dynamic
firfircooni *adj* vibrant
firfircooni *n* vitality
firfircooni leh *adj* energetic, lively
firikuwansi *n* frequency
firirsan *adj* sparse
firqa diined *n* sect
fisigis *n* physics
fiyaarad *n* dome

fog *adv* far
fogaan *n* distance
fogaan dhaweeye *n* telescope
fogayn *v* chase away
foojigan *n* alert
foojignaan galin *v* alert
fool *n* ivory
fool dheer *n* tusk
fool saarid *v* counter
fool xumanida *n* ugliness
fool xun *adj* homely, ugly
foolsaarid *v* confront
foolxumo la wayn *adj* gross
foorarsi *v* bend down
foori *n* whistle
foorno *n* furnace, bakery
fooryid *v* whistle
foosto *n* barrel
foox *n* incense
fudayd *n* ease
fudfudud *adj* agile
fudud *adj* elementary; light
fududayn *v* ease, alleviate, facilitate, mitigate, simplify
fulay *n* coward
fulay *adj* wimp
fulaynimo *n* cowardice
fulaynimo ah *adv* cowardly
fulin *n* fulfillment
fulin *v* keep up, fulfill
fulin qorshe *v* execute
funaanad ciyaareed *n* sweater

fur daboolka *n* cork
fur furid *v* dismantle, unpack, unravel, unwrap
furaash *n* mattress
furaha qasabadda *n* faucet
furan *adj* open
furanto *iv* burst
furasho *n* invasion
fure *n* key
fure xire *n* switch
fure xire khasabad *n* tap
furid *v* open up, unfasten; turn on
furid *v* untie
furid quful *v* unlock
furiin *n* divorce
furmid *v* open
furmo *n* opening
furnaanshaha *n* openness
fursad *n* chance
furtuurid *v* burst into
furun *n* baguette
furuq *n* smallpox
furuqa *n* chicken pox
fuud *n* gravy
fuundi *n* mason
fuuray *adj* bloated
fuurid *v* bloat
fuyuus *n* fuse

gaaban *adj* short
gaabin *v* curtail, fall behind, shorten
gaabinyo *v* slow down
gaabis ah *adj* sluggish
gaabiya *adj* slow
gaabsada *adj* discreet
gaadid *v* ambush
gaadiid *n* vehicle
gaagur *n* hive
gaajaysan *adj* hungry
gaajo *n* famine, hunger
gaajootin *v* starve
gaalaysiin *v* baptize
gaar ah *adj* special
gaar ahaan *adv* notably
gaar u carabaabid *adv* namely
gaaraya *adj* catching
gaardi *n* march
gaardiyid *v* march
gaari *n* car
gaari coryaan *n* wheelchair
gaari daboolan *n* van
gaari faras *n* cart
gaari gacan *v* cart
gaari gacan *n* wheelbarrow
gaari jideed *n* streetcar
gaari mayd *n* hearse
gaari meel ku aadin *n* parking

gaari tuure *n* tow truck
gaari waayid *n* shortcoming
gaari wadid *iv* drive
gaari wayn oo xamuul *n* truck
gaarid *n* access
gaarid *v* catch up, overtake, reach; amount to
gaarid go'aan *v* determine
gaarid qaraar *v* resort
gaaris *n* fulfillment, attainment
gaarsiin *v* deliver
gaashaamid *v* shield
gaashaan *n* armor, shield
gaashaanle *n* major
gaashaanle sare *n* colonel
gaatamid *v* stalk
gaba gabo *n* conclusion
gabaad *n* shelter
gabad *v* duck
gabadh *n* daughter
gabadha abti *n* niece
gabadha sodohda *n* daughter-in-law
gabal *n* portion
gabal ah dahab *n* ingot
gabal dhac *n* sundown
gabar *n* girl, lady
gabar ama inan *n* gal
gabar jilaa ah *n* actress
gabareey maanyo *n* mermaid
gabay *n* poem
gabayo *n* poetry

gabbaad *n* sanctuary
gabbal dhac *n* nightfall
gabi ahaan *adj* altogether, entire
gablannimo *adj* childless
gablayn *v* stagger
gabyaa *n* poet
gacaliso *n* sweetheart
gacaltooyo *adj* affectionate
gacan *n* arm
gacan cuskad *n* handrail
gacan dhexroor *n* radius
gacan fudud *adj* deft
gacan galin *v* turn in
gacan haadin *v* beckon
gacan ku dhiigle *n* homicide
gacan ku qor *n* manuscript
gacan ku tolid dhar *v* knit
gacan qaad *n* handshake
gacan qabsi *n* handle
gacan yare *n* apprentice
gacanka webiga kaga darsamo badda *n* estuary
gacansiin *n* accomplice
gacan-siin *n* collaboration
gacanta lagu sameeyey *adj* handmade
gacma dheere *n* sleeve
gacmaha iyo lugaha *n* limb
gacmo gashi *n* glove
gadaal *pre* behind
gadaal *n* rear
gadaal *adj* rear

garaacid

gadaal aadid *adv* backwards
gadaal u bixid *v* back up
gadaal u tirin *n* countdown
gadaale ah *adv* back
gadaasha markab *n* stern
gadatin *iv* buy
gaddoon *adv* overboard
gadh *n* beard
gadood *n* mutiny
gadoodyo *n* backlash
gadoomid *v* capsize
gaf *n* goof, mistake, offense
gaf ah *adj* mistaken
gaf la' *n* perfection
gaf wayn *adj* heinous
gafid *v* miss
gafis *n* miss
gafuur *n* muzzle
gafuur xirid *v* muzzle
gaguur *n* beehive
gal *n* envelope, folder
gal galoolan *adj* curly
galab *n* afternoon
galayn *v* insulate
galbeed *n* west
galbeedka *adj* western
galid *n* entrance
galid *v* go in, log in, enter
galid dagaal *v* combat
galid khatar *v* risk
galin *v* immerse; implant
galin cadaawad *v* antagonize
galin caymis *v* insure
galin danbe *n* evening
galis *n* entry
galitaan *n* admission
galleey *n* corn
galmo *n* sex
gamaarid *v* scorch
gambaleel *n* doorbell
gam'id yar *v* doze
ganaax *n* fine
ganaax ku lumin *v* forfeit
ganacsad *v* trade
ganacsade *n* businessman, dealer, merchant, trader
ganacsi *n* enterprise, business, commerce, trade
ganacsi bilaabe *n* entrepreneur
ganacsi hal shirkad *n* monopoly
ganacsi wadaag *n* partner
ganbar dheere *n* stool
ganid *n* launch
gantaal *n* missile, projectile, rocket
ganuunucid *v* mumble
gar *n* beard; chin
gar naqid *adj* arbitrary
gar qaadid *v* arbitrate
garaac *n* spanking, knock; throb
garaac wadane *n* heartbeat
garaaca halbawle *n* pulse
garaacid *v* batter, knock, strike up; throb, pulsate

garaacid nambar *v* dial
garaad *n* wit
garaafo *n* pitcher
garab *n* shoulder
garab maryo *n* bypass
garac *n* bastard
garan og *adj* wily
garasho *n* instinct
garasho dheeri *n* prudence
garasho la' *adj* mindless
garasho leh *adj* smart
garatin *v* deduce, perceive
garba nuuxin *v* shrug
garbo dheer uu biyo leh *n* gorge
gardaro *n* aggression
gardaroole *n* aggressor
gardarrooda *adj* aggressive
gargaarid *v* assist
gariir *n* jolt, vibration
gariirid *v* quake, vibrate
garle *adj* bearded
garo sida *n* know-how
garoob *n* divorcee
garoon *n* field
garoon dayuuradeed *n* airport
garoon diyaarad yar *n* airfield
garoorid *v* curdle
garraani *n* teller
garsoor *n* justice
garsoore *n* judge, referee
gashaanti *n* maiden

gataati dhac *n* flop
gawracis *n* sacrifice
gawricid *v* slaughter
gaws dambeed *n* molar
gaysmo *n* delivery
gebi dheer *n* canyon
gediga kale *adv* beyond
gedin *iv* spill
gedis *n* spill
geed *v* plant
geed *n* plant, tree
geed carfo *n* mint
geed gaab *n* shrub
geed khudaareed *n* fig
geed la soo jaran *n* log
geeda qorid *n* carpentry
geedayn *v* season
geedaynyo *n* seasoning
geedi *n* caravan
geedka kookaha *n* cocoa
geedo *n* herb
geedo yar yar *n* bush
geel *n* camel
geenyo *n* mare
geerash guriyeed *n* garage
gees *n* horn
gees u ceyrin *v* corner
geesi *n* hero
geesi ah *adj* audacious, brave, gallant, heroic, intrepid
geesi galin *v* encourage
geesinimmo *n* courage

geesinimo *n* bravery, heroism
geesinimo gaar *n* exploit
geesinimo leh *adj* courageous
geesinimo muujiya *adj* valiant
gelid *v* get in
gelid *n* way in
gelitaan *n* admittance
geri *n* giraffe
geyd *n* acorn
gidaar *n* wall
gidaar difaac *n* bulwark
giigsan *adj* tense, tight
giraan girin *n* crank
giraan girin *v* roll
giraangir *n* wheel
Giriiga *n* Greece
go wayn *n* bedspread
go'a sariista *n* sheet
go'aan *n* decision, resolution
go'aan adag leg *adj* resolute
go'aan cad *adj* definitive
go'aan doorasho *adj* deciding
go'aan macquula *adj* judicious
go'aan qaadasho *v* opt for
go'aan suge ah *adj* pending
go'aan wayn *n* crossroads
go'aan xumo *n* indecision
go'aansad *v* decide, resolve
gobol *n* province, region
gobolo maamul guud leh *adj* federal
god *n* burrow, cave, pit
god daloolin *v* drill
godka *n* dungeon
godnaan *n* curve
godob *n* grudge
go'doomin *v* siege
go'doomin meel *v* seal off
go'doominyo *n* siege
go'doon ku noqda *adj* stranded
gogol *n* bedding
gogol xaar *adj* preliminary
gol *n* bay
golaha odayaasha *n* senate
goldaloolo *n* loophole
gole *n* council
gole jimicsi *n* gymnasium
gole la soo doorto *n* congress
goob *n* zone, scene
goob cayaareed *n* playground
goob fadhi ee huteel *n* lounge
goob qaadid *n* pickup
goobo *v* circle
goobo kubadsan *n* sphere
goobta miro abuurka *n* greenhouse
googooye *n* cutter
goolhaye *n* goalkeeper
goome *n* rubber
gooni *adj* particular
gooni ah *adj* private
gooni nooli *n* recluse
goono *n* skirt
goono gaaban *n* miniskirt

goor *n* era
goor dambe *adv* later
goor danbe *adv* late
goor kasta *adv* whenever
goorma *adv* when
goorta horey *adv* initially
goos goos *n* revue
goosasho *v* break away
goosasho *n* harvest
goosatin *v* secede
gooyaan *adj* cross
gor gor *n* eagle
gorbo *n* attic, recess
gorgortamid *v* bargain
gorgortanyo *n* bargain
goroyo *n* ostrich
goyn *n* abstinence
goyn *iv* cut, cut off, slice
Greenland *n* Greenland
gu' *n* spring, winter
guban kara *n* combustible
guban og *adj* flammable
gubanaya *adv* alight
gubasho *n* burn, combustion
gubatin *iv* burn, decompose
gudaha *adj* inner, inside, interior
gudaha ah *adv* indoor
gudaha jirka *adv* inwards
gudasho xaj *n* pilgrimage
gudatin xil *v* officiate
gudbid *v* cross, pass, elapse; channel, pass around, transmit

gudcur *adj* dark
guddoomiye *n* chairman
gudi *n* commission, committee
gudid *v* circumcise
gudniin *n* circumcision
gudo *pre* inside
gudoomin *v* chair
gudoomiye gobol *n* governor
gudoomiye meel *n* custodian
gudoon *n* verdict
gudub *adj* horizontal
guduud *adj* red
guf *n* plug
gujin *v* click
guluus *n* button
gumaar *n* groin
gumaysad *v* colonize
gumaysasho *n* colonization
gumaysi *n* imperialism
gumayste *n* colony
gumeysi *adj* colonial
gummud *n* stub
gunaanad *v* conclude
gunaanadid *v* finalize
gunbar *n* hill
gundhigid *v* establish
gunud *n* knot
gunuunicid *v* grumble
gunuunuc *n* fuss
gunuunuc leh *adj* fussy
gur guurad *v* creep
gurada *n* hilltop

guuxid

gurgure *n* stretcher
gurguurad *v* crawl
guri *n* chamber, dwelling, house
guri alwaaxa *n* cabin
guri boqor *n* palace
guri caabudid *n* temple
guri dhilo *n* brothel
guri gubid *n* arson
guri habar dugaag *n* den
guri kaniisad *n* abbey
guri lagu sameeyey *adj* homemade
guri qurxis *n* décor
guri u dhac *n* burglary
guri u dhace *n* burglar
guri u dhicid *v* break in
gurid *v* harvest, reap
guriga carwada *n* museum
guriga eyga *n* kennel
guriga sooroyinka *n* convent
guri-joogto *n* housewife
gurin *v* deplete
gurmad *n* emergency, rescue
guro *n* wagon
gurxan *v* growl
guryo hurdo *n* quarters
guryo taxan *n* apartment
guryo u dhicid *v* burglarize
guubaabin *v* exhort
guud ahaan *n* general
guud ahaan *adj* universal
guud ahaan dadka *n* folks

guul *adj* prosperous
guul *n* success, victory
guul daraysad *v* fail, strike out
guul darayste *n* loser
guul daro *n* defeat, failure
guul gaarey *n* accomplishment
guul leh *adj* auspicious
guulaysad *v* prosper, succeed, win
guulaysasho *n* pass
guulaysi *v* accomplish
guulaysta *adj* triumphant, victorious
guulayste *n* conqueror, victor, winner
guumays *n* owl; spinster
guur *n* marriage
guur guure *n* gypsy, migrant
guur isku keenay *adj* conjugal
guur kalyaale *n* monogamy
guurid *v* migrate
guurida *n* relocation
guursad *v* marry, wed
guurto *n* jury
guuto *n* brigade
guux *n* rumble
guuxid *v* murmur

haa *adv* yes
haad *n* vulture
haajirid *v* emigrate, immigrate
haan dhuleed *n* cistern
haan qashin gur *n* waste basket
haar *n* scar; sunburn
haareed *n* sideburns; whiskers
hab *n* mechanism, method, mode, procedure, system, way; reform; hug
hab addonsasho *n* bondage
hab dacwo *n* litigation
hab dhaqan *n* attitude, behavior
hab dhar xirasho cusub *n* fashion
hab dhuumo galin *n* plumbing
hab farsamo *n* technique
hab la maro *n* routine
hab lacageed *n* payroll
hab laga gudbay *adj* antiquated
hab laga tagay ah *adj* outmoded
hab timo-qurxineed *n* hairdo
hab waxbaris *n* pedagogy
habaar *v* curse
habad *adj* docile
habaw ah *adj* misguided
habayn *v* regulate
habayno *n* arrangement
habboon *adj* favorable
habeen bar *n* midnight
habeen dhax *adv* overnight
habeenkii soo baxa *adj* nocturnal
habka *n* formula
habka farasku u ordo *v* gallop
habka hagida *n* navigation
habka ku noolyahay *n* livelihood
habka muusik u dhaco *n* rhythm
hab-maamuus *n* protocol
habsiin *v* cuddle, hug
habsiin *n* embrace
habsiis *v* embrace
hada *adv* now
hadadan *adj* just
hadaf gaar *v* achieve
hadaf gaarid *n* determination
hadal *adj* incoherent
hadal *n* summary
hadal aad qorto *n* monologue
hadal caadi ah *v* chat
hadal cad *v* articulate
hadal cadaan *n* articulation
hadal gaaban *n* mention
hadal is-khilaafsan *n* paradox
hadal ka soo qaad *n* hypothesis
hadal kaftan ku jiro *adj* sarcastic
hadal kala dhiman *n* clause
hadal ku tuur tuur *n* innuendo
hadal ku weererid *v* lash out
hadal qabsi *n* catchword
hadal qalafsan *adj* brusque
hadal xun *n* crap

halkaan

hadalka sidiisa kale *n* irony
hadda ka hor *adv* before
haddii *c* if
haddii ay *c* whether
haddiiba *n* whim
haddiiba ah *n* instant
hadiyad *n* gift, present
hadli waaya *adj* speechless
hadlid *iv* speak, talk
hafad *v* asphyxiate, drown
hafasho *n* asphyxiation
haftoon *v* asphyxiate
hagaajin *v* adjust, improve, rectify
hagaajin qalab muusik *v* tune up
hage *n* guide
hagid *v* navigate
hagoog *n* hood
hakad *n* apostrophe, comma; bottleneck
hakad *v* bog down
hakada *adj* hesitant
hakame *n* bridle
hakasho *n* hesitation
hakatin *v* hesitate
hakin *v* suspend
hakinyo *n* suspension
hal dhinac ah *adj* unilateral
hal dhururuq *n* penny
hal hal u tirin *v* enumerate
hal ku dhag *n* motto, slogan

hal mar *adv* once
hal meel ku dhejin *v* pin
hal qasdi leh *adj* single-minded
hal xiraale *n* riddle
halaag *n* affliction
halaak *n* damnation
halaaqo *n* yawn
halaaqoonsid *v* yawn
halayn *v* botch, spoil
halbeed cabiraad *n* mile
halbeeg *n* degree
halbeeg cabir *n* gallon; gram; inch; liter; watt
halbeeg cabiraad *n* milligram; millimeter
halbeeg mug *n* pint
halbeega cabbirka dahabka *n* carat
halbowle *n* artery
halgamid *v* contend, struggle
halgan *n* struggle
haliila *adj* avid
halis *n* hazard, peril, risk
halis ah *adj* unsafe
halis galin *v* endanger, jeopardize
halis gelin *n* menace
halis leh *adj* hazardous, perilous
halis loo bareero *n* venture
halisa *n* death trap
halka canabku ka baxo *n* grapevine
halkaan *adv* here, hereby

hal-xiraale *n* crossword
hambaasid *v* deign
hambalaaluq *n* blister
hambalyo *n* congratulations
hambo *n* leftovers
hamuun qabid *v* yearn
hanaan *n* manner, style
hanaanka nidaam *n* formality
handadaad *v* blackmail, threat
handadid *v* assault, harass, hassle, threaten
hanfi daran *n* heat wave
hangool *n* pitchfork
hantaatuqo *n* shove
hanti *n* assets, property
hanti badan *n* affluence
hanti badan leh *adj* affluent
hanti bursad ah *adj* avaricious
hanti dhawrid *v* audit
hanti goosad *n* capitalism
hanti gube *n* arsonist
hanti wadaag *n* socialism
hanti wadaag ah *adj* communist, socialist
hanti wadaaga *n* communism
hantida dhul ee qof *n* realty
hanuunis *n* orientation
har *n* shade
har iyo hoos *n* sunglasses
har leh *adj* shady
haraa *n* relic, remainder
haraa bam *n* bombshell
haraa yar *n* remnant
haraadi *n* residue
haraaga *adj* remaining
haraatin *v* kick
haradh *n* embroidery, engraving
harag bixin *v* skin
haram *n* pyramid
haramcad *n* leopard, panther
harar *n* rift
harayn *v* overshadow
hardin *n* butt
hardiyid *v* ram
hareer *n* flank
hareeraha magaalada *n* suburb
hareeraha meel *n* surroundings
hareerayn *iv* besiege, cordon off, ring
hareersan *n* cordon
hargab *n* flu
haro *n* lake
harqaamid *v* sew
harqad barkimo *n* pillowcase
haruur *n* grain
hawaawi *v* daydream
hawada *v* air
hawada dhaxdeeda *n* midair
hawada dhulka ku xeeran *n* atmosphere
hawada sare *n* space
hawd *n* jungle
haweedka *n* barometer
haweeney hanti leh *n* landlady

hawl *n* assignment, task, work
hawl curyaamin *v* sabotage
hawl curyaamis *n* sabotage
hawl fulinyo ganacsi *n* transaction
hawl gab *n* invalid, retirement
hawl gab noqda *n* malfunction
hawl gabid *v* retire
hawl gal *n* operation
hawl gelin *v* dispatch
hawl guri *n* housework
hawl kar ah *adj* industrious
hawl karnimo *n* diligence
hawl samayn *iv* do
hawl-aasaasi *n* groundwork
hawlan *n* preoccupation
hawlgab *n* pension
hawlgabid *v* malfunction
hawlgelin kombyuutar *v* program
hawo *n* air, oxygen
hawo qoyaan leh *adj* humid
hawo siin *n* ventilation
hawo soo galin *v* ventilate
haya mas'uuliyad *n* executive
haybin *v* inquire
hayn *v* hold back, constrain, hold, retain, sustain, withhold
haysad *v* have, keep; wield; adhere
haysad *n* retention
haysasho *n* acquisition
haysasho *v* hold on to
heed *n* barley
heegan *n* alert, readiness
heehaabid *v* flutter, hover
heenin *v* skim
heer *n* class, degree, grade, stage, standard
heer aad u sare ah *adj* superb
heer deganaansho *n* composure
heer dhexe *n* moderation
heer gaarid *adj* monumental
heer isku ekaansho *n* similarity
heer sare *adj* posh
heer sare *adj* classic
heer sare ah *adj* classy
heer sinaansho *n* parity
heer taagnaasho *n* standing
heer tiro *n* level
heerarka *n* criterion
heerka cabirka *adj* metric
heerkul *n* temperature
heerkul beeg *n* thermometer
hees *n* song
hees qaran *n* anthem
heesid *iv* sing
hele *n* founder
heli karid *n* availability
helid *adj* located
helid *v* acquire, earn, find, gain, get, procure, receive, relay, score
helid dhibaato *v* diagnose
helid run *v* find out

helikabtar *n* chopper, helicopter
helyo *n* reception
heshiis *adj* conciliatory
heshiis *n* lease, pact, settlement, treaty
heshiis guud *n* consensus
heshiis sexeexid *n* ratification
heshiish *n* agreement
heshiish dagaal joojin *n* truce
hibayn *v* dedicate
hibeyn *v* present
hibo *n* talent
hibo leh *adj* gifted
hido *adj* genetic
higaad *n* spelling
higaadin *v* sound out
higsad *v* attain
higsasho *n* aspiration
higsatin *v* aspire
hiigsad *n* ambition
hiigsi leh *adj* attainable
hikaadin *iv* spell
hilaac *n* lightning
hilaw *n* nostalgia
hilib *n* flesh, meat; stew
hilib deero *n* venison
hilib doofaar *n* ham, pork
hilib doofar *n* bacon
hilib lo'aad *n* beef
hilib ma cune *v* vegetarian
hilib radin *v* marinate
hilib shiidan *n* mincemeat

hilib wayleed *n* veal
hilible *n* butcher
hilmaama *adj* oblivious
hilmaan *n* oblivion
himad jabin *v* discourage
hinaaso *n* jealousy
hindhisid *v* sneeze
hindhiso *n* sneeze
hingo *n* hiccup
hinjin *n* hoist
hinqasho *n* jerk
hir *n* tide, wave
hir taxan *n* ripple
hir wayn *n* tidal wave
hirar *n* microwave
hirgali waayid *v* fall through
hiyi kicin *v* thrill
hiyikac *n* thrill
hiyikac leh *adj* breathtaking
hodid *n* betrayal
hogaamin *v* direct, lead
hogaamin *n* leadership
hogaamineed *n* conduct
hogaan *n* bridle
hogaanshe *n* leader
hoggaan *n* lasso
hoggaan ku qabasho *v* lasso
holac *v* blaze
holac *n* flame
holca *adj* ablaze
holcaya *adv* alight
holcaya *adj* fiery

hore u qorshaynta

Holland *n* Netherlands
hongod *n* hunch
hoobal *n* singer
hoobatin *v* plummet
hoobiye *n* mortar
hood u hadal *n* whisper
hoog *n* ravage
Hoolaand *n* Holland
hoombaro *n* dolphin
hoos *n* shadow
hoos *pre* under
hoos dhawra *adj* downcast
hoos dhicid *v* degenerate
hoos ka xariiqid *v* underline
hoos u dhaadhicid *v* go down
hoos u dhac *n* decline, deficit, sink
hoos u dhac dhaqaale *n* recession
hoos u dhicid *v* decline
hoos u dhig *n* devaluation
hoos u dhigid *v* degrade, demean, get down, let down
hoos u dhigid darajo *v* demote
hoos u dhigid hadi leh *v* get down to
hoos u dhigid leh *adj* degrading
hoos u eegid *n* disdain
hoos u hadlid *v* whisper
hoos u qodan *adj* deep
hoos yaal *pre* underneath
hoose *adj* down

hooseeya *adv* below
hooseeya *adj* humble, low
hooseeya meel *pre* below
hooseeya xag darajo *adj* lowly
hoosgelis *n* padding
hooy *n* home
hooy yar *v* lodge
hooyanimmo *n* maternity
hooyanimo *n* motherhood
hooyo *n* mom, mother; mummy
hor dhac *n* preamble, prologue; foretaste
hor dhig *n* prelude
hor joogayn *v* supervise
hor jooge shaqaale *n* foreman
hor socod *n* headway
hor u dhaqaajin *v* propel
hor u socod ah *adj* progressive
horaadka *n* forefront
horays *n* primacy
hordhac qoraal buug *n* foreword
hore *adv* early, forward, onwards
hore *adj* previous
hore loo diyaarshay *v* prefabricate
hore u boodid *adj* bound
hore u dhaqaaq *v* advance
hore u jiray *adj* prior
hore u qorshayn *v* premeditate
hore u qorshaynta *n* premeditation

hore ugu malayn v presuppose	**hubka dhigid** v disarm
horey n front	**hubka dhigis** n disarmament
horgale n prefix	**hubsasho** v ascertain
horjoogisa n supervision	**hufid** v thresh
horkicid v conduct	**hugmad** n surge
hormarid v progress	**humaag** n reflection
hormuud jaamacadeed n dean	**humaaga** adj reflexive
horor ah adj ferocious	**humbiriirsad** n peer
horranta dhacdo ama arin muhiim ah n eve	**hunguriga cad** n windpipe
	hunqaaco v vomit
horseed n vanguard	**hurda gaaban** n nap
horseede n ringleader	**hurdaya** adj asleep
horukac n progress	**hurdaysan** adj drowsy
horumar n development	**hurdaysiin** v hypnotize
horumari v move forward	**hurdo** n sleep
horumarin v develop, evolve	**hurdo ka toosa** adj awake
horyaal n champion	**hurdo la'aan** n insomnia
howl joogta ah n chore	**huruud** adj yellow
hoy n premises	**huruuruc** n freckle
hoy lahayn adj homeless	**huruuruc leh** adj freckled
hoy-siin v accommodate	**huteel** n hotel
hu v clothe	**huteel oo kale ah** n motel
hub n munitions, weapons	**huteel yar** n inn
hub waxguba n arsenal	**huu haa** n hoax
hubaal n assurance, certainty	**huudhi** n canoe
hubaal ah adj sure	**huunyo** n flea
hubanti n assertion	**huuri** n canoe, raft
hubayn v arm	**huuro** n tartar
hubaysan adj armed	**huwin** n drape
hubin v ensure, screen	
hubinyo n confirmation	
hubka n armaments	

I

ibta naaska *n* nipple
idaacad *n* newscast
ido *n* sheep
ido jir *n* shepherd
ifafaalo *n* omen
ifafaalo rajo leh *adj* hopeful
ifid *v* sparkle, gleam, shine
ifilo *n* influenza
ifin *v* illuminate, light
iftiima *adj* luminous
iftiimin *v* enlighten, brighten
iftiin *n* beacon, beam
iftiin arag *v* reflect
iftiin yar *n* glimmer
iftiinka *n* lighting
iib *n* purchase
iibin *iv* sell
iibiye *n* seller
iibsad *v* purchase
iibsade *n* buyer
iibsatid *v* buy off
iimaan *n* faith
ijiin *n* engine
ikhyaar *n* gentleman
il *n* eye
il biriqsad *v* blink
il duuf *n* oversight
il ku gubid *n* glare
il marin *v* browse, go over, scan
il maris *n* browser
il qabad leh *adj* eye-catching
ilaa *adv* till
ilaa *pre* until
ilaa *c* since
ilaa hada *adv* hitherto
ilaa hada *pre* since
ilaa wakhti *adv* since then
ilaah caayid *v* blaspheme
ilaah cay *n* blasphemy
ilaahinimo *n* divinity
ilaal *n* sentry
ilaalaynyo *n* surveillance
ilaalin *v* care for, guard, look after
ilaalin *n* scout
ilaalinyo *n* observation
ilaaliye *n* warden
ilaalo *n* guard, patrol
ilaawid *v* forget
ilays *n* light
ilbaxnimo *n* civilization
ilbixid *v* civilize
ildaran *adj* ailing
ilig *n* tooth
ilig xanuun *n* toothache
ili-kuwareertay *n* horizon
ilin *n* tear
iljabis *n* wink
iljabis *v* wink
ilka-caddeyn badan *n* grin
ilko *n* teeth

ilko beena oo la xirto *n* dentures
ilko cadays *v* chuckle
ilko la xiriira *adj* dental
ilma aragto *n* germ
ilma galeen *n* ovary, womb
ilmaha waalid *n* offspring
ilmanimo *n* childhood
ilmayn *n* cry
ilmayn *iv* tear
ilmeeya *adj* tearful
ilmo *n* baby, child, youngster
ilmo akhlaaq xun *adj* brat
ilmo xayawaan *n* cub
il-wax-ka soo baxaan *n* source
imaanaya *adj* upcoming
imaansho *n* arrival, coming
imaansho *v* check in
imaatin *v* arrive, come, come in
imikaba *adv* already
iminka *adv* currently
iminka dhacaayo *adj* imminent
imtaxaanid *v* examine
imtixaan *n* examination
imtixaan gaaban *n* test
in aad u yar *adv* narrowly, slightly
in aad ugu dhaw *adv* nearly
in aan badnayn *adj* lesser
in badan *adv* lot, often
in badan *adj* lots
in badan dhaca *adj* frequent
in badan jooga *adj* lingering
in badan samay *adj* overdone
in dhawaalaba *adv* lately
in dhawaale ah *adj* recent
in fog *adv* farther
in kasta oo *c* although, though
in yar *n* little bit
in yar *adv* momentarily
in yar ka dib *adv* shortly
in yar ka dib *c* whereupon
in yar ka dib ah *adv* soon
in yar ka hor *adv* hardly
ina adeer *n* cousin
ina boqor *n* prince, princess
inaga *pro* we
inanta aayo *n* stepdaughter
indha adayga *adj* bold
indha beelid *v* blind
indha casayn *v* snooze
indha casays *n* doze
indha duubid *v* blindfold
indha habeeno ah *adj* nearsighted
indha xire *n* blindfold
indheergarad ah *adj* intelligent
indho adayn *n* boldness
indho kood *n* brow
indho la'aan *n* blindness
indho sarcaad *n* magic
indhoole ah *adj* blind
Ingiriis wayne *n* Britain
Ingiriisa *adj* British
Ingiriisi ah *adj* English

Ingiriiska *n* England
injiil *n* gospel
injineer *n* engineer
injir *n* louse
injirta *n* lice
inka badan qiyaasid *v* overestimate
inkirid *v* disclaim, disown, repudiate
inqilaab *n* coup
inta ay dabooshо *n* coverage
inta badan *adv* chiefly
inta u dhexeysa *n* range
iqbaalid *n* bud
irbad *n* needle, syringe
irid albaab *n* doorway
irid danbe *n* backdoor
is badal *n* transition
is badalyo *n* change
is bahaysi *n* alliance, coalition
is barbar dhig *v* compare
is bar-bar dhigis *n* contrast
is barbardhigyo *n* comparison
is bedel *n* shift
is bogaadiya *n* self-respect
is burin *n* contradiction
is burinaya *adj* conflicting
is cajabis *n* egoism, vanity
is cajabiye *n* egoist
is casilid *v* resign
is casilyo *n* resignation
is daba joog *n* series

is dhaafsad *v* interchange, swap
is dhaafsasho *v* barter
is dhaafsasho *n* swap
is dhaafsi *n* interchange
is dheeli-tirid *v* offset
is dhexyaal *n* mess
is dhiiba *adj* submissive
is dhiibid *v* give in, submit, surrender
is dhiibyo *n* surrender
is diidid *v* disagree
is diidyo *n* strife
is dilis *n* suicide
is faham *n* rapport
is fahmid *v* get along
is gaarsiin *n* communication
is gaaryo *n* backlog
is gad gadiya *adj* fickle
is goday *adj* hunched
is goyis *n* junction
is goys *n* conjunction
is huba *adj* confident
is istaagid *v* loiter
is khaafin *v* ignore
is khilaaf *n* disagreement
is khilaafa *adj* inconsistent
is kululayn *v* warm up
is lawayni *n* arrogance
is lawayni *adj* arrogant
is le'eg *adv* as
is le'ekeysiin *v* squeeze in
is lis ama is xoq *n* friction

is muujiya *adj* self-evident
is nadiifin *n* groom
is qaadan kara *adj* compatible
is qaawin *v* strip
is qaawinyo *n* strip
is qarin *n* disguise
is qurxin *n* groom
is shabihid *v* match
is taahila *adj* deserving
is tusid *v* boast
is ṭusida *n* revelation
is tustusid *v* flaunt, flirt
is waafaqyo *n* harmony
is waydaarsad *v* exchange
is xilqaan *adj* committed
is xilqaan *v* step up
is yarayn *adj* youthful
is yeel yeel *n* pretense
isa salaan *n* greetings
isaga *pro* he
Isbaanish *adj* Hispanic
is-baddel *n* trend
isbadel la'aan *n* constancy
Isbayn *n* Spain
is-beddel *v* mutate
isbuunyo *n* sponge
is-cajabiyey *adj* conceited
is-dheer garad *n* oracle
is-garab socda *adv* abreast
isgoys *n* crossing
isha-baalkeeda *n* eyelash
iska aaminid *n* axiom
iska alaawid *v* disregard
iska caadiya *adj* mediocre
iska dayn *v* give up
iska dhaga tirid *v* brush aside
iska dhawrid *v* avoid
iska dhigid *v* disguise, pretend, simulate
iska eeg *v* look out
iska hadla *adj* garrulous
iska hor imaad *n* conflict
iska horimaadyo *n* discord
iska qor qorid *v* scribble
iska xirid *v* fend off
iska yimid *adj* casual
iskaamiinto *n* muffler
iska-horimad *n* confrontation
iska-meeraysi *v* drift
iska-nebcaan *n* prejudice
iskastoo *c* despite
isku aadmis *n* coincidence
isku aruurin *v* compile
isku bar bar dhig *c* whereas
isku cod ah *n* monotony
isku cufan *n* chute
isku cufid *v* compact
isku daba xig ah *adj* alternate
isku dabeecad ah *adj* congenial
isku dar *n* addition, combination
isku dar dar *v* concoct
isku darid *v* combine, compound
isku darsan *n* compound
isku daryo *n* concoction

isku day *n* attempt
isku dayid *v* attempt, try
isku dayid fakasho *v* extricate
isku dhac *n* impact
isku dhacid *v* collide
isku dhacis *n* collision
isku dhafid *v* scramble
isku dhagid *v* join
isku dhawaan *adj* close
isku dhawaansho *n* intimacy
isku dhexyaac *n* confusion, shambles
isku dhexyaac leh *adj* confusing
isku dhexyaacid *v* confuse
isku dhicis *n* skirmish
isku dhig *n* paste
isku dhigid *v* bump into
isku dhigma *adj* comparable
isku dhigma *n* compatibility
isku dhiibid *v* capitulate
isku dhufasho *n* multiplication
isku eeg *adj* akin
isku eg *adj* alike, identical
isku ekaansho *n* resemblance
isku ekaatin *v* resemble
isku fasal *n* classmate
isku fir ah *adj* biological
isku fucan *adj* compact
isku gayn *v* add, compute
isku habayn *v* classify, set up, setup
isku habaysnayn *adj* disorganized

isku habboonaansho *v* harmonize
isku hagaaga *adj* coincidental
isku hagaajin *v* coordinate
isku hagaajiye *n* coordinator
isku halayn *v* rely on
isku halaynsho *n* dependence
isku haya *adj* binding
isku imaad *v* assemble
isku joog *n* suit
isku keenid *v* muster
isku khal khalid *adj* deranged
isku khalday *adj* mixed-up
isku khaldid *v* confound
isku lab *n* mixture
isku labid *v* blend
isku macne ah *n* synonym
isku mar ah *adj* simultaneous
isku mar dhaca *adj* concurrent
isku mari waa *adj* deadlock
isku mid *adj* generic
isku mid *n* uniform
isku mid ah *adj* equal
isku mid ahaansho *n* uniformity
isku mil *n* fusion
isku qaaba *adj* corresponding
isku qas *n* blend
isku qasid *v* mix
isku qooshid *v* mash
isku si ah *adj* same
isku soo soocid *v* associate
isku talaab *n* cross

isku tanaasulid *v* compromise
isku tashad *v* fend
isku tidcid *v* intertwine
isku toosin *n* alignment
isku waddan ah *n* compatriot
isku walaaqsan *adj* scrambled
isku xajin *v* clench
isku xiga *adj* consecutive
isku xigxiga *n* sequence
isku xiran *v* link
isku xirid *n* annexation
isku xirid *iv* bind, bundle, connect
isku xirnaan *n* link
isku xirnaan leh *adj* coherent
isku xirnaansho *n* bond, connection, tie
isku-bandhid dhar *iv* model
iskudar guud *v* aggregate
isku-duwid *n* liaison
isku-xiran *v* correlate
isla dhexmarid *v* speculate
isla dhexmaritaan *n* speculation
isla hanwaynaan *n* self-esteem
isla mar ahaantaas *adv* meanwhile
isla markaana *adv* nevertheless
isla markaana *c* nonetheless
isla nool *v* cohabit
isla qabsi *v* get along
isla qumanaansho *adj* bigot
isla qumani *n* bigotry
isla wayni *adj* cocky
isla wayni ah *adj* vain
islamarkiiba *c* as
isla-markiiba *adj* prompt
isla-wakhtigaas *adv* meantime
ismaris *n* sandwich
Isniin *n* Monday
isqorid *v* enroll
isqurxinta *n* cosmetic
isqurxis *n* makeup
israac lahayn *adj* dissonant
israaf *n* extravagance
is-shabihid *n* analogy
istaag lahayn *adv* nonstop
istaagid *v* constipate, stand
istaagyo *n* stand
istaahila *adj* worthy
istaahilid *v* deserve
istaajin *v* erect, stand up
isticmaal la'aan *n* disuse
isticmaal xumo *n* misuse
isticmaale *n* user
Iswiisarland *n* Switzerland
isyaano *n* seniority
itaal gab noqda *adj* senile
itaal-yare *n* underdog
ixsaan fal *n* benevolence
ixsaan falid *adj* benevolent
ixtaraam *n* reverence
ixtiraam *n* decency, homage, respect
ixtiraam *v* admire
ixtiraam leh *adj* admirable

ixtiraame *n* admirer
ixtiraamid *v* respect
iyada *pro* she
iyada naftigeeda *pro* herself
iyadale *pro* hers
iyo *c* and

J

jaahil *adj* ignorant
jaahilnimo *n* ignorance
jaahilnimo ah *adj* barbaric
jaahwareer *n* quandary
jaajuur *n* brick
jaajuur ku dhise *n* bricklayer
jaakad *n* jacket, coat
jaale *adj* yellow
jaalle *n* colleague
jaamacad *n* university
jaan *n* patch
jaan saarid *v* patch
jaaxnin *n* incision
jab *n* break, chip, piece, scrap
jab baraf *n* ice cube
jab jab *n* crumb
jab yar *n* bit
jaba *n* bronchitis
Jabaan *n* Japan
Jabaaniis ah *adj* Japanese
jaban *adj* broken
jabaq noqod *n* echo
jabaqda dhibicda *n* drip
jabhad *n* front; guerrilla
jabhad ciidamo *n* partisan
jabi kara *adj* breakable
jabi og *adj* brittle
jabid *v* break down
jabin *v* break, violate
jabin *n* bust
jabinyo cadaw *v* vanquish
jabinyo sharci *n* breach
jabiso *n* python
jacayl *n* love
jactad *n* crease
jactadid *v* crease
jadeeco *n* measles
jadwal *n* schedule, timetable
jahawareer *n* mix-up, turmoil
jahawareerid *v* bewilder
jahawareerid *adj* disoriented
jajab shay *n* fracture
jajabaya *adj* shattering
jajabin *v* squash
jajab-tobanle *adj* decimal
jalaato *n* ice cream
jalalaq layn *v* rattle
jalas *n* bell
jalxad *n* jar, jug, urn
jamasho *n* craving, lust; predilection

jamasho leh *adj* lustful
jamhuuriyad *n* republic
Janaayo *n* January
janaraal *n* general
janjeerid *v* tilt
janjeeris *n* leaning
janjeersi *n* tendency
jano *n* heaven, paradise
jar *v* bluff
jar *n* cliff
jar jar *n* chop, shred
jar jarid *v* carve
jar oo kale ah *adj* steep
jaran jaro *n* stair
jaran jaro gacmeed *n* staircase
jaran jarooyin *n* stairs
jaranjaro *n* ladder, doorstep, stepladder
jaranjaro socota *n* escalator
jarasho *n* deduction
jarayn *v* shiver, tremble
jarays *n* shiver
jarid *v* clip, crop, hack, sever
jarid caws *v* mow, weed
jariirad *n* journal, magazine
jaris *n* cut
jarjare *n* cutter
Jarmal ah *adj* German
Jarmalka *n* Germany
jarniin *n* clipping
jaruurid *iv* shrink
jasiirad *n* island, isle

jawaab *n* answer, reply, response
jawaaba *adj* responsive
jebin *v* snap
jeclaade *n* lover
jeclaan *v* cherish
jeclaansho *n* fondness, liking
jeclaanta in wax kasta la ogaado *n* curiosity
jeclaatin *v* like, love
jeclaato *n* lover
jeeb *n* pocket
jeeb siibe *n* pickpocket
jeebbo *n* cuff
jeedal *n* scourge, whip
jeedalayn *v* flog
jeedalid *v* whip
jeedalyo *n* lash
jeedlid *v* lash
jeeg wareeg lacag *n* money order
jeega mushaarka *n* paycheck
jeegaan *n* arc
jeermis *n* germ, microbe
jeermis dile *v* disinfectant
jeermis dilid *v* disinfect
jeermis ka dhamayn *v* sterilize
jeeso *n* chalk
jeeso midabeysan *n* crayon
jeex *n* ditch, pothole; buttonhole
jeex *iv* slit
jeex jeex dhuuban *n* groove
jeex jeexmid *v* mangle

jeex maro *n* ribbon
jeex rooti oo la diiriyo *n* toast
jeexid *v* rip
jes *n* chess
jibaad *n* roar, uproar
jibaadid *v* roar
jibaaxid *v* trample
jid *n* avenue, street
jid balaaran *n* boulevard
jid gooyn *v* block
jid hoosta ka daloola *n* tunnel
jid mara hoos *n* underpass
jid tareen *n* railroad
jid wayn *n* highway
jid xawaare lagu maro *n* freeway
jid xir *n* stalemate
jid xiryo *n* barricade
jidayn xeer la raaco *v* prescribe
jihaad masiixi *n* crusade
jihaade masiixi *n* crusader
jiheeye *n* compass
jiho *n* direction
jiidasho *n* appeal
jiidid *v* drag, haul, pull, tow, trail
jiidyo *n* traction
jiil hore *n* antecedents
jiinis *n* jeans
jiiqlayn *v* creak
jiiqlays *n* creak
jiir *n* mouse, rat
jiir yar *n* mice

jiitin *n* hyphen
jikada *n* kitchen
jilaa *n* actor
jilaab *n* hook
jilaaf ah *adj* rough
jilba qabsad *v* genuflect
jilbo joogsi *iv* kneel
jilcin *v* water down
jileec leh *adj* delicate
jilib *n* knee
jilicid *v* soften
jilicsan *adj* soft, tender; sissy
jilicsanaanta *n* softness, tenderness
jilid *v* stage
jilid qosol leh *adj* comical
jilif *n* scale
jillif qaadid *v* scale
Jimce *n* Friday
jimicsi *n* exercise, stretch
jimicsi *v* work out
jin *n* fairy, phantom
jin jin *n* bracelet
jini *n* demon
jinsi *n* sex, gender
jir *n* body
jir ahaan *adj* bodily, corporal
jir casaadid *v* flush
jir duuge *n* masseur
jir duugto *n* masseuse
jir duugyo *n* massage
jir qaabayn *n* conditioner

jira mudo yar *adj* transient
jiran *adj* ill, sick
jiratin *v* sicken
jirdhis *n* fitness
jirdil *n* torture
jirdilid *v* torture
jiri *n* bandit, thug
jiri kara *adj* potential
jirid *n* bark, bough, stalk, stem
jirid *v* exist
jirid geed *n* trunk
jiriiric layn *v* shudder
jiritaan *n* existence
jirka iska difaaca *n* immunity
jixin jix lahayn *adj* callous
jixinjix la'aan *adj* heartless
joodari *n* mattress
joog sare *n* altitude
jooga *adj* present
joogid *v* stay
joogis *n* presence
joogsad *v* cease, stop, stop by
joogta ah *adj* incessant
joogto *n* consistency
joogto *adj* habitual
joogta ah *adj* consistent, constant, permanent, persistent
joojin *v* abolish, abort, brake, desist, discontinue, halt
joojin *n* blockage
joojis *n* stop
joojiye *n* brake

jookar *n* joker
joomatari *n* geometry
jubad roobeed *n* raincoat
jubbad dheer *n* overcoat
jug *v* bang
jug *n* bruise, hit
jug badan leh *adj* bumpy
jug dhawre *n* bumper
jug gaarid *v* bruise
jumlo *n* wholesale
juqayn *v* prod
juqraafi *n* geography
juudaan *n* leprosy
Juuniyoo *n* June

ka aamusid *v* abstain
ka aarsad *v* revenge
ka ab *n* antecedent
ka adkaan *v* prevail
ka adkaysi waayid *v* succumb
ka baaraan *v* contemplate
ka baaraandagid *v* ponder
ka badan *adj* more
ka badbadin *v* overstate
ka badin og *v* outperform
ka badsiin *v* exceed

ka baryid *n* entree
ka batin *v* sip
ka baxsad *v* elude
ka baxsan caqliga *n* objective
ka baxsani *n* exception
ka bilaabasho *iv* dwell
ka bilawda *pre* from
ka bixid *v* bow out, get out, log off, pull out
ka bixid *n* way out
ka cabsiin *v* intimidate
ka cafin *v* absolve
ka caraysiin *v* displease, exasperate, madden
ka caraysiin qof *v* upset
ka cayrin *n* banishment
ka cayrin *v* expel
ka celin *v* deter, dissuade
ka cumi dheeraatin *v* outlive
ka cumri dheeraan *v* outlast
ka cunteeye *n* diner
ka cuslaan caadiga *adj* overweight
ka cuslid *v* outweigh
ka daadagid *v* sink in
ka dagid *v* get off, disembark, dismount, step down, abdicate
ka dagitaan *n* abdication
ka dajin rar *v* unload
ka dardaarmid *v* bequeath
ka darid *v* aggravate
ka dhaadhicin *v* instill
ka dharbaaxid barid *v* spank
ka dhasha dad sare *n* aristocrat
ka dhaxayn *n* network
ka dheeraatin *v* shun
ka dheerayn *v* outrun
ka dhicid *v* wipe out
ka dhigid *v* ordain
ka dhigid caan *v* popularize
ka dhigid guud *v* generalize
ka dhimid *v* deduct
ka dhoofin *v* deport
ka dhuumasho shaqo *v* shirk
ka dib *pre* after
ka door bidid *v* prefer
ka dooratin *v* select
ka duleela *adj* hollow
ka dulmaryo *v* overcome
ka dusid *pre* through
ka duwan *v* differ
ka duwanaan *v* vary
ka duwanaansho *adj* distinctive
ka faa"daysi *n* gain
ka faa'iidaysad *v* benefit, utilize
ka faa'iidaysasho *n* beneficiary
ka faa'iidaysi *v* capitalize; pull ahead
ka fakad *v* escape, evade
ka fakarid *v* conceive, consider
ka fakasho *v* get away
ka fakasho markab quusay *n* castaway
ka fakirid *adj* considerate

ka faquuqan

ka faquuqan *v* isolate
ka ficil qaadatin *v* react
ka fiican *adj* outstanding
ka fiirin buqsin *v* peep
ka fiirin dhibaato *v* look over
ka fiirsid *v* deliberate
ka fogaansho *n* avoidance
ka fogaatin *adv* off
ka fujin *v* detach
ka furid *v* detach
ka furid galuus *v* unbutton
ka furid guntin *v* disentangle
ka ganacsad *iv* deal
ka goosta *adj* withdrawn
ka gooyn *adv* aside from
ka gooyn *v* disconnect
ka gubatin *v* mind
ka gudbid dhibaato *v* get by, get over
ka guulaysad *v* defeat
ka haajirid *n* exodus
ka hadlin *v* touch on
ka heer hooseeya *adj* inferior
ka hel *n* affinity
ka hela *adj* fond
ka helid *v* care
ka hooseeya *adj* lower
ka hor *pre* before
ka hor imaadyo *n* objection
ka hor tagid *v* preempt
ka hordhicid *v* precede
ka horeeya *pre* ahead

ka horjeed ah *adj* contrary
ka hortag *v* avert; face up to
ka hortag *n* prevention
ka hortag leh *adj* preventive
ka hortagid *v* foil, prevent
ka iftiin badnaan *v* outshine
ka ijaarad *v* lease
ka il duufid *v* overlook
ka imaatin *v* come about, stem
ka jarid *v* subtract
ka jawaabid *v* answer, respond
ka jeedin *v* distract
ka kan *adj* strict
ka kan ah *adj* firm
ka kooban *v* consist
ka koobnaan *v* comprise
ka koobnaansho *n* composition
ka laad laadin *n* hang-up
ka labaatanaad *adj* twentieth
ka leexad *v* digress
ka leexasho *v* put off
ka libaysad *v* cope
ka mashquul *n* distraction
ka ma'suul ah *adj* accountable
ka mid ah *pre* among
ka mid ahaatin *v* include
ka murmid *v* dispute
ka murogootin *v* grieve
ka neefin *v* deflate
ka nixin *v* galvanize
ka noqod *v* abrogate, annul
ka noqod sharci *v* repeal

ka xanaajin

ka noqosho *v* back down
ka noqotin *v* recant, revoke
ka qaadid *n* confiscation
ka qaadid *v* depose, take away, vindicate
ka qaadyo *n* charge, deprivation
ka qalqaalin *v* entice
ka qaxid *v* evacuate
ka qayb gal *v* attend
ka qayb gal *n* participation
ka qayb galid *n* attendance
ka qayb qaadasho *v* engage
ka qayb qaadasho *n* involvement
ka qaybgalid *v* participate
ka qoomamayn *n* repentance
ka qoslin *v* amuse
ka quulaysad *v* conquer
ka reeban shari *adj* illicit
ka reebid *iv* forbid; leave out
ka saarid *v* cut out, discharge, evict, exclude, exile, oust
ka samaysmid *v* constitute
ka samaysnaan *v* compose
ka saramarid *v* cap
ka saraysa *adj* best
ka sare marid *v* surpass
ka sareeya caadiga *v* transcend
ka sarreeya *pre* above
ka shalayn *v* regret
ka shaqayn *v* work
ka shaqaysiin *n* activation
ka shifid *v* detect
ka si badan *adv* furthermore
ka sii badan *c* even more
ka sii dar *n* deterioration
ka sii darid *v* deteriorate, intensify
ka siibid *v* unplug
ka socod *v* get off
ka soo askumid *v* emanate
ka soo horjeedka *adv* opposite
ka tabaan *n* hanger
ka tagid *adj* deserted
ka tagid *v* abandon, desert, forsake, omit, quit, relinquish, waive
ka tagid meel *v* run away, step out
ka tagitaan *n* abandonment
ka tagyo *n* omission
ka takhalusid *iv* rid of
ka talaabsad *v* overstep
ka tanaasulid *v* renounce
ka tirabadnaan *v* outnumber, overwhelm
ka tirsanaansho *n* membership
ka toobad keenid *v* repent
ka tuugid *iv* beseech
ka wada hadlid *v* negotiate
ka walaacid *v* perturb
ka war wareega *adj* reluctant
ka waynaatin *v* outgrow
ka xanaajin *v* embitter, infuriate, irritate

ka xanaajiya *adj* annoying
ka xanaaq leh *adj* displeasing
ka xanaaqid *v* anger
ka xayuubin *v* confiscate
ka xoog badin *v* overpower
ka xumaada *adj* sorry
ka xumaansho *n* outrage
ka xumaatin *v* deplore, disappoint
ka yaabid *v* amaze, mystify
ka yar *n* minor
ka yar *adj* fewer, less
ka yara duruqsan *adj* aloof
ka yeelsiin *adj* predisposed
ka yimid *v* come from, derive
kaabad *n* curb, ramp
kaabaj *n* cabbage
kaabi *n* curb; threshold
kaabiga maraakibta *n* dock
kaadi *n* urine
kaadi hays *n* bladder
kaadin *v* urinate
kaafir *adj* godless
kaah *n* gleam
kaalin *n* function
kaalin hore *adj* leading
kaaliye *n* aide
kaalma dhaqaale *n* subsidy
kaalmayn bukaan *v* nurse
kaangaruu *n* kangaroo
kaar *n* card
kaar laysku diro *n* postcard
kaarburatoore *n* carburetor
kaarto *n* chart
kaas *adj* that
kaashawiito *n* screwdriver
kaasiino *n* casino
kaawiyad *n* iron
kaba soo qaadid *v* suppose
kabaal *n* lever
kabad *n* carpet
kabasho *n* sip
kabid *v* mend
kabo *n* boot, shoe
kabyo *n* splint
kac *v* get up
kacaa kufid *v* fluctuate
kacdoodsan *adj* hysterical
kacdoon *n* insurrection, revolt, riot, upheaval, uprising
kacid *v* take off
kacin jirka *v* stimulate
kacsanaan *adj* uptight
kacsanaan aad u badan *n* hysteria
kacsi-abuure *adj* aphrodisiac
kadeedis *n* harassment
kadis ah *adv* abruptly
kadis ah *adj* sudden
kadis weerarid *v* raid
kadmid *adj* shrouded
kafaalad qaadid *n* warrant
kafaara gudyo *n* penance
ka-fakarid *iv* think

kafan *n* shroud
kafee *n* coffee
kafeeyinka laga saarey *adj* decaf
kafiil *n* sponsor
kaftamid *v* joke
kaftan *n* humor, joke
kaftan cayaarle *n* prank
kaga dhagid *v* obsess
kahsad *v* annoy
kajan *adj* ironic
kajan *n* sarcasm
kakan *adj* complex
kakanaansho *n* firmness
kal iyo laab ah *adj* cordial, heartfelt
kala barid *v* halve
kala baxsanaansho *n* extent
kala bixid *iv* choose; dislocate, split up; take out, withdraw
kala bixid *n* showdown
kala bixin *v* unwind
kala burbur *n* disintegration
kala burburid *v* disband
kala doorasho *n* alternative
kala du duwan *adj* variable
kala duwan *adj* different, dissimilar, distinct, diverse, various; separate, respective; incompatible
kala duwan *n* assortment
kala duwan *n* variety
kala duwanaan yar *n* nuance
kala duwanaansho *n* difference, disparity, distinction, diversity
kala duwanaanta *n* odds
kala duwid *v* diversify
kala firdhin *v* diffuse, disperse, dissipate
kala furfurid *adv* asunder
kala furid *adv* apart
kala furid *v* unfold
kala furma *adj* detachable
kala garatin *v* distinguish
kala gedisnaansho *n* discrepancy
kala goyn *v* intersect
kala jabin *v* rip apart
kala jajabin *v* come apart
kala jaris *n* subtraction
kala lumid *v* drift apart
kala nooc nooc ah *adj* varied
kala qaad qaadid *v* take apart
kala qaybsanaan *n* division
kala saar-saarid *v* grade
kala sooc *n* discrimination
kala soocid *v* break up, discriminate, sort out
kala soocnaan *adj* assorted
kala tagid *v* part
kala tagyo *n* separation
kala tegid *v* party
kala-sarrayn *n* hierarchy
kalax *n* chalice
kalbad *n* clamp

kale *adj* other
kali *n* single
kali ahaansho *n* loneliness
kali socde *n* loner
kali talisnimo *n* dictatorship
kali talisnimo leh *adj* despotic
kali yeelasho *n* privacy
kalifaad *n* imposition
kaligii noole *n* hermit
kalinimo *n* solitude
kalitaliye *n* dictator
kalkaaliye *n* nurse
kallumaysasho *v* fish
kalmado *n* vocabulary
kalsooni *n* confidant, confidence, reliance, trust
kalsooni daro *n* distrust, mistrust
kalsooni daro leh *adj* distrustful
kalsooni la'aan *adj* self-conscious
kalsooni qabis la'aan *n* insecurity
kaluumayste *n* fisherman
kaluun *n* fish
kalxan *n* collarbone
kama danbaynyo *n* ultimatum
kama danbays *n* deadline
kaman *n* guitar
kan *adj* this
kanaal *n* channel, ravine
kaneeco *n* mosquito
kaniini *n* capsule, pill
kaniisad masiixi *n* cathedral

kaniisad yar *n* parish
kansar *n* cancer
kansar qaba *adj* cancerous
kansarka dhiigga *n* leukemia
kar dhaafid *v* boil over
karaahiyayso *adj* despicable
karaahiyo *n* disgust
karaamayn *v* sanctify
karaamaysan *n* holiness
karaamo *n* dignity, sanctity
karaan *n* credibility
karaani *n* clerk
karaaninimo *adj* clerical
karaawil *n* club
karar roob *n* beat
karbaash *v* bludgeon
karhid *v* abhor
karid *iv* can
karin *v* cook
kariye *n* chef, cook; boiler
karkare *n* wild boar
karkarid *v* darn
karkarin *v* boil
karkarin caano *v* pasteurize
karor badeeco *n* stockpile
karti *n* drive
kartoon *n* case
kas *adj* deliberate
kas hadlid *n* bluntness
kashifid *v* unmask
kasoo dhanbalmay *adj* derivative

khalad ah

kasoo horjeeda *pre* facing
kasta *adj* any
kastuumo *n* briefs
katiifad yar *n* rug
katiinad *n* handcuffs
katiinadayn *v* chain, handcuff
ka-tuujin *v* express
kawada hadlid *v* discuss
kawada jirid meel *v* coexist
kawle *n* ace
kawnka la xiriira *adj* cosmic
kax ah *adj* desperate
kaxayn *n* drive
kaxayn *v* drive away, dispel
kayd *n* fund
kayd duugan *n* treasure
kayd lacageed *n* savings
kaydin *n* file
kaydin *v* reserve
kaydin shay *v* hoard
kaydinyo *n* storage
kayn *n* forest
kayshali *n* bra
kedis *v* quiz
keebka *n* trigger
keena *adj* our
keena dhibaato *adj* inconvenient, problematic
keena dhibwayn *adj* dreadful
keena dhimasho *adj* fatal
keena faa'iido badan *adj* lucrative
keena jab *adj* injurious
keena karhasho *adj* repulsive
keena miradhal *adj* expedient
keena nacayb *adj* hateful
keena naxdin *adj* pitiful
keena xanuun *adj* sickening
keenid *iv* bring, cause, create, incur, inflict, introduce
keenid kahsad *v* pester
keli *n* kidney
keli ah *adj* alone
keligiis noocaas ah *adj* unique
khaafiyad *n* pulley
khaa'imid *v* deceive
khaa'in *n* disloyalty
khaa'ina *adj* disloyal
khaain-nul-waddan *n* traitor
khaanad *n* drawer
khaarajin *v* liquidate
khaatiyaan laga istaago *adj* fed up
khaayin wadan *n* treason
khaayisid *v* expire
khabiir dagaal *n* veteran
khad *n* ink
khadka *adj* borderline
khafiif *adj* thin
khafiif ah *adj* flimsy
khafiifid *v* fine
khal *n* vinegar
khalad *n* blunder, error
khalad ah *adj* erroneous

khalad bixin *v* correct
khalad la' *adj* impeccable
khalad lahayn *adj* decisive
khalad raadis *adj* nitpicking
khalad u xukumid *v* misjudge
khalad yar *n* lapse
khaldamid *v* err
khaliij *n* gulf
khal-khalid *v* rave
khamaarid *v* gamble
khamiiray *v* ferment
khamiis *n* robe; Thursday
khamri *n* liquor
khamri culus *n* liqueur
khamri lacabo *n* beer
khamri qaybiye *n* bartender
khamro *n* booze, rum
khaniis ah *adj* queer
kharaar *adj* bitter
kharaarka *n* bitterness
kharaj ka bixin *v* defray
kharash *n* expenditure, expense
kharash garayn *iv* spend
kharbude *n* vandal
kharbudid *v* vandalize
kharbudyo *n* vandalism
khariidad *n* map
khasaarin *v* waste
khasaaro dhimasho *n* casualty
khasab *n* coercion, compulsion
khasab ah *adj* mandatory, compulsory

khasabad galiye *n* plumber
khasbid *v* force, necessitate
khasirid *v* squander
khasnad *n* cartridge; safe
khasnad haye *n* treasurer
khataal wax lagu soo jiito *n* gimmick
khatal *n* guile
khatar leh *adj* risky
khatar u lahayn *adj* benign
khayaali ka baabi'in *n* disillusion
khayaanid *n* insincerity
khayaano *n* deception
khayr fisha *n* optimism
khiddad *n* format
khilaafa *adj* perverse
khilaawayn *v* meditate
khilaawayn *n* meditation
khiyaamayn *n* fraud, scam, swindle; fool
khiyaamayn *v* delude
khiyaamayn *adj* trumped-up
khiyaamid *v* cheat, betray, double-cross, swindle
khiyaamo ah *adj* devious
khiyaamo leh *adj* fraudulent
khiyaanada *n* infidelity
khiyaanloow *n* cheater
khiyaano *n* affair, deceit
khiyaano leh *adj* deceitful, deceptive
khiyaanoole *n* con man, swindler

khudaar *v* vegetable
khudba diineed *n* sermon
khudbo *n* lecture
khudbo jediye *n* speaker
khudrad *n* fruit
khuraafaad *n* superstition
khuseeya *n* concern
khushuuc *n* humility
khuurin *v* snore
khuuro *n* snore
khuusayn *v* concern
kicid *v* arise, ascend, rise; conjure up, incite, motivate, rouse, spark off; bankrupt
kiciso *n* yeast
kicitaanka *n* incitement
kiciya dareenka *n* stimulus
kiciye *n* agitator
kidfid *v* chop, mince, shred
kiiloo garaam *n* kilogram
kiiloo mitir *n* kilometer
kiiloo waat *n* kilowatt
kiisa *adj* his
kiish *n* case, sack
kil kil *n* armpit
kil kilo *n* armpit
kildhi *n* kettle, teapot
kiniisad *n* church
kiraysad *v* rent
kirayste *n* lessee
kireyste *n* tenant
kiristaamin *n* baptism
kiro *n* fare, rent
kiro ururiye *n* conductor
kitaab masiixi *n* bible
kitaabka kiristaanka la xiriira *adj* biblical
kobcid *v* flourish, thrive
kobcin *v* foster
kolonyo *n* convoy
kombiyuutar *n* computer
konton *adj* fifty
koob *n* glass, cup
koob abaal marin *n* trophy
koob dheg leh *n* mug
kooban *adv* briefly
koobid *v* embody
koofiyad *n* cap, hat
koofur galbeed *n* southwest
koolin koolin *v* pamper
koolo *n* tape
koombo *n* can
koonfur *n* south
koonfur bari *n* southeast
koonfurta *adj* southern
koonfuur u jihaysan *adv* southbound
koontarabaan *n* contraband
koonto *n* account
koore *n* pendant; saddle
koow *adj* one
koox *n* flock, group, platoon, team
koox ciidan *n* troop

koox diineed *n* cult
koox isla heesta *n* chorus
koox muusiko *n* orchestra
kor *pre* on
kor hor yimaada *adj* repugnant
kor ka ilaalin *v* oversee
kor qaadid *v* heighten
kor u boodid *v* bolt
kor u dhifatin *v* hoist
kor u qaadid *v* elevate
kor u sayrid *v* throw up
kor u socod *v* go up, move up
kordhid dayn *v* run up
kordhin *v* augment, increase, pile up, turn up
kordhin *n* boost
kordhinaya *adj* increasing
kordhinyo *n* raise
kordhis *n* output
korid *v* develop, climb, grow, ride
korjoogto *n* onlooker
korka sare *n* apex
kormo *n* mount
korodh *n* increase
korontayaqaan *n* electrician
koronto *n* electricity
koronto ku dhimasho *v* electrocute
koronto leh *adj* electric
kororsi *n* adventure
korsad *v* adopt
korsade *adj* adoptive

korsasho *n* adoption
koryo *n* development
kow iyo toban *adj* eleven
kow iyo tobnaad *adj* eleventh
kowaad *adj* first
koyto *n* newcomer
ku *pre* to
ku khasbid *v* coerce
ku aadan *pre* towards
ku aadan bariga *adv* eastward
ku adaygsi *n* insistence
ku adkayn *n* urge
ku adkaysad *v* insist, persist
ku adkaysi *adj* adamant
ku badan *v* predominate
ku buufin *v* spray
ku buuqid *v* crowd
ku cadaadin *adj* overbearing
ku cadaadin *v* pressure
ku cadayn *v* convict
ku cadayn danbi *v* implicate
ku celcelin *v* rehearse, reiterate
ku celin *v* repeat
ku ciriirin *v* jam
ku codayn *v* pronounce
ku cubid *v* stuff
ku curin *v* improvise
ku daba darid *n* annex
ku dadaalid *iv* strive
ku danbayn *v* end up
ku dar *adv* plus
ku darmid *v* rejoin

ku hareeraysan

ku daryo *pre* besides
ku dayasho *n* imitation
ku dayasho fiican *n* inspiration
ku dayatin *v* imitate
ku deeqid *v* donate
ku deg dega *adj* impulsive
ku dhaafid *v* hand down
ku dhag *v* adhere
ku dhag *n* obsession
ku dhaga *n* tenacity
ku dhagan *v* adjoin
ku dhagaya *adj* adjoining
ku dhage *adj* adhesive
ku dhagid *iv* cling, grasp, hang on, stick to
ku dhagid *adj* compulsive
ku dhajin *v* affix
ku dhalin *v* inspire
ku dhaw *adv* almost
ku dhaw *adj* approximate
ku dhawaad *v* approach
ku dhawaan *pre* close to
ku dhawaansho *v* border on
ku dhawaaq *v* announce
ku dhawaaqid *n* announcement
ku dhawaaqid *v* declare, proclaim
ku dhawaaqyo *n* chant
ku dhaygagid *v* gaze
ku dheel *n* mockery
ku dheel dheelid *v* deride
ku dherjinaysa *n* stuffing

ku dhex guda jira *pre* in
ku dhicid *v* crash, fall down, impact, run into
ku dhicid *n* bump
ku dhicid imtixaan *v* flunk
ku dhiimid *v* blot
ku dhiiran tegitaan *v* scare away
ku dhufad *v* multiply
ku dhufad ul *iv* strike
ku dhufatin *iv* hit
ku diidid *v* dissent
ku dirid boosto *v* mail
ku eedayn *v* indict
ku faafid *v* permeate
ku faraxsanayn *adj* dissatisfied
ku farxid *v* delight, enchant
ku fiiqid far *v* point
ku filan *adj* ample, sufficient
ku filan *adv* enough
ku furid *v* flood
ku gabatin *v* lurk
ku gafid *v* offend
ku go'aan gaarid *v* infer
ku gorgortamid *v* haggle
ku gubatin *v* scald
ku habboon *adj* applicable
ku haboon *adj* appropriate, suitable
ku haboonaan *v* pertain
ku hagaajin *v* address
ku handadid *n* blackmail
ku hareeraysan *v* enclose

ku hawlid

ku hawlid *v* involve
ku indho go'id *n* trance
ku jees jeesid *v* scoff
ku jiidid *adj* predisposed
ku jirka *pre* within
ku jirta *adv* inclusive
ku kalsoonaan *v* trust
ku khaldamid *iv* mistake
ku khasbid *v* compel, enforce, impose, obligate, subject
ku kicid *v* revolt
ku koobid *adj* located
ku koobid *v* abridge
ku koray *v* rear
ku kulmid kadis *v* encounter
ku kulmid meel *v* converge
ku laabmid *v* overlap
ku lid ah *adj* adverse
ku lug leh *v* involved
ku lug leh *adj* pertinent
ku lugayn duur *v* hike
ku maadsad *v* ridicule
ku macaanin *v* savor
ku magacaabid *v* appoint
ku malaasid *v* plaster
ku maquunin *v* subdue
ku maquunin xoog *v* manhandle
ku marag furid *v* testify
ku marmid *n* tangle
ku mashquulid *v* baffle
ku meel gaar *adj* provisional
ku meel-gaar ah *adj* temporary

ku milmid *v* assimilate
ku mudid *v* peck; stick
ku musmaarid *v* nail
ku muujin *v* depict
ku muujin sawir *v* portray
ku nagaadid *v* stick around
ku nagaatin *v* remain
ku nool *adj* dependent
ku nool koonfurta *n* southerner
ku noolaansho heer *v* live up
ku noolaatin *v* inhabit, subsist; relive
ku noqosho *v* go back
ku noqotin heerkii *v* revert
ku qabsan *adj* adjacent
ku qalbi samayn *v* resent
ku qalqaalin *v* lobby, persuade
ku qancin *v* convince
ku qasmid *v* mingle
ku qaylin *n* scolding
ku raacid *n* accord
ku raacid *v* agree, concur
ku raaxaysasho *n* gusto
ku raaxaysi dhadhan *v* relish
ku ridid *v* insert
ku riyoon *iv* dream
ku saabsan *pre* concerning, regarding
ku safrid meel biyo leh *v* sail
ku salaysan *v* base
ku salaysan aragti guud *adj* abstract

ku shaqayn *v* operate
ku sheeg *adj* so-called
ku sii-dayn *v* flood
ku soo oogid danbi *v* prosecute
ku soo ururid *v* congregate
ku soo xirasho *v* dock
ku taakulayn *v* supply
ku taala *adj* situated
ku taam *n* obsession
ku takhasusid *v* major in, specialize
ku talax tagid *v* abuse
ku talin *v* advise, recommend
ku tartamid *v* compete
ku tashad *v* reckon on
ku tashan karo *adj* dependable
ku tiirin *v* lean on, mount
ku tiri ku teen *n* rumor
ku tusin *v* depict
ku tuurid *iv* cast
ku wada dhan *adj* comprehensive
ku wareegid *v* circulate
ku wareegid bartame *v* rotate
ku wareegjn *v* relegate
ku wareegsan *v* encircle
ku wareejin *v* hand over
ku wicid maxkamadeed *v* subpoena
ku xabadayn boobe *n* machine gun
ku xad gudbid *v* encroach
ku xad gudubyo *n* infraction
ku xadidid *v* confine
ku xardhid *v* engrave
ku xeeran *pre* amid
ku xeersan *v* surround
ku xiga *adj* next
ku xigeen *n* lieutenant
ku xiran *adj* attached
ku xirid *v* fix, attach
ku xirid *n* attachment
ku xirid shardi *v* stipulate
ku xirnaan *v* depend, live off
ku xirnaatin *v* hinge
ku xoomid *v* cluster
ku yaala *adj* situated
ku yaboohid *iv* bid, pledge
ku yaraansho *n* deficiency
kubad *n* ball
kubad yar *n* globule
kubada cagta *n* football
kubada koleyga *n* basketball
kubada laliska *n* volleyball
kubadda usha *n* baseball
kubka lugta *n* calf
ku-dhisan *adj* built-in
kufid *v* stumble
kufid *n* trip
kufin *v* bring down
kufsad *v* rape
kufsade *n* rapist
kufsasho *n* rape
kugu soo noqda *v* backfire

kugu waajiba *iv* ought to
kuhaan *adj* psychic
kula dhaqanyo *n* treatment
kula dhaqmid *v* treat
kula kulmid *v* come across
kulan *n* gathering, conference, congregation, convention
kulan *v* get together
kulan kadisyo *n* encounter
kulayl *n* heat
kulayl *adj* hot
kulaylis *v* heat
kulaylshe *n* heater
kuleejo *n* college
kuleeti *n* collar
kuli *adv* overall
kuli *adj* whole
kullad *n* helmet
kulliyad *n* faculty
kulmid *v* convene, gather, huddle, meet
kululayn *n* heating
kululeyso *n* oven
kuluun yar yar *n* sardine
kuma *adj* which
kuma *pro* who, whom
kumi *n* dime
kun *adj* thousand
kun milyan *n* billion
kuraan *n* ankle
kuraan kur *n* kneecap
kuraas fadhi *n* sofa
kuraasta garoomada *n* grandstand
kuray *n* boy, juvenile, teenager
kuraynimo *n* puberty
kursi *n* chair
kursi gacmo leh *n* armchair
kursi ruxma *n* swing
kurus *n* hump
kuuboon *n* coupon
kuudadid *v* crouch
kuul cad *n* chunk
kuus *n* lump
kuus ama fooc *n* bulge
kuus hilib ah *n* loin, sirloin
kuus yar oo jicilsan *n* pellet
kuusan *adj* chubby, plump
kuus-kuus hilib *n* meatball
kuwaasi *adj* those
kuwani *adj* these

L

la aamini karo *adj* credible
la akhrin karo *adj* legible
la amakaak *adj* dazed
la angagay kulayl *adj* parched
la aqbali karo *adj* decent, acceptable

la arki karo *adj* conspicuous, outward
la ashqaraar *v* dazzle
la ashqaraar leh *adj* dazzling
la awoodi karo *adj* affordable
la baarayo *n* probing
la barakeeyey *adj* blessed
la bar-bar dhigi karo *adj* comparative
la bataqiyay *adj* creamy
la beeran karo *adj* arable
la bogaadiyo *adj* proud
la cabi karo *adj* drinkable
la cadeeyay *adj* proven
la cuni karo *adj* edible
la daaweyn karo *adj* curable
la daciifiyo *adj* attenuating
la dayacay *adj* derelict, dilapidated
la dhacid *v* mesmerize
la dhaqaajin karo *adj* mobile
la dhibaataysan *v* suffer from
la dhibsado *adj* odious
la dhicid *n* adoration
la dhiqi karo *adj* washable
la diidi karin *adj* irrefutable
la dooran karo *adj* optional
la gaari karo *adj* accessible, approachable, handy
la gadiyi karo *adj* reversible
la garaacay *adj* beaten
la garan karo *adj* apparent
la garankaro *adj* understandable
la hadal hayo *v* buzz
la hagaajin karo *adj* adjustable
la haqab tiray *adj* replete
la hayste *n* captive, hostage
la helikaro *adj* available
la hiigsado *adj* ambitious
la hubo *adj* certain
la imaansho *v* come up
la inkaaray *adj* doomed
la is qaadsiiyo *adj* contagious
la jahawareerid *v* daze
la jecel yahay *adj* beloved
la jeclaado *adj* favorite, likable, lovable
la kala qaybin karin *adj* indivisible
la karhado *adj* disgusting
la khasaarinayo *adj* wasteful
la kulmid *v* face
la maamuli karo *adj* manageable
la magac dhabin *n* anonymity
la mid *n* champ
la mid ah *adj* equivalent, similar, tantamount to, typical
la nacbaysto *adj* averse
la naqo *adj* reciprocal
la necbaysto *adj* detestable, distasteful
la ogolaan karo *adj* admissible
la qaadi karo *adj* portable
la qabatimay *adj* ingrained

la qabatimey

la qabatimey *adj* addicted
la qabatin leh *adj* addictive
la qabitin leh *adj* adaptable
la qabsasho *v* acclimatize
la qasacadeeyey *adj* canned
la qaybin karo *adj* divisible
la qoray *adj* written
la rumaynkaro *adj* believable
la rumaysan karin *adj* unbelievable
la rumaysan karo *adj* convincing
la saaxiibid *v* befriend
la samayn karo *adj* feasible
la shaqeeye *n* collaborator
la shiilay *adj* fried
la siiyo *v* issue
la simid dhul *v* raze
la siri karo *adj* gullible
la socda *pre* with
la socosho *adj* watchful
la socotin *v* underlie
la sugay *v* account for
la taaban karo *adj* concrete, palpable
la taban karo *adj* tangible
la taliye *n* counselor
la tashi *n* consultation
la tixraacayo *pre* according to
la tolay *adj* woven
la waalanaya xanaaq *adj* frenzied
la wada iibsaday *adj* sold-out

la wada yaqaan *adj* well-known
la wareegid *v* take over
la wareegid xil *v* undertake
la waysan yahay *adj* missing
la xariira afada *n* wives
la xiiriira farsamada *adj* technical
la xiriira *adj* relative
la xiriira *pre* about
la xiriira *adj* relevant
la xiriira araga *adj* optical
la xiriira aragtida *adj* visual
la xiriira awood *adj* official
la xiriira bariga *adj* oriental
la xiriira cad-ceedda *adj* solar
la xiriira caqiido *adj* dogmatic
la xiriira caqliga *adj* mental
la xiriira daaf *adj* marginal
la xiriira dad *adj* human
la xiriira dhaqan *adj* cultural
la xiriira dibada *adj* external
la xiriira diin *adj* religious
la xiriira dunida *adj* terrestrial
la xiriira fir *adj* genetic
la xiriira gobol *adj* regional
la xiriira guriga *adj* domestic
la xiriira guur *adj* marital
la xiriira hawada *adj* atmospheric
la xiriira hooyada *adj* maternal
la xiriira horada *adj* front
la xiriira Islaamka *adj* Islamic

la xiriira jilid *adj* dramatic
la xiriira jirka *adj* carnal
la xiriira kimistari *adj* chemical
la xiriira maal *adj* financial
la xiriira magaalo *adj* civic, urban
la xiriira malaa'ig *adj* angelic
la xiriira miyi *adj* rural, rustic
la xiriira miyuusiga *adj* melodic
la xiriira oogada *adj* exterior
la xiriira qaliinka *adv* surgical
la xiriira rasuul *adj* apostolic
la xiriira sawir *n* photo
la xiriira waayadii hore *adj* medieval
la xiriira wax qabad *adj* practical
la xiriira xili *adj* seasonal
la xiriira xirfad *adj* professional
la xiriira xumaanta *adj* moral
la xiriirid *v* contact
la xiriirid *adj* underlying
la xiriirin *adj* unrelated
la xiriirin arin jirta *adj* extraneous
la xiriirta bir *adj* metallic
la yaab leh *adj* majestic
la yaabid *v* astound, surprise
la yaqaan *adv* reputedly
la yaqaan *adj* renowned
la yiri *n* hearsay
laa laadin *v* dangle, hang
la'aan *pre* without
laab *n* lap; lab

laab laabid *v* fold
laab laabmi og *adj* supple
laab qaadan *v* preoccupy
laab xanuun *n* angina
laabid *v* flex; retract
laabid musbaar *v* clinch
laabis *n* pencil
laabjeex *n* heartburn
laabmi kara *adj* flexible
laacis *n* reach
laadhuu *n* dice
laakiin *c* but
laaluush *n* bribe, corruption, kickback; graft
laaluush-cunid *v* graft
laaluushid *v* bribe
laaluushyo *n* bribery
laamays *n* ramification
laami *n* asphalt
laan *n* branch
laan xafiis *n* branch office
laan-dheeranimo *n* nobility
laanta socdaalka *n* immigration
laastiko *adj* elastic
laastiko *n* garter
lab doofaar *n* boar
laba *adj* two
laba alifle *n* corporal, sergeant
laba baraakat *n* parenthesis
laba daran midkood *n* dilemma
laba dhexdood *pre* between
laba isku mid ah *adj* double

laba isle'eg midkood *adj* half
laba iyo toban *adj* twelve
laba iyo tobnaad *adj* twelfth
laba jeer *adv* twice
laba jeer hubin *v* double-check
laba laab *n* pleat
laba laabid *v* double
laba luuqadood *adj* bilingual
laba midkood *adv* either
laba qaybood ah *adj* dual
laba sariir oo is-dulsaaran *n* bunk bed
laba shay *adj* both
laba xaasle *n* bigamy
laba xir *n* yoke
labaad *n* second
labaad *adj* secondary
labaatan *adj* twenty
laba-biloodle ah *adj* bimonthly
labada ka yar *adj* junior
labadaba *adj* either
labaniyad *n* custard, pudding
labbis *n* costume
labeen *n* cream
labid *n* muddle
labis *n* dress
labis dumareed *n* gown
labo qof oo is qaba *adj* married
labood *n* male
lacaaf *n* bait
lacag *n* funds, money
lacag bakhtiyaanasib *n* jackpot
lacag celinyo *n* rebate
lacag dhigasho *n* deposit
lacag haye *n* cashier
lacag inteed *n* sum
lacag isticmaal *n* spending
lacag la diro *n* remittance
lacag qayb-qayb loo baxsho *n* installment
lacag u ciil qabid *n* avarice
lacag wadaneed *n* currency
lacag-dhitays *n* piggy bank
laciifid *v* languish
lacnadid *v* damn
ladan *adj* fit
ladgame *n* wrestler
laf *n* bone
laf dhabar *n* backbone
laf goon *n* cheekbone
lafa xanuun *n* rheumatism
lafdhabar *n* spine
lafdhabar la'aan *adj* spineless
lafo qadiimi ah *n* fossil
laga baqo *adj* formidable
laga cabsado *v* loom
laga cabsado *adj* spooky
laga dhaafay *adj* exempt
laga doodi karo *adj* debatable
laga fakaray *adj* thoughtful
laga jari karo *adj* deductible
laga jaro *adj* minus
laga murmi karin *adj* indisputable

laga sameeyay dahab *adj* golden
laga shaqaynkaro *adj* workable
laga talaalay *adj* immune
laga weecan karo *adj* avoidable
laga xumaado *adj* deplorable, regrettable
laga yaabee *adv* perhaps
laga yaabo *iv* may
lagdamid *v* wrestle
lagdan *n* wrestling
lagdoon *iv* lie
lagu caajiso *adj* bored
lagu darin *n* exemption
lagu deg dego *v* rash
lagu dhasho *adj* innate
lagu dhuftay *n* times
lagu doorsan karin *adj* indispensable
lagu guulaysto *adj* successful
lagu maadsado *adj* ridiculous
lagu nadiifiyo *n* cleanser
lagu nafiso *adj* relaxing
lagu noolaan karin *adj* inhabitable
lagu noolaan karo *adj* habitable
lagu qabtay gacmaha *adj* manual
lagu qanci karo *adj* agreeable
lagu soo eedeeyey *adv* allegedly
lagu tartamo *adj* competitive
lagu tashan kara *adj* reliable
lagu wareero *adj* puzzling

lahaan *adj* own
lahaanshaha *n* ownership
lahaansho *n* possession
lahaatin *v* own, possess
lahayn macne *n* nonsense
lahjad *n* accent
lakab *n* layer
lal *iv* fly
lalabo *n* nausea
lama huraan *n* necessity
lama huraan ah *adj* essential, necessary
lamaane *n* couple
lamadagaan *n* desert
lama-filaan ah *adj* spontaneous
lambar *n* figure
lammaane *n* pair
lammaano *n* partner
laqdabo *n* deceit
laws *n* peanut
laxan *n* melody, tune
laxash *n* casket, coffin
layli *n* novice
layn *n* holocaust
layn *v* decimate
laysku qilaafo *adj* controversial
leeb *n* arrow
leeb lagu ciyaaro *n* dart
leedahay *n* belongings
leefid *v* lick
leekaansho *n* fit
le'ekid *v* fit

leex leex *adj* winding
leexid *v* turn
leexis *n* turn
leexo *n* hammock
leexsan *adj* oblique
leh muuqaalka runeed *adj* plausible
leh qaybo badan *adj* multiple
leh rabitaanka *v* long for
leh yaab *adj* astonishing
leydi *adj* oblong
libaax *n* lion
libaax badeed *n* shark
libaaxad *n* lioness
libdhid *v* vanish
lid *adv* conversely
lid *n* opposite, reverse, rival
lid *pre* versus
lid ah *adj* opposite
lid ku ah *pre* against
lifaaqa jeeg lacageed *n* pay slip
lifti raacid *n* hitchhike
lihid *v* belong
liic liicid *v* wobble
liicsan *iv* lean
liicsan *adj* slanted
liidid *v* despise
liin *n* orange
liin dhanaan *n* lemon
liita *adj* ailing
liqid *v* ingest, swallow
lix *adj* six

lix geesle is le'eg *n* cube
lix iyo toban *adj* sixteen
lixaad *adj* sixth
lixdan *adj* sixty
lo' *n* cattle
lo' duur *n* buffalo
lo la dagaalame *n* bull fighter
lo'jire *n* cowboy
loo adkaysan karo *adj* bearable, tolerable
loo baahan yahay *n* requirement
loo diiday *adj* deprived
loo dire *n* addressee
loo-asteeyey *adj* custom-made
lool *n* latitude
loolan *n* challenge, dare; rivalry
loolan leh *adj* challenging
loollan *n* duel
loolsama *adj* pliable
loos *n* nut
loos haysto *adj* liable
loox *n* board
loox ah *adj* wooden
loox baraf *v* ski
looxqore *n* carpenter
lug *n* leg
lug kawlayn *v* hop
lulid gorod *v* nod
lulmid *iv* swing, wave
lumin *v* lapse, lose
lunsad lacag *v* embezzle

lunyo *n* loss
luq luq *v* gargle
luqad *n* language
luul *n* pearl
Luulyo *n* July
luuq *n* alley

ma dhacdo *n* impossibility
ma dhalays ah *adj* infertile, sterile
ma dhamaato *n* tedium
ma dhamaato ah *adj* infinite
ma dhasho *adj* barren
ma jixinjixe ah *adj* ruthless
ma quuryo *n* immersion
maacuun *n* crockery
maaddo kimiko ee kafeega iyo shaha ku jiro *n* caffeine
maah maah *n* proverb, saying
maal *n* wealth
maal badan leh *adj* well-to-do
maal galis *n* investment
maal galiye *n* investor
maal gelin shirkadeed *v* finance
maal jacayl *n* materialism
maal qabeenimo *n* opulence
maalgalin *v* fund, invest
maalin ciideed *n* holiday
maalin dhalasho *n* birthday
maalin kasta *adv* daily
maalin kasta *adj* everyday
maalin un *adv* someday
maalmaha shaqo *adj* weekday
maalqabeen *adj* rich
maalqabeen ah *adj* wealthy
maamul *n* management
maamul xumid *v* mismanage
maamule *n* manager
maamulid *v* regulate, direct, administer, manage
maamuul dawladeed *n* bureaucracy
maamuus *n* admiration
maamuus *adj* gracious
maan gad leh *adj* mind-boggling
maandooriye *n* heroin
maantay ah *adv* today
maarshaal *n* marshal
Maarso *n* March
maaweelin *v* entertain
maaweeliso *n* hostess
maaweelo *n* entertainment
Maayo *n* May
mabda *n* principle
mabsuud leh *adj* gratifying
macaadin qode *n* miner
macaamiil *n* clientele
macaamil *n* deal

macaan *adj* balmy, sweet
macaanka *n* sweetness
macalimiinta kulliyad *n* faculty
macalin sare *n* professor
macaluul *n* starvation
macayn *v* sweeten
macbadka yuhuuda *n* synagogue
macdan *n* mineral
macdan qalin tume *n* silversmith
macdanta aluminyum *n* aluminum
macdanta qalinka *n* silver
macdin *n* metal
machad *v* institute
maciin *n* recourse
macmacaan *n* dessert
mac-macaan *n* snack
macmal *n* alloy
macmal ah *adj* artificial
macmiil *n* client
macna *v* matter
macna *n* mean
macna-daran *adj* futile
macnayn *v* decipher
macne ahaan *n* meaning
macne ku fadhiya *adj* meaningful
macno badan leh *adj* ambiguous
macquul ahayn *adj* illogical
mad hab *n* creed

madadaalo *n* amusement
madadaalo leh *adj* amusing
madalaalo *n* recreation
madax *n* dignitary, head
madax adag *adj* obstinate
madax adayg *adj* stubborn
madax adayga *n* obstinacy
madax ah *n* chancellor
madax furasho *n* ransom
madax kooxeed *n* captain
madax madax *v* nosedive
madax madax ah *adv* head-on
madax xanuun *n* headache
madax xanuun *n* migraine
madaxa baadariyaasha *n* Pope
madaxa looga jiro *adj* crazy
madaxwayne *n* president
madfac *n* artillery, cannon
madhin *v* deplete
madiido *n* hypnosis
madow *adj* black
mag dhabid *v* make up for
magaalo *n* city, town
magaalo hooyo *n* hometown
magac *n* noun, name
magac dhab la'aan *adj* anonymous
magac dil *n* slander
magac lahayn *n* unanimity
magac sheegad *n* pseudonym
magac u yaal *n* pronoun
magaca awoowga *n* last name
magacaabid *v* name, nominate

magan galid *n* refuge
magangalyo *n* asylum
magdhabid *v* redress, reimburse
magdhaw *n* compensation, indemnity, recompense, reparation, restitution
magdhawga *n* reimbursement
magdhawid *v* indemnify
mahad celin *v* thank
mahad celiya *adj* grateful
mahad naqa *adj* thankful
mahadnaq *n* thanks
mahadnaq la'aan *n* ingratitude
mahdin *v* appreciate
mahdis *n* appreciation
majaajilo *n* farce
majaal cilmi *n* field
majallad *n* almanac
majarafad *n* spade
majaroor *n* gutter
majuusi *n* heathen
makhal *n* counter
makhsin dhulka hoostiisa ka dhisan *n* cellar
makiinada kariska *n* stove
maktabad *n* library
maktabad dhawre *n* curator
maktabad-haye *n* librarian
mala awaalid *v* imagine
malaa'ig *n* angel
malaa-micni ka dhigid *v* trivialize

malaas *n* plaster
malab *n* honey
malawad *n* bowels, intestine, rectum
malax *n* mucus; pus
malayn *v* assume
malayn *n* presupposition
maldahan *adj* implicit
maldahis *n* insinuation
maldihid *v* feign
male *n* supposition
malmalaato *n* jam
malo *n* guess
malqacad *n* spoon
malxiis *n* best man
malxiisad *n* bridesmaid
malyuun *n* million
mamalaato *n* marmalade
mamnuucid *v* ban
mamnuucyo *n* ban
manjo *n* sickle
maqaar *n* skin
maqaarka kalluunka *n* scale
maqaaxi *v* bar
maqaaxi *n* restaurant
maqaayad *n* tavern
maqaayad kafee *n* cafeteria
maqal *n* hearing
maqal *adj* mellow
maqal la'aan *n* deafness
maqal tiraya *adj* deafening
maqal tirid *v* deafen

maqan *adj* absent
maqas *n* scissors
maqlid *iv* hear
maqnaansho *n* absence
maqsuud *n* pride, treat
maqsuudin *v* gratify
maquunin *v* suppress
maquur *n* plunge
maquurid *v* submerge
maquurin *v* plunge
mar isticmaal *adj* disposable
mar kale *adv* again
mar mar *n* marble
mar mar dhaca *adv* occasionally
mar wada dhicid *v* synchronize
mara habaabin *v* mislead
mara miis *n* tablecloth
maraaryo leh *adj* wavy
maran *adj* empty, vacant, null
maraq *n* soup
Maraykan ah *adj* American
mardabo *n* betrayal
mardaddabaan *n* racketeering
marfashyo *n* shelves
marfish *n* shelf
marid *v* go through, undergo
marin *v* drain, apply
marin *n* hall, hallway, passage, strait
marin dheer *n* corridor
marin dhisan *n* cloister
marin habaab ah *v* astray
marin habaabin *v* pervert
marin habaabis ah *adj* misleading
marjarafad ku shaqayn *v* shovel
markaas *adv* then
markab *n* battleship, ship, vessel
markab dagaal *n* warship
markab qaada rarka *n* ferry
markab-dagaal *n* frigate
markale *adv* anew
markasta *adv* always
markhaati *n* eyewitness, testimony, witness
markiiba *c* once
marmar *n* tile
marnaansho *n* emptiness
marnid *v* empty
maro *n* cloth, garment
maro daabac leh *n* tapestry
maro dacalka tolid *n* hem
maro hurdo dumar *n* nightgown
maro la jeeni qaarto *n* tunic
maro musquleed *n* bathrobe
maro qiiro-adag *n* felt
maroodi *n* elephant
maroodi-badeed *n* walrus
maroojin *iv* wring
marooqsad xukun *v* overthrow
marqaan kiciye *n* stimulant
marsho *n* gear
marsiin *n* channel
marta *v* run out

marti *n* guest
martigaliye *n* host
martiqaadid *v* invite
marwaxad *n* fan
marwo *n* madam
marxalad *n* phase
marxalad *v* step
mas *n* snake
mas wayn *n* serpent
masaafa cabbire *n* odometer
masaafo *n* mileage
masaafurin *n* deportation
masaajid *n* mosque
masaasad *n* dummy
masabid *n* calumny, libel
masabidid *v* denigrate
masabidid *n* scapegoat
masale *n* mat
masar *n* handkerchief, scarf
masawir gacmeed *n* painting
masaxid *v* wipe
masayr ah *adj* jealous
mashiin dharka lagu sameeyo *n* loom
mashquul *adj* hectic
mashquul ah *adj* busy, engaged
mashquul ku ah *adj* engrossed
mashruuc *n* enterprise, project
masiibo *n* disaster, misfortune, tragedy
masiibo dhuleed *n* cataclysm
masiibo leh *adj* tragic

masiixi *adj* Christian
masiixiga Kaniisidda Ingiriiska *adj* Anglican
Masiixinimo *n* Catholicism, Christianity
masiixisiin *v* christen
masiixiyayn *n* christening
masixid *v* delete, erase
maskax *n* brain
maskax badal *v* brainwash
maskax badan *n* mastermind
maskax furan *adj* open-minded
maskax ku hayn *v* deem
maskax ku sawirasho *v* envisage
maskaxda ku hayn *adj* mindful
maskaxda la xiriirta *adj* cerebral
maskaxda looga jiro *adj* neurotic
maskax-furan *adj* broadminded
maskiin *n* beggar
maskiin ah *adj* wretched
maslixid *v* conciliate, placate
masrax bilaabid koowaad *n* debut
masrax taariikh horey *n* amphitheater
mastarad *n* ruler
mas'uul *n* guardian
mas'uul ah *adj* responsible
mas'uuliyad *v* charge
mas'uuliyad *n* liability, responsibility

mas'uuliyad qaad *n* custody
mataan *n* twin
mataanoobid *v* conjugate
matagyo *n* vomit
matalid *n* charade
matante *n* underwear
matoor *n* motor
matoor dabayleed *n* windmill
mawduuc *n* subject, topic
mawlac kaniiseed *n* chapel
maxaa *adj* what
maxbuus *n* prisoner
maxkamad *n* court, tribunal
maxkamad-qaadid *n* trial
mayd *n* corpse
mayd *adj* lifeless
mayd ah *adj* dead
mayd baarid *n* autopsy
mayd kaydin *v* embalm
mayrad *v* bathe
meel *n* place, position
meel *pre* at
meel banaan *n* vacancy
meel bannaan ah *n* court
meel biyo lagu qurxiyo *n* fountain
meel caabudaad *n* shrine
meel dhigid *v* place, put away
meel dibada ah *adv* outdoors
meel firaaq *adj* spacious
meel fog *adj* distant, faraway
meel gabaahir ah *adj* bleak

meel go'doon ah *adj* secluded
meel isugu keenid *v* agglomerate
meel ka dhac *n* insult
meel kacsan *n* elevation
meel kale *adv* elsewhere
meel kasta *c* wherever
meel ku dhac *n* crash
meel ku ekaysiin *v* localize
meel kulul *n* furnace
meel lagu dhuunto *n* hideaway
meel lagu nabad galo *n* haven
meel lagu noolaado *n* lodging
meel luq-luuqyo badan leh *n* maze
meel malaasan *n* pavement
meel qaybisa biyo *n* watershed
meel raac lahayn *adj* ambivalent
meel u wadid *v* drive at
meel urtay *adj* squalid
meelahaan *n* whereabouts
meelna *adv* nowhere
meeraha Maaris *n* Mars
meeraysad *v* prowl; revolve
meere *n* planet
meermeerto *n* whirlpool
meesa-jaako *n* vest
meesha dalka gudihiisa ah *adj* inland
meesha xiddigaha laga daawado *n* observatory
mici galin *iv* sting

mici waabaayo leh *n* sting
micida-xayawaanka *n* fang
miciinsad *v* recourse
mid daruuro leh *adj* cloudy
mid kale *v* alternate
mid kale *adj* another
mid kali ah *adj* single
mid kasta *adj* each, every
mid kiiba *adv* apiece
mid kiiba *pre* per
mid koodna *adj* neither
mid koodna *c* nor
mid na *pre* none
mid qur ah *adj* sole
mid walba *pro* everyone
midab *n* color
midab badan *adj* colorful
midab buni ah *adj* brown
midab dambas ah *adj* gray
midab dambas leh *adj* grayish
midab dilan *adj* pale
midab la'aanta *n* paleness
midab sooc *n* racism
midabayn *v* dye, color
midabbaysan *n* poppy
midab-dorsoon *adj* tanned
midabeeye *n* painter
midad kala sooce *adj* racist
midaw *n* union
midayn *v* ally, consolidate, integrate, unify
midayn *n* integration

midaynyo *n* unification
midba markiisa la sameeyo *adv* piecemeal
midba midka kale *adj* each other
midhicir *n* colon
midho *n* crop
midna *adv* neither
midnimo *n* cohesion, unity, solidarity
midoobid *v* incorporate, unite
midoobid *v* merge
miino *n* dynamite
miinshaar *n* saw
miinshaarayn *iv* saw
miir ah *adj* pure
miiran *adj* infested
miire *n* strainer
miirid *v* purify, refine
miis *n* desk, table
miisaan *v* balance
miishaar weyn *n* chainsaw
mijo xaabin *v* undermine
milicsad *v* glance, glimpse
milicsi *n* glance, glimpse
milix badan *adj* salty
milkiile *n* owner
milma *adj* soluble
milme ah *adj* solvent
milmid *v* dissolve, melt
milmitaan *n* assimilation
min *n* uterus
mindi *n* knife

mindi afkeed *n* blade
minguuris *n* copy
minguuriye *n* copier
mir *n* seed
miradhal *n* consequence
miradhala *n* expediency
miraha hees *n* lyrics
mirfash buugeed *n* bookcase
miro *n* vine
miro badan leh *adj* seedy
miro dhal leh *adj* fruitful
miro loows *n* almond
miro u eg *adj* fruity
mishiin *n* engine
mishmish *n* apricot
miskiin *adj* down-to-earth
mitir *n* meter
mixiis *n* best man
miyir beel *n* coma
miyir qab ah *adj* conscious
mobile *n* cellphone
mood *n* cash; livestock
moodo *n* model, vogue
moodyo *n* assumption
mooryaan *n* gang, gangster, hooligan
mooryaan badeed *n* pirate
moos *n* banana
mooto *n* bile
mooto yar *n* scooter
mooyaane *pre* barring, except
mooyaane *c* unless

moxog *n* yam
mu'aamaradin *v* connive
mu'aamaro *n* conspiracy
mucaarad *adj* dissident
mucaarad *n* opposition
mucjiso *adj* bizarre
mucjiso *n* miracle
mudaaci *n* prosecutor
mudaharaad *n* walkout
mudane *n* sir
muddo *n* lapse, duration
mudeec *adj* compliant
mudid *v* pierce, prick
mudnaansho *n* merit
mudnid *v* merit
mudo *n* term
mudo ah kun sano *n* millennium
mudo toban sano ah *n* decade
mudyo *n* stab
mug *n* volume, capacity
mugdi *adj* dark, murky
mugdi *n* gloom
mugdi dam ah *n* darkness
mugdi leh *adj* gloomy
mugdinimo *n* blackness
mugdiyayn *v* darken
mugdiyaynyo *n* blackout
muhaajir *n* emigrant, immigrant
muhiim *adj* vital
muhiim ah *n* key
muhiim ah *adj* significant
muhiimada *adj* pressing

muhiimada *n* priority, urgency
mukul hooseed *n* silhouette
mukulaal *n* cat
mulac u eke *n* lizard
mulqaacad *n* tablespoon
mulxidnimo *n* atheism
munaafaq *adj* hypocrite
munaafaqada *n* hypocrisy
munaasabad *n* ceremony
munaasib ku ah *adj* fitting
mundul *n* hut
muqaal dhuleed *n* landscape
muqaal-xajmi *adj* imposing
muqaddas *adj* sacred
muquunin *v* quell
muquurte *n* diver
muraayad *n* looking glass, mirror
muraayad indheed *n* eyeglasses
muraayadda babuurta *n* windshield
muran *n* altercation, argument, dispute, feud, quarrel, hassle
muran leh *adj* contentious, quarrelsome
murgacad *v* sprain
murgid *v* entangle
murmid *v* argue, quarrel
murug *n* complication
murugaysan *adj* blue, dejected, sad
murugaysan *v* sadden
murugaysnaanta *n* sadness

murugo *n* anguish, grief, lament, melancholy, misery, mourning, sorrow
murugo ka muuqato *adj* somber
murugo la oy *v* lament
murugo leh *adj* dismal, sorrowful, worrisome
murugo tir *n* consolation
murugo tirid *v* console
murugoode *adj* bereaved
murugoonsho *n* bereavement, grievance
muruq *n* muscle
muruq maale *n* peasant
muruq roor *n* cramp
muruq rooryo *n* spasm
muruqmaal *n* laborer
musaafirin *v* banish
musalifid ah *n* bankruptcy
musalifidey *adj* bankrupt
musbaar *n* nail
musbaarayn *v* screw
mushaar *n* pay, salary, wage
mushaaxid *v* cruise
musharrax *n* candidate
Muslin ah *adj* Muslim
musqul *n* lavatory, toilet
musqusha qubeyska *n* bathroom
mustaqbalka fog *adj* long-term
musuq-maasuq *n* racket
muufo *n* bun

muujin *v* express, denote, expose, put up, show, signify
muujin asluub *v* behave
muujin sida wax yihiin *n* indication
muujis *v* show off
muujiya ixtaraam *adj* respectful
muujiya qayb ka mid ah *pre* of
muujiya sharaf *adj* noble
muujiya wanaag *adj* graceful
muujiya xasadnimo *adj* envious
muujiyay *adj* exposed
muunad *n* sample
muuqaal *n* icon, image; outlook, perspective
muuqaal *adj* masculine
muuqaal dhan *n* panorama
muuqaal leh *adj* scenic
muuqaal qof *n* figure
muuqaal waji *n* complexion
muuqaal wayn leh *adj* grand
muuqaalka *n* looks
muuqaalka dabiiciga *n* scenery
muuqaalka-horey *n* foreground
muuqad *v* discern; flare-up, appear, emerge
muuqadka *n* semblance
muuqasho *n* appearance
muuqda *n* clarity, phenomenon
muuqda *adj* illustrious, notable, noticeable, obvious, patent, striking, visible
muuqda *v* show up
muus *n* banana
muusik *n* music
muusik kabanka u eg *n* fiddle
muusik qore *n* composer
muusikyahan *n* musician
muxaadaro *n* homily
muxaafid ah *adj* conservative

N

naadi *n* club
naadin *v* herald
naadiye *n* herald
naafayn *v* mutilate
naafo *n* deformity, paralysis
naafoobid *v* paralyze
naag *n* woman
naag u eg *adj* ladylike
naagta ka adeegta baarka *n* barmaid
naanays *n* nickname, surname
naanuus *n* buzz
naar *n* hell
naas *n* breast
naasley *n* mammal
nabad *n* peace, security
nabad galyayn *e* bye

nabadgalyo *adj* peaceful
nabadgalyo leh *adj* safe
nabar *n* cyst, sore
nabi *n* prophet
nacas ah *adj* fool
nacasnimo *n* folly
nacasnimo ah *adj* ludicrous
nacayb *n* antipathy, aversion, dislike, distaste, hostility
nacaybsad *v* detest, dislike, hate
nacfi *n* vitamin
nacnac *n* candy
nac-nac *n* sweets
nacyb cadawtooyo *n* hatred
nadaafad *n* hygiene
nadaam daro *n* disorder
nadaam leh *adj* methodical
nadaamin *v* arrange
nadiif *adj* neat
nadiif ah *adj* immaculate, spotless
nadiif ahaansho *n* cleanliness
nadiifin *v* clean, cleanse, purge
nadiifin *n* purge
nadiifinta *n* purification
nadiifiyaha kobaha *n* shoe polish
nadiifiye *n* cleaner
nadiifsan *adj* clean
naf *n* soul, spirit
naf hurnimo *n* martyrdom
nafaqa xumo *n* malnutrition
nafaqo *n* protein

nafaqo leh *adj* nutritious
nafis *n* respite
nafis leh *adj* comfortable
nafsad *n* appetite
nafta soo celinaya *adj* refreshing
nafteena *pro* ourselves
nafti hure *n* martyr
naftooda *pro* themselves
najaasayn *v* desecrate
nal *n* lamp
nal aad u if badan *n* floodlight
nal bidhaaneed *n* lighthouse
nal jideed *n* streetlight
nal kuusan *n* bulb
nalal laalaada *n* chandelier
nambar *n* digit
naqas *n* asthma
naqshad *n* blueprint, pattern
naqshad dhismeed *n* architect
naqshad midamo badan leh *n* mosaic
naqshad sameeye *n* draftsman
naqsho *n* design
naqtiimid *v* brush up, review
naqtiin *n* repetition, review
nasasho *v* lounge
nasasho *n* repose, rest
nasasho qaadad *v* refresh
nasatin *v* repose
nasiib *n* luck
nasiib *n* fortune
nasiib fiican leh *adj* lucky

nasiib leh *adj* fortunate
nasiib xumo *n* adversity
nasiino *adj* restful
natiijo *n* result
natiijo lahayn *n* futility
naxaas *n* bronze
naxaas cas *n* copper
naxariis *n* compassion, kindness
naxariis daro ah *adj* merciless
naxariisasho *n* clemency
naxariista *adj* compassionate, merciful
naxdin *adj* lurid
naxdin *n* pity
naxdin leh *adj* aghast, grim, grisly
naxdin xun leh *adj* ghastly
naxuus ah *adj* faint
naxuusid *v* fade
naxwe *n* noun, grammar
naxwe meeleeye *n* preposition
nayl *n* lamb
necbaysad *n* loathing
necbaysid *v* loathe
neecaw *n* breeze
neef *n* asthma; breath; gas
neef gaaban *n* puff
neef hayso *adj* asthmatic
neef jiidid *v* inhale
neefsad *v* breathe
neefsaday *adj* puffed
neefsasho *n* breathing, respiration

neeftuurid *v* gasp
negdoon *adj* stationary
nibiri *n* whale
nidaam la'aan *n* chaos
nidaam lahayn *adj* chaotic
nidaamsan *adj* systematic, tidy
nigis *n* briefs, underwear
nikotiin *n* nicotine
nin *n* guy, man
nin *n* mate
nin darajo sare *adj* nobleman
nin gabar u doonan *n* fiancé
nin nimo *n* virility
nin nimo leh *adj* virile
nin waalan *n* madman
nin wax iibiya *n* salesman
ningax *n* band
ningaxan *adj* airtight, hermetic
ninimo leh *n* manliness
ninka *n* husband
ninka ka adeega baarka *n* barman
nixid *v* terrify
niyad baddalan *adj* moody
niyad dhisid *v* cheer up
niyad go'ay *adj* disenchanted
niyad jab *n* depression
niyad jab ah *adj* miserable
niyad jab leh *adj* depressing
niyad jabin *v* demoralize, depress
niyad raac leh *adj* enthralling

niyad u dejin *n* solace
niyad xumaan *n* frustration
niyad xumaatin *v* frustrate
niyada qofka *n* feelings
nolol *n* animation, life
nooc *adj* kind
nooc *n* type
nooc alwaax *n* mahogany
nooc ay *n* greyhound
nooc bambeelmo *n* tangerine
nooc bireed *n* lead
nooc buste *n* quilt
nooc cabireed *n* ounce
nooc caws *n* weed
nooc cayawaan *n* porcupine
nooc cayayaan *n* cricket
nooc ciyaar *n* tennis
nooc curiye *n* phosphorus, sulfur
nooc daanyeer *n* ape
nooc daayeer *n* chimpanzee, gorilla, orangutan
nooc daroogo *n* morphine
nooc dhagaxeed *n* granite
nooc dhimbireed *n* buzzard
nooc dhireed *n* bamboo
nooc digir *n* lentil
nooc gaari *n* pickup
nooc geed *n* cypress, oak, pine, willow; mustard
nooc geedeed *n* elm
nooc guri *n* flat, condo; chalet, cottage

nooc halbeeg *n* foot
nooc jeermis *n* virus
nooc joornaal *n* catalog
nooc kaluumeed *n* cod
nooc kaluun *n* anchovy, salmon, swordfish, trout
nooc khamri *n* brandy, cocktail, wine
nooc khudaar *n* cauliflower, parsley, parsnip, radish
nooc khudrad *n* artichoke
nooc khudradeed *n* celery
nooc koofiyadeed *n* beret
nooc lows *n* walnut
nooc maandooriye *n* cocaine
nooc macdan *n* emerald, ore
nooc macdaneed *n* platinum
nooc maraq *n* casserole
nooc maro *n* linen, velvet
nooc maroodi *n* mammoth
nooc masiixinimo *adj* catholic
nooc midab *adj* purple
nooc miishaar *n* jigsaw
nooc mireed *n* raspberry
nooc miro *n* blackberry, cherry, peach, pear, plum, prune, strawberry; chestnut
nooc miro adag *n* hazelnut
nooc muusik *n* flute
nooc muusiko *n* piano
nooc naxwe *n* declension

nooc shimbireed *n* geese, goose, nightingale, parakeet, pelican, quail, seagull, sparrow, stork; pheasant
nooc sonkor *n* glucose
nooc sumeed *n* cyanide
nooc ubax *n* carnation, tulip
nooc ugaareed *n* reindeer
nooc uleed *n* baton
nooc xamag *n* wax
nooc xayawaan *n* lynx, raccoon
nooc xisaab *n* arithmetic
noocaas oo kale ah *adj* such
Noofambar *n* November
nool *adj* alive, live
noolaatin *v* live
noolayn *v* animate
noole *n* animal, being, creature
noole aad u wayn *n* giant
noole qur ah *n* organism
Noorway *n* Norway
noqotin aabe *v* procreate
noqotin rukun *v* patronize
nugayl *n* frailty
nuglaada *adj* susceptible
nugloon *adj* frail
nugul *adj* fragile
nuqul *n* copy
nuqul asalki oo kale ah *n* replica
nuqul ka samayn *v* replicate
nuqul sawir *n* photocopy

nuuc *n* sort
nuuge *adj* sucker
nuunaas *v* whine
nuurad *n* lime
nuxuus ah *adj* dim

odoros *n* conjecture
ogaanshaha *n* diagnosis
ogaatin *v* deduce, detect, note, notice, realize
ogaysiin *v* notify
ogaysiis *n* notice
ogeysiin *n* note
ogolaada *adj* obedient
ogolaan *v* approve
ogolaan *n* authorization
ogolaansho *n* approbation, approval, concession, consent, permission, sanction
ogolaansho *v* assent
ogolaatin *v* grant, allow, authorize, permit, sanction
Ogoosto *n* August
Oktoobar *n* October
ololayn *v* campaign
olole *n* campaign

onkod *n* thunder
onkod hilaac wata *n* thunderbolt
oo kale *pre* like
oo kale *adj* like
oo qabeeya diido *adv* not
oof-wareen *n* pneumonia
oog *n* beacon
oogada cabirka shay *n* perimeter
oogada dhulka *n* ground
oohin *n* crying
ookiyale *n* glasses
ooman *adj* thirsty
oon *v* thirst
oon goyn *v* quench
ooyid *v* cry, weep
oraah *n* speech
ordid *iv* run

Q

qaab *n* format, form, shape, contour; mechanism; cast; lie
qaab badal *n* distortion
qaab badalashada *n* transformation
qaab badalid *v* distort
qaab daran leh *adj* grotesque
qaab darnaan ah *adj* awkward
qaab dhismeed *n* model
qaab lixgees *adj* cubic
qaab nololeed qof *n* lifestyle
qaab raga loola hadlo *n* mister
qaab shaqal *a* an
qaab ukumeed *adj* oval
qaabayn *n* design
qaabayn *v* frame, mold, outline, shape
qaabays *n* formation
qaabaysma *adj* gradual
qaabdaran *n* clumsiness
qaabkan *adv* thus
qaabkii nabi Ciise loo diley *n* crucifixion
qaad *n* volume
qaadaa dhigid *n* analysis
qaadasho *n* intake
qaadatin *v* soak in, take, take in
qaadatin waqti fiican *v* revel
qaade *n* bearer
qaadicid *v* boycott
qaadid *v* lift, pick up, raise, carry, carry out; track; bulldoze; convey; impound; infect
qaadid lacag *v* charge
qaadid xanuun *v* relieve
qaadis *n* relief
qaadka sawir *n* photography
qaado *n* cutlery, tablespoon
qaado yar *n* teaspoon
qaadyo *n* removal

qaali ah

qaali ah *adj* costly, dear, expensive, fancy, plush
qaamus *n* dictionary
qaamuus-yare *n* glossary
qaan gaar ah *adj* mature
qaan gaaryo *n* maturity
qaan siin *v* recompense
qaansa roobaad *n* rainbow
qaansheeg *n* bill, invoice
qaarad *n* continent
qaarad ka mid ah *adj* continental
qaaradda Yurub *n* Europe
qaata meel wayn *adj* bulky
qaata wakhti badan *adj* tedious
qaawan *adj* bare, naked, nude
qaawanaan *n* nudism, nudity
qaawane *n* nudist
qaaxo *n* tuberculosis
qaayo *n* essence
qabaabaya *adj* cooling
qaban dhaco *n* shudder
qaban qaabin *v* schedule
qabasho *v* field
qabasho *n* grip, seizure
qabasho hawl sare *n* masterpiece
qabatimid *v* manipulate
qabatin *v* apprehend, capture, catch, grab; accustom, adapt
qabatin *n* addiction
qabatin hawl adag *v* toil
qabatin saldano *v* seize

qabatino *n* adaptation
qabato *n* pliers
qabaw ah *adj* cool
qabaw dhaawacay *adj* frostbitten
qabawga *n* coldness
qabays *n* bath
qabid dayn *v* owe
qabiid *n* austerity
qabiid ah *adj* grave
qabiid ah *n* sadist
qabiida *adj* austere
qabiil *n* tribe
qaboobid *v* cool
qaboojin *v* cool down
qaboojiye *n* freezer
qabow *adj* cold
qabsade *n* invader
qabsasho *n* conquest
qabsatin *v* invade
qabsin *n* appendix
qabsin barar *n* appendicitis
qabuuro isku furan *n* catacomb
qabyo ah *adj* partial
qadaadiic *n* coin
qadar *n* destiny, fate
qadari keento *adj* fateful
qadaris *n* prestige
qadiimi *adj* ancient
qado *n* lunch
qafaalid *n* conscript
qafis biyo *n* aquarium

qajaar *n* cucumber
qajila *adj* ashamed, timid
qajilid *v* blush
qajilida *n* timidity
qajilyo *n* chagrin
qalaad *n* alien
qalaad *adj* foreign
qalaama rogad *n* acrobat
qalab *n* component, devise, equipment, hardware
qalab *v* implement
qalab ciidan *n* armaments
qalab dhaliya iftiin *n* laser
qalab dhigaal *n* stationery
qalab is haga *adj* automatic
qalab kombyuutar *n* mouse
qalab muusik *n* accordion, clarinet, cornet, organ
qalab soo saara dareere *n* pump
qalab wax diiriya *n* radiator
qalab wax duubo *n* recorder
qalab wax lagu cabbiro *v* gauge
qalab wax sheega *n* detector
qalab wax sheega *n* radar
qalabee *v* equip
qalabka dhegaha ee raadyaha lagu dhegeysto *n* headphones
qalabka kombyuutarka ee wax lagu qoro *n* keyboard
qalab-yar *n* gadget
qalad ah *adj* wrong

qalad u fahan *v* misunderstand
qalafsan *adj* entrenched, cumbersome, stiff
qalafsanaanta *n* harshness
qalajin *v* dry
qalajiso *n* dryer
qalal *n* convulsion, epilepsy
qalalaaso *n* unrest
qalalan *adj* dry
qalalawlayn *v* clash
qalalawlayn *n* clash
qalalay *adj* dried
qalbi furan leh *adj* amiable
qalbiga u fiicnayn *adj* lewd
qalbijab *adj* disappointing
qalbijab *n* disappointment
qalcad *n* castle, fort
qalfoof madax *n* skull
qalibid *v* overturn
qalin *n* pen
qalin jabin *n* graduation
qalin jabis *v* graduate
qalis *n* slaughter
qalka dhar badalka *n* locker room
qalooc *n* crook
qaloocin *iv* bend, curve
qaloocmay *adj* warped
qaloocmid *v* warp
qalqaalin *n* enticement
qalqaalo *n* persuasion
qalqaalo badan *adj* persuasive

qamiirin

qamiirin *v* brew
qanac *n* satisfaction
qancid *v* satisfy
qancin *v* appease, content
qandacan *adj* balmy
qandaraas *n* contract
qaneeca la'aan *adj* discontent
qaneecaad leh *adj* satisfactory
qaniinid *iv* bite, nip
qaniinyo *n* bite
qanjaruufad *v* pinch
qanjaruufo *n* nip, pinch
qanjir *n* gland
qanjir barar *n* mumps
qanjir ku jira dhuunta *n* thyroid
qar *n* cliff, reef, precipice, rim
qar jab *n* avalanche
qaraabanimo *n* kinship
qaraabo *n* relative
qaraar *n* declaration
qaracan *n* dismay
qaracan leh *adj* traumatic
qaracmid *v* dismay
qaramayn *v* expropriate, monopolize, nationalize
qaran *n* nation
qarar *n* rift
qaraw *n* nightmare
qarax *n* blowout, eruption, explosion
qarax xabad *n* gunshot, shot
qardhabin *v* staple

qardhable *n* staple
qardhass *n* card
qardumleeya *adj* crunchy
qare *n* watermelon
qareen *n* attorney, lawyer
qarin *v* feign, conceal, hide, mask
qarin *n* cloak
qarinyo *v* cover up
qarka *n* brink, verge
qarka weel *n* brim
qarni *n* century
qarqarid *v* chill
qarqaryo *n* chill
qarqaryo leh *adj* chilly
qarsoodi *adj* confidential, covert
qarsoodi *n* secrecy
qarsoodi ah *adj* clandestine, stealthy, undercover
qarsoodi u socda *adj* sly
qarsoomid *v* disappear
qarsoon *n* disappearance; secret
qarsoon *adj* hidden, obscure
qarsoonaan *n* obscurity
qaruurax *n* cobblestone, gravel
qarwaaqsasho *n* hindsight
qarxa *adj* explosive
qarxad *v* detonate
qarxid *v* burst into, erupt, explode
qarxid ka saarid *v* defuse
qarxin *v* detonate, blow up
qarxin *n* detonation

qarxiye *n* detonator
qas *n* disruption
qasacad *n* tin
qasacad *n* canister
qasacad furto *n* can opener
qasad *n* intention, purpose
qase *n* blender, mixer
qashin *n* refuse, garbage, junk, litter, rubbish, trash
qashin qub *n* dump, landfill
qashin-qub *n* trash can
qasid *v* disrupt
qasiido *n* hymn
qasriga boqortooyada *n* court
qataar *n* latch
qatalmid *v* trap
qawmiyad *n* nationality
qax *n* desolation
qaxaab *n* grotto
qaxar *n* tribulation
qaxar-badan *adj* grueling
qaxooti *n* refugee
qayaxan *adj* stark
qayb *n* department, section, sector, segment, ward; allotment, proportion, share, slice, clip
qayb ahaan *adv* partly
qayb baraf oo wayn *n* iceberg
qayb ciidan *n* regiment
qayb dayactir *n* spare part
qayb dhacdooyin *n* episode

qayb hooseeya *n* depression
qayb ka mid ah ubaxa *n* petal
qayb qayb *n* partition
qayb qaybin *n* division
qayb qaybin *v* hand out
qaybin *v* dispense, dole out, allot, distribute, give out; separate, divide
qaybin lacag *v* disburse
qaybis *n* distribution
qaybsan *n* severance
qaybta deg-degga ee isbitaalka *n* infirmary
qaybta jilicsan ee miro *n* pulp
qaybta ugu muhiimsan *n* highlight
qaybyar jabin *v* break off
qayirmid *v* tarnish
qaylada *n* shouting
qaylin *v* shriek, screech, shout
qaylisada *n* buzzer
qayliya *adj* noisy
qaylo *n* alarm, call, noise, outcry, scream, shout
qaylo *adj* loud
qaylo *v* yell
qaylo badan *adj* boisterous
qaylo dhaan *n* help
qaylo dheer *adj* resounding
qaylo dheer *adv* aloud
qayma leh *adj* valuable
qayme dhimid *v* discount

qayme jab *n* depreciation
qaymijabin *v* invalidate
qaymo xad dhaafa *adj* exorbitant
qeexan *adj* concise, definite, lucid, specific
qeexid *v* pitch; define
qeexista *n* definition
qiic ku shidid *adj* smoked
qiicid *v* smoke
qiijiye *n* smoker
qiil leh *adj* extenuating
qiima hooseeya leh *adj* shoddy
qiima leh *adj* worthwhile
qiima siin *iv* cost
qiimaha *n* cost
qiimayn *v* appraise, assess, evaluate
qiimayn *n* critique
qiimaynyo *n* appraisal, assessment
qiime *n* value
qiimeyn *v* rate, value
qiimo badan leh *adj* invaluable
qiimo badan siin *v* overrate
qiimo jabid *v* depreciate
qiimo leh *adj* deluxe
qiimo ridid *v* devalue
qiimo sare leh *adj* pricey
qiimo sareeya *adj* lofty
qiimo yar leh *adj* trivial
qiiq-qaade *n* chimney
qiira leh *adj* emotional

qiiro *n* emotion
qiraadlaha *n* confessor
qirasho *n* confession
qiratin *v* admit, confess
qirid *v* concede, vouch for
qirid Eebe *v* glorify
qiritaan *v* acknowledge
qishid *v* cheat
qiyaad cabir *n* ton
qiyaas *n* meter, dimension, estimation
qiyaas *v* span
qiyaas *n* size
qiyaas badan leh *adj* substantial
qiyaas qaldid *v* miscalculate
qiyaas wayn *n* magnitude
qiyaasid *v* estimate, guess
qkhtiraacid *v* devise
qob qob *n* bracket
qodax *n* thorn
qodax leh *adj* thorny
qodbid *n* tack
qodid *v* excavate, mine, unearth
qodnaanta *n* depth
qodob *n* article
qof *n* person
qof *pro* somebody, whoever
qof meeraysanaya *n* prowler
qof aad u xiiseeya shay *adj* fanatic
qof aan haysan senti *adj* penniless

qof adkaysi badan *adj* stoic
qof af gaaban *adj* introvert
qof ag mara *n* passer-by
qof ahaan ah *adj* personal
qof asalkiis *n* ancestry
qof badal *n* substitute
qof caqli dhiman *adj* retarded
qof dabeecad dagan *adj* gentle
qof deg-deg badan *adj* impetuous
qof dhilay ah *adj* promiscuous
qof dhulkiisa *n* homeland
qof dibada ka koox *n* outsider
qof dilitaan *n* manslaughter
qof faasiq ah *n* pervert
qof furfuran *adj* extroverted
qof gala danbiyo *n* hoodlum
qof garasho dheer *adj* prudent
qof hadla *n* speaker
qof hadlaya wixiisa *pro* mine
qof hal malyan ka badan haysta *adj* millionaire
qof haya xil dawlo *n* officer
qof jara timaha *n* hairdresser
qof juudaan qaba *n* leper
qof ka tirsan koox *n* member
qof kaftama *n* joker
qof kale ka badin *v* outdo
qof kasta *pro* anybody, everybody
qof kootarabaan sameeya *n* smuggler
qof ku nool Isbayn *n* Spaniard
qof kulul *adj* stern
qof la gooyay *adj* estranged
qof lagu qoslo *n* laughing stock
qof layaqaan *n* celebrity
qof leh hanti *n* landlord
qof mireed *n* nut-shell
qof na *pro* no one
qof nafle *adj* dashing
qof naftiisa *pre* oneself
qof orda *n* runner
qof qalaad *n* stranger
qof rabaa in wax kasto ogaado *adj* curious
qof sharciga jabiya *v* outlaw
qof shaydaana *n* demon
qof soo ooga dacwad *n* plaintiff
qof ugaarsad *n* manhunt
qof uun *pro* someone
qof waalan *adj* lunatic
qof waalan *n* psychopath
qof walba *pro* anyone
qof warka bixiya *n* informant
qof wax curiya *n* creator
qof wax difaaca *n* defender
qof wax ijaara *n* lessor
qof wax ku duula *n* flier
qof wax ku waalan *adj* maniac
qof xishooda *adj* modest
qof xoog leh *adj* burly
qof xun *adj* crass
qofee *v* personify
qofka *n* pioneer

qofka daabaca shay *n* publisher
qofka deynta ku bixiya rahmad *n* pawnbroker
qofka dhawrka xaas leh *adj* polygamist
qofka furdaamiska sameeyo *n* exorcist
qofka hawl dayaca *v* goof
qofka hawo wax ku cel-celiya *n* juggler
qofka la siiyo lacag *n* payee
qofka xabsiga ku jira *n* inmate
qofna *pro* nobody
qofnimo *n* personality
qoful tume *n* locksmith
qol *n* room
qol caruureed *n* nursery
qol fadhi *n* living room
qol ka cunto *n* dining room
qol kayd *n* stockroom
qolfe *n* cinnamon
qolfoof *n* skeleton
qol-jiif *n* dormitory
qolka dharka la surto *n* closet
qolka hurdada *n* bedroom
qolka meydka *n* mortuary
qolka qiraalka *n* confessional
qolka qoob ka ciyaarta *n* ballroom
qolka shirka *n* city hall
qolof *n* shell
qolof *v* shell
qolol badan leh *adj* roomy
qoob *n* hoof
qoob ka ciyaar *n* ball
qoobcayaar *n* dance
qoobka ciyaarid *v* dance
qoob-ka-ciyaar *n* waltz
qoodo *n* procession
qool *n* leash, noose
qool fureed *n* key ring
qoolad-yar *n* cubicle
qooleey *n* pigeon
qooley *n* dove
qoomamo *n* contrition, remorse
qoomamo leh *adj* remorseful
qoondayn *v* allocate
qoondo *n* allowance
qoor *n* neck
qoor goyn *v* decapitate
qoor sur *n* necklace
qoor-gooye *n* meningitis
qoorgooyn *v* behead
qoorxir *n* necktie
qoosh *n* compost
qoqob *n* compartment
qoraa *n* author, writer
qoraal *n* document, script, writing, text; shorthand, small print, inscription; protest
qoraal *v* record
qoraal ah rasmi *v* register
qoraal dhammeystiran *n* compendium

qoraal diyaarin *v* draft
qoraal doodeed *n* thesis
qoraal gaaban *n* note
qoraal gacmeed *n* handwriting
qoraal jiifa *adj* italics
qoraal kale ee *v* gage
qoraal koowaad *n* draft
qoraal sawir wayn *n* poster
qoraal yar yar *n* fine print
qoraalka qabriga *n* epitaph
qorax dhac *n* sunset
qorax madoobaad *n* eclipse
qorax soo bax *n* sunrise
qoraxaysad *v* bask
qor-gooye *n* guillotine
qori *n* firearm; stick
qori gacan ku ridid *n* handgun
qori tuur *n* draw
qorid *v* transcribe, write
qorid loox *v* whittle
qoris ciidan cusub *n* recruitment
qorof danbaseed *n* ashtray
qorshayn *v* plan
qorshe *n* plan, program, scheme
qorsheeye *n* programmer
qorsheyn *v* map
qoslid *v* giggle, laugh
qosol *v* chuckle, laugh, laughter, ridicule
qosol *adj* hilarious
qosol leh *adj* funny, humorous, laughable

qota dheer leh *adj* profound
qotan khudbeed *n* lectern
qoton *n* post, rail; basis
qoton ah *adj* upright
qoyaan ah *adj* swamped
qoyaan yar leh *adj* damp
qoyan *v* dampen
qoyan *n* humidity
qoyan *adj* sloppy, wet
qoyan oo jilicsan *adj* soggy
qoys *n* household
qoyska reer boqor *n* royalty
qubeys *n* shower
qubo *n* turtle
qudhaada *pro* yourself
qudhayda *pro* myself
qudhiina *pro* yourself
qudurnimo ah *adj* stingy
qufac *n* cough
qufacid *v* cough
quful *n* lock
qufulid *v* lock, lock up
qul qul *n* flow
qul-qul *n* current
qulqulid *v* flow
qumaati ku kaca *v* lift off
qumanaan *adj* proper
qumbacasho *n* relapse
qumbulad duriye *adj* nuclear
qunbe *n* coconut
qundul madaw ah *adj* pitch-black
qunsul *n* consul

quraac *n* breakfast
quraanjo *n* ant
quraarad *n* bottle
quraaradayn *v* bottle
qurmay *v* fester
qurmay *adj* rotten
qurmi og *adj* perishable
qurmid *v* rot
qurmista jirka *n* gangrene
qurqurin *v* guzzle
qurqurin cunto *v* gulp
qurquro *n* gulp
qurub *n* molecule, particle
qurubka ugu yar *n* atom
qurun *n* rot
quruurux *n* shrapnel
qurux *n* beauty, splendor
qurux *adj* lovely
qurux badan *adj* adorable, cute, good-looking
qurux badnaan *n* grace
qurux leh *adj* beautiful, pretty
quruxsan *adj* gorgeous
qurxin *v* decorate, adorn, beautify, embellish
qurxin qof *v* spruce up
qurxis *n* ornament
qurxis ah *adj* ornamental
qurxoon *adj* handsome
qusiliyad *n* consulate
quud *n* nutrition, sustenance, nourishment
quudad *v* consume
quudasho *n* consumption
quudin *v* nourish
quus *n* discouragement
quusaya *n* diving
quuse *n* diver
quusid *v* dive
quute *n* consumer
quwad *n* power
quwad koronto *n* voltage
quwad leh *adj* almighty
quwad sare *n* superpower

raac *v* follow
raaca *adj* affirmative
raacdo *n* pursuit
raace *n* follower
raacid *v* bus, embark, shuttle
raacid markab *v* board
raacid sharci *v* abide by
raacin sharxid *n* annotation
raac-raacid *v* hang around
raacsi *n* chase
raacyo *n* escort
raad *n* clue, vestige; footprint, track, trail

raad lahayn *adj* groundless
raadin *v* look for, search, trace
raadin xal *v* settle
raadis *n* quest, search
raadiyow *n* radio
raafid *n* conscript
raaga *adj* protracted
raagid *v* protract
raajato *n* X-ray
raali galin *v* atone
raali galin qof *v* ingratiate
raali ku ah *adj* content
raalli galin *v* apologize
raalli galinyo *n* pardon
raalli galis *n* apology, atonement
raamsad *v* munch
raando *n* plane
raasamaal *n* asset
raashin *n* ration
raashin u qawimid *v* ration
raasummaal *n* capital
raaxo *n* fun; luxury
raaxo aad ah leh *adj* luxurious
raaxo la'aan *n* discomfort
rabaayad *n* pet
rabaayadayn *v* domesticate
rabaayadayn xoolo *v* tame
rabasho kicin *v* stir up
rabid *v* crave, desire, lust, need, want, wish, wonder
rabidda-galmada *n* sexuality
rabidyo *n* impulse
rabis *n* desire
rabitaan *n* eagerness, inclination
rabitaan u dhalasho *n* propensity
rablayn *v* skip
rable *n* skip
rabshad law ah *n* rascal
rabshid *v* bother
rabsho *n* violence
rabsho leh *adj* bothersome
rabyo *n* penchant
radin *v* soak
rafatin *v* writhe
rafiiqnimo *n* companionship
rag *n* men
rah *n* frog
rahaamad *adj* collateral
rahan *n* mortgage
rahwayn *n* toad
raja beel ah *adj* hopeless
rajayn *v* look forward, anticipate
rajeyn *v* hope
rajo *n* anticipation, hope
rajo beel *n* despair
rajo beel *adj* despondent
rajo ku qab *n* expectation
rajo lumin *v* dishearten
rajo wanaag leh *adj* optimistic
rakaab *n* passenger
rakaadin *v* recap
rakhiis ah *adj* cheap
rakhiisin *v* mark down

rakibaad qalab *n* installation
rakibid *v* install
rako *n* attic
raq *n* carcass
rar *n* heap, burden, cargo, load, shipment
rar *n* freight
raran *v* burden
raran *adj* loaded
rarid *v* load, transport
rasaas *n* ammunition
rasayn *v* heap, pile, stack
rasmi ah *adj* formal, solemn
raso *n* heap, bale, pile, stack
rasuul *n* apostle
raxan u wada socdo *n* swarm
raxan u wada socdo *v* swarm
raxmad *n* mercy
raxmo daran *adj* relentless
ra'yi *n* precept
reeb reebka *n* remains
reeban *n* prohibition
reebid *v* prohibit
reer *n* clan
reer galbeed *adj* westerner
reer miyi ah *n* countryman
reer waqooyi *adj* northerner
reer-aakhiraad *n* vampire
reerbaaddiye *n* barbarian
reerka boqortooyada *n* dynasty
renji *n* dye
ribo *n* interest

ricin *n* joint
ridid *v* drop; trigger
ridmid *v* drop
rigeyn *n* parade
riimid *v* hum
riin *n* moan
riixid *v* dent, press, push, shove
riixyo *n* press
rijeeto *n* prescription
rikoodh *n* record, tape recorder
rimoor *n* trailer
rinji *n* paint
rinjiyayn *v* paint
riwaayad *n* concert
riyo *n* dream
rogaal celin *v* recur
rogmid *v* flip
roob *n* rain
roob da' *n* rainfall
roob dhibco yar *n* drizzle
roob wayn *n* downpour
roob xoog leh *n* thunderstorm
rooba baw ah *adj* rainy
roob-baraf *n* hail
rooti *n* baguette, bread
rooti dhamaystiran *n* loaf
rooti diiriso *n* toaster
rooti iyo hilib *n* hamburger
rooxaan *n* ghost
rubac *n* quarter
rubuc *n* quarters
rucub *n* bunch, cluster

rug *n* location, site, station
rug caafimaad *n* practice
rugid *v* rub
rugta birta lagu dhalaaliyo *n* foundry
rugta-bandhiga farshaxanka *n* gallery
rujin *v* pick, pluck
rukumaasho jornaal *v* subscribe
rukun *n* customer, patronage
rukun jornaal *n* subscription
rukunle *n* patron
rukuuc *n* bow
rukuucid *v* bow
rumaan *n* pomegranate
rumayid *v* brush
rumayn *v* believe
rumays *n* belief
rumaysasho la'aan *n* disbelief
rumaysne *n* believer
run *n* truth
run ah *adj* actual, genuine, truthful
run ahaan *adv* indeed
run ahaantii *adv* actually
run moodyo *n* presumption
runta la xiriira *adj* factual
ruqsayn *v* dismiss
rushayn *v* sprinkle
ruugid *v* gnaw
Ruush ah *adj* Russian
Ruushka *n* Russia
ruux *n* apparition
ruuxi ah *adj* spiritual
ruwaayadayn *v* dramatize
ruxid *v* convulse, shake, wiggle; rock, sway
ruxma *adj* shaky
ruxmad *v* waver
ruxmay *adj* shaken
ruxmid *v* jolt, quiver

S

saab *n* cage
saabaan *n* goods; furniture
saableey *n* torso
saacad *n* clock, watch; hour
saacad sameeye *n* watchmaker
saacadda hurdada *n* alarm clock
saacadiiba ah *adv* hourly
saacidid *adj* obliged
saad *n* supplies
saadaalin *n* conjecture
saadaalin *iv* forecast, foretell, predict, project
saadal *n* prediction
saafi ah *n* crystal
saafinimo *n* purity
saahid *adj* ascetic

saalideysan

saalideysan *n* lubrication
saalo *n* dung; saloon
saamayn *v* affect
saamayn *n* domination, effect, influence
saamayn dhibaato *v* afflict
saamayn leh *adj* effective, influential, telling
saamaynteeda *n* effectiveness
saameeye *adj* domineering
saami *n* rate, ratio; commission
saami hel *n* dividend
saamiile *n* shareholder
saan *n* leather
saandal *n* sandal
saanqaad *n* toddler
saaqidid *v* drop out
saaran *adv* aboard
saarid *v* set; extract, overcharge
saarid canshuur *v* levy
saarid laxan *v* tune
saawir ah *adj* blunt
saaxib *n* boyfriend
saaxiib *n* buddy, comrade, fellow, friend, pal
saaxiib dhaw *n* crony
saaxiibad *n* girlfriend
saaxiibnimo *n* fellowship, friendship, goodwill
saaxiibnimo leh *adj* amicable
saaxiibtinimo leh *adj* genial
saaxir *n* magician

saaxirad *n* witch
sab *n* feast
sabab *n* cause, motive, reason
sababayn *n* reasoning
sababid *v* attribute
sababta oo ah *pre* because of
sababta oo ah *c* inasmuch as
sababtaas darteed *adv* therefore
sabarad *n* crowbar
sabayn *v* float
sabaynaya *adv* adrift
sabeeya *adv* afloat
sabi *n* infant
sabiib *n* raisin
sabool ah *adj* indigent, needy
saboolayn *adj* impoverished
saboolnimo *n* poverty
Sabti *n* Saturday
sabuurad *n* blackboard, chalkboard
sac *n* cow
sacbin *v* applaud, clap
sacbis *n* applause
sadaqaysta *adj* charitable
sadar *n* verse
saddex biloodle ah *adj* quarterly
sadex *adj* three
sadex biloodle *n* trimester
sadex gees *n* triangle
sadex iyo toban *adj* thirteen
sadex laab ah *adj* triple
sadexaad *adj* third

saf *n* file, line, cue
saf gudban *n* row
safaarad *n* embassy
safar *n* journey
safar dheer *n* voyage
safid *v* line up
sagaal *adj* nine
sagaal iyo toban *adj* nineteen
sagaashan *adj* ninety
sagootis *n* farewell
sagxad *n* deck
sagxad guri *n* floor
sagxad ku karin *v* charbroil
sahal *n* simplicity
sahal ah *adj* convenient, simple
sahal ahayn *n* uneasiness
sahamiye *n* explorer
sahan *n* exploration
sahla *adj* conducive
sahlan *adj* easy
sahmin *v* explore
sajuuda *adj* prostrate
sakada *n* alms
sakhaalad *n* scaffolding
sakiin *n* razor
sako *n* alms
sal *n* base, bottom
sal lahayn *adj* baseless
salaamid *v* greet
salaan *n* ladder, regards
salaan *e* hello
Salaasada *n* Tuesday

salaax *n* caress
salaaxid *v* caress, fondle, pet
saladh *n* lettuce, salad
salal *n* buoy
saliib *n* crucifix
saliid *n* oil
saliid ceeriin *n* petroleum
saliid-naar *n* iodine
saliid-udug *n* balm
salool *n* popcorn
samaacad *n* microphone
samaacad *n* loudspeaker
samada la xiriira *adj* celestial
samafal *n* charity
samayn *v* commit, perpetrate; carry on, perform, act, overdo; fix, make, produce, mint
samayn dhar *iv* weave
samayn jiray *adj* used to
samayn mar labaad *v* redo
samayn rabsho *v* riot
samayn sharci *v* legislate
samayn shirqool *v* plot
samayn waxshimino *v* brutalize
samayn xiriir *v* tap into
samaynta khamri *v* brewery
samaynyo *n* make; reproduction
sambab *n* lung
sameeya *v* make up
sameeya cod *adj* squeaky
sameeye *n* maker
samir la'aan *adj* impatient

samir la'aanta *n* impatience
san *n* nose
sanad *n* year
sanad guuro *n* anniversary
sanad leh *adv* yearly
sanadle *adj* annual
sanam *n* idol
sanam caabudyo *n* idolatry
sandaqad lagu iibiyo wargays *n* newsstand
sanduuq ku xadayn *v* box
sanduuq yar *n* chest
sanduuqa barafka *n* icebox
sanduuqa waraaqaha *n* mailbox
sanjabiil *n* ginger
santi mitir *n* centimeter
saqaf *n* roof
saqafka *n* ceiling
saraawiil *n* trousers
saraynsho *n* superiority
sarbeeb *n* idiom, implication, metaphor
sarbeebid *v* connote, imply
sare *pre* over
sare *adj* sublime, superior
sare ah *adj* majestic; upper
sareen *n* rye, wheat
sareeya *adj* high
sargaxan *adj* clumsy
sarid *v* slash
sariin *n* gash
sariir *n* bed, cradle
sariir ilmeed *n* crib
sariir markab *n* berth
sariiro is dulsaaran *n* bunker
sarin *n* slot
sarkaal maamul *n* bureaucrat
sarmo *n* slash
sarraaxad *n* trimmings
sarraynyo *n* supremacy
sarreeye *n* highness
sarriirta dhimashada *n* deathbed
sawaxan *n* racket, alarm, siren
sawaxan leh *adj* tumultuous
sawir *n* illustration, picture, portrait
sawir *v* photograph
sawir gacneed *n* sketch
sawir qaado *n* camera
sawir shactireed *n* caricature
sawir shactireed *n* cartoon
sawirasho *v* visualize
sawire *n* photographer
sawirid *iv* draw, picture
sawirida *n* drawing
sawiryahan *n* artist
sax *n* precision
sax *adj* right
sax ah *adj* accurate
sax ahayn *adj* incorrect
saxan *n* dish, plate
saxan *adj* precise
saxan fidsan *n* tray

saxanka qubeyska *n* bathtub
saxariir *n* atrocity
saxaro *n* crap
saxaro qabte *n* diaper
saxda ah *adj* exact
saxiixid *v* ratify, sign
saxiixyo magac *n* autograph
saxitaan *n* correction
saxnaansho *n* accuracy
saxsan *adj* correct
sayga *n* husband
sayidad *n* mistress
sayn ruxid *v* wag
saytuun *n* olive
sebi *n* newborn
seeb *n* paddle
seed *n* ligament
seedi *n* brother-in-law
seef *n* sword
seeftan *n* fencing
seesar *n* saucer
seexad *iv* sleep
seexin *v* hospitalize
seexin *n* lull
senyaale *n* signal
sexeexid *n* signature
shaabadayn *v* brand
shaac ku ah meel *adj* prevalent
shaag *n* tire
shaah *n* tea
shaambad *v* stamp
shaandhayn *v* filter

shaandho *n* filter
shaarub *n* mustache
shaashad *v* monitor
shaati *n* shirt
shaati ciyaartooy *n* jersey
shabag *n* net
shabakad internatka *n* web site
shabaq *n* mesh
shabeel *n* tiger
shacab ah *adj* civil
shacbi *adj* public
shactirayn *n* comedy
shactiroole *n* clown, comedian
shaf *n* chest
shahaado aqooneed *n* diploma
shahwo *n* sperm
shakal *n* axle
shakhsiyad *n* charisma
shaki *n* doubt
shaki ka qabe *adj* skeptic
shaki la'aan ah *adj* positive
shaki leh *adj* dubious
shaki saarid *v* reassure
shakilow *adj* skeptic
shakilow *n* skeptic
shakiyid *v* doubt
shalay *adv* yesterday
shamac *n* candle
shamac kaabe *n* candlestick
shamiito *n* cement
shan *adj* five
shan geesle *n* pentagon

shan iyo toban *adj* fifteen
shanaad *adj* fifth
shandad *n* suitcase
shandad dumareed *n* handbag
shandad qaade *n* porter
shandad safar *n* luggage
shanlayn *v* comb
shanlo *n* comb
shanqar la'aan *adj* silent
shanqar yeerid *v* pop
shaqa guri *n* homework
shaqa ka cayrin *v* sack
shaqa ka istaag *n* strike
shaqa la'aan *n* unemployment
shaqa la'aan ah *adj* jobless, unemployed
shaqaalayn *v* hire
shaqaale *n* staff, employee, labor, personnel, worker
shaqaale markab *n* crew
shaqaale u helid *v* staff
shaqaaleeye *n* employer
shaqal *n* vowel
shaqayn *v* employ
shaqayn waayo *n* breakdown
shaqo *n* employment, occupation
shaqo ka fariisin *v* lay off
shaqo sawir *n* artwork
shaqsid *v* hurry
shar *n* vice, evil
shar *adj* vicious
shar leh *adj* diabolical

shar miiran ah *adj* fierce
sharaab *n* syrup
sharaac *n* awning; sail
sharabaadyo *n* sock
sharad dhigasho *v* wage
sharaf *n* majesty
sharaf dilid *v* defame
sharaf la kasbado *n* glory
sharaf leh *adj* glorious
sharaf ririd *v* humiliate
sharafdhac *n* dishonor
sharatamid *iv* bet
sharaxaad guri *n* furnishings
sharaxid *v* decorate
sharci *n* commandment, law, regulation
sharci *adj* legal
sharci ah *adj* lawful, legitimate
sharci dagan *n* statute
sharci dajiye *n* lawmaker
sharci daro ah *adj* illegal
sharci dhaafyo *n* dispensation
sharci ka noqosho *n* repeal
sharci raace *adj* conformist
sharci samaynyo *n* legislation
sharci sameeye *n* legislature
sharci siin *v* charter
sharci waafaqnimo *n* legality
sharci xumo *v* malpractice
sharciga raaco *adj* law-abiding
sharciyayn *v* formalize, legalize
shardiyan *adj* conditional

shareero *n* harp
sharfid *v* dignify
sharixid *v* demonstrate, clarify
sharlaw *n* villain
sharlaw ah *adj* wicked
sharlawnimada *n* wickedness
sharlow *n* scoundrel
sharooto *n* bandage
sharxid *v* explain
shasiyad leh *adj* charismatic
shati *n* license
shaxan laydi ah *adj* rectangular
shay *n* item, object, stuff, thing
shay aad u fidsan *n* tablet
shay bu' leh *adj* concentric
shay buuxiya meel *n* filling
shay dahaarid *n* upholstery
shay dhalaala ah *adj* glossy
shay dhalanteed ah *n* mirage
shay lagu dhaqdo *n* tub
shay qof *n* puppet
shay soo baxa markii wax la warshadeynaayo *n* by-product
shay wax daboola *n* sheets
shay wax ku dhaga *n* sticker
shay xusuus ah *n* memento
shaydaan *n* devil
shayddaan ah *adj* satanic
shayga sunta ah *n* toxin
sheega wax kasta *adj* outspoken
sheegad *v* claim, profess
sheegasho *n* claim, pretension

sheegid *n* recount
sheegid *v* reveal, tell, mention, state, divulge, identify
sheegid been *v* lie
sheegid sheeko *v* narrate
sheegidyo *n* allusion
sheeka baraley *n* legend
sheeka xiriiro *n* fable
sheeko *n* story, tale
sheeko baralay *n* myth
sheeko gaaban *n* allegory
sheeko qoraa *n* novelist
sheeko qoran *n* novel
sheellare *n* accelerator
sheelo *n* hernia
sheex *n* shame
sheex *adj* shameful
sheexa *adj* shy
sheexid *v* shame
shibane *n* consonant
shidaal *n* fuel
shidaalin *v* fuel
shifo *n* cheers
shig shigid hadal *v* stammer, stutter
shiilid *v* fry
shiiq ah *adj* dim
shiiqin *v* dim
shiirdhawr *n* deodorant
shiish yahan *n* marksman
shiishaar *n* sniper
shil *n* accident

shil markab *n* shipwreck
shilis *adj* obese
shimbir *n* bird
shimbir badeed *n* penguin
shimbirta afkeeda *n* beak
shimbirta yar *n* chick
shineemo *n* cinema
shini *n* bee
shir *n* gathering, assembly, meeting
shiraac *n* awning
shirid *v* convene
shirin *v* confer
shirka *n* partnership
shirka diyaaradda *n* cockpit
shirkad *n* company
shirkado isku taga *n* merger
shirqool *n* plot
shirqool-dhige *n* conspirator
shishe *adj* remote
shisheeye *n* alien, foreigner
shoog-maskaxeed *n* concussion
shoqo *n* job
shub *n* concrete
shuban *n* diarrhea
shubid *v* pour
shucuur *n* emotion
shufeer *n* chauffeur
shufto *n* bandit
shugri *n* gratitude
shukaanka markabka *n* helm
shukaansad guur *v* court
shukaansi *n* date, courtship, seduction
shukulaato *n* chocolate
shukumaan *n* towel
shuuci *adj* Marxist
shuuciga ruushka *adj* soviet
shuush *n* decay
shuuxlayn *v* drizzle
si aad ah *adv* dearly, highly, quite, too, very
si aad u fog *adv* afar
si aad u liita *adv* gravely
si aan lahayn dhaqaaq *adv* still
si aan rasmi ahayn *adv* unofficially
si aan xaq ahayn *adv* unfairly
si afar-gees ah u jarjarid *v* dice
si anshaxumo ah *adv* badly
si awood ah *adv* forcibly
si balaaran *adv* widely
si buuxda *adv* entirely, fully, right
si caadi ah *adv* naturally, normally, regularly
si cad *adv* plainly
si cadaana *adv* clearly
si caro leh *adv* furiously
si cuqdad leh *adv* grudgingly
si cusayb ah *adv* afresh
si daacad ah *adv* frankly
si dabacsan *adv* softly
si ded dega *adv* quickly
si degdeg leh *adv* hurriedly

si degdegid leh *adv* hastily
si dhab ah *adv* really
si dhamaan ah *adj* outright
si dhan *n* span
si dhaqsiyo *adv* immediately
si dhaqso leh *adv* speedily
si dhif *adv* rarely
si dhif ah *adv* seldom
si dhiiranaan leh *adj* daring
si dirqi *adv* scarcely
si doonis leh *adv* willfully, willingly
si durba ah *adv* instantly
si durkid *adv* further
si eray eray *adv* literally
si faahfaahsan *adv* in depth
si farxada *adv* joyfully
si fiican *n* well
si fiican *adv* nicely
si fiican loo ammaaney *v* acclaim
si foolxumo leh *adv* grossly
si fudud *adv* lightly, simply
si gaabis *adv* slowly
si gaar ah *adv* especially
si gaar ahaaneed *adv* particularly
si geesinimo ah *adv* bravely
si gunaanad ah *adv* lastly
si habaysan *adv* neatly
si habsami ah *adv* fluently
si hadal ah *adv* orally, verbally
si hadal kulul leh *adv* sternly
si hoos ah *pre* beneath
si hoose ah *adv* down
si indha la'aan ah *adv* blindly
si is le eg *adv* fifty-fifty
si isla wayni leh *adv* vainly
si ka dhexayn leh *adv* mutually
si ka duwan *adv* otherwise
si ka fogaad *adv* away
si kadis ah *adv* suddenly
si kaftana *adv* jokingly
si kali ah *adv* barely
si kali ahaaneed *adv* solely
si kama ah *adj* accidental
si kastaba *pro* anyhow
si kastaba *c* however
si kharaar *adv* bitterly
si kibir lahayn *adv* humbly
si ku dhaw *adv* closely
si lama-filaan ah *n* spontaneity
si lamid ah *adv* likewise
si liidata *adv* poorly
si maqsuud leh *adv* proudly
si mar kasta ah *adv* ever
si mar mar ah *adv* sometimes
si mashquula *adv* busily
si miiran ah *adj* tricky
si muuqata *adv* obviously
si nasiib ah *adv* randomly
si naxariis leh *adv* kindly
si ogaansho leh *adv* knowingly
si qalafsanaan leh *adv* harshly
si qalib ah *adv* inside out

si qasad ah *adv* purposely
si qayb ah *adv* partially
si qaylo badan *adv* noisily
si qaylo leh *adv* loudly
si raacsan nadaam *adv* formally
si rajo ah *adv* hopefully
si sahal ah *adv* easily
si sax ah *adv* justly
si shaki la'aan ah *adv* surely, undoubtedly
si siman *adv* smoothly
si sir ah *adv* secretly
si tartiib tartiiba *adv* step-by-step
si tartiiba u socda *n* slow motion
si taxadir leh *adv* gingerly
si ujeedo leh *adv* expressly
si uun *adv* somehow, someway
si waalli ah *adv* madly
si wada jir ah *adv* together
si wadajir ah *adv* jointly
si war wareeg leh *adv* reluctantly
si wareegaysi *pro* around
si weyn u ilka-caddeyn *v* grin
si xadi leh *adv* sparingly
si xun u adeeg *n* misconduct
si xun ula dhaqan *n* mistreatment
si xun ula dhaqmid *v* mistreat
sibibixid *iv* slide
sibidh *n* cement
Sibtambar *n* September
sicir *n* price

sicir babar *n* inflation
sicirka diyaaradda *n* airfare
sida ay u muutaqo *adv* apparently
sida badan *adv* mainly
sida badanka ah *adv* primarily
sida caadiga ah *adv* ordinarily
sida cuntada loo kariyo *n* recipe
sida hadal loo dhigo *n* wording
sida la wariyay *adv* reportedly
sida laga yaabo *adv* may-be
sida qof u dhaqmo *n* mannerism
sida saxda ah *adv* properly
sidaas daraadeed *adv* hence
sidan oo kali ah *adv* merely
sidbasho *n* slip
sidbatin *v* slip
siddeetan *adj* eighty
side *n* knob
sidee *adv* how
sideed *adj* eight
sideed iyo toban *adj* eighteen
sideedaad *adj* eighth
sidid *n* carriage
sidii hore *adv* previously
sidii la rabay ah *adj* ideal
sidii laga rabay ah *adj* perfect
sidoo kale *adv* also
sifayn *v* distill, mop
sifo *n* adjective, trait
sigaar *n* cigarette

sixid qalab

sii *iv* give
sii dayn *n* acquittal
sii dayn *v* let go, sigh
sii daynta shucaaca *n* radiation
sii dheerayn *v* deepen
sii fiirin *n* preview
sii fogaain *adv* further
sii hagaajinyo *n* improvement
sii marid *v* stop over
sii maris meel *n* transit
sii ogaansho *iv* foresee
sii raaca *adv* moreover
sii siyaadin *v* aggravate
sii socodsiin *v* go on
sii wadasho *n* continuation
sii wadid *v* carry on, go ahead, keep on, persevere, resume
sii xaqiijin *v* corroborate
sii xumaatin *v* worsen
sii yaraaday *v* dwindle
siidayn *n* discharge
siidayn *v* emit, loose, release
siidayn dareere *v* exude
siidayn shay *v* unleash
siidaynyo *n* emission
siin *v* dispense, bestow, present, grant, contribute, hand in, lavish
siin *n* handout
siin daawo *v* drug
siin heer *v* rank
siin sabab *v* rationalize
siin shati *v* license
siinyo *n* contribution
siislayn *v* hiss
siiwadid *v* maintain
siiye *n* supplier
si-khafiifa *adv* thinly
sikin *v* budge, edge, shift
silbatin *v* slip
silcid *v* agonize, suffer
silcin *v* torment
silic *n* agony, torment
silig *n* wire
silinbe *n* janitor
silsilad *n* chain
siman *adj* even
siman *v* smooth
siman oo salax ah *adj* flat
simanaanta *n* smoothness
simid *v* align, equate, flatten, level
simistar *n* semester
sin *n* hip
sinaansho *n* equality
sinaansho la'aanta *n* inequality
sinaysasho *n* adultery
sinbiririx *adj* slippery
sinimoo *n* cinema
sir *n* mystery, trick
sir sheegid *v* confide
sirid *v* beguile, dupe, fool, trick
siriq *n* trap
sixid *n* chastisement
sixid qalab *v* calibrate

sixir

sixir *n* magic, sorcery, witchcraft
sixir ah *adj* occult
sixir oo kale ah *adj* magical
sixirlaw *n* wizard
sixiroole *n* sorcerer
sixrid *v* bewitch
siyaadin *v* escalate
siyaado *n* abundance
siyaano *v* hint
siyaano bixin *n* hint
siyaasad *n* policy
siyaasadda gumeysiga *adj* imperial
siyaasi *n* politician
siyaaso dawladeed *n* diplomacy
so jeedin *v* suggest
socda *v* continue
socda wali *adj* ongoing
socdaal *n* escapade
socdaal *v* trip
socdaal qoondaysan *n* itinerary
socdaale *n* traveler, voyager
socdaalid *v* set out, travel
socod *n* walk
socod degdega *adj* brisk
socod dheer *n* hike
socod hareereed *n* sidewalk
socodka gaadiid *n* traffic
socotin *v* go out, tread, walk
socotin muddo *v* last
socoto *n* pedestrian
sodog *n* father-in-law

sodoh *n* mother-in-law
sodon *adj* thirty
sole *n* broiler
solid *v* broil, grill, roast, toast
solitaan *n* roast
sonkor *n* sugar
sonkorow *n* diabetes
sonkorow qaba *adj* diabetic
soo bandhig *n* performance
soo bandhigid *v* display, exhibit
soo baxa *adv* out
soo baxsan *v* stand out
soo bixid *v* flare-up, come out, sprout
soo bixid dhir *v* germinate
soo celcelis *n* banality
soo celin *v* restore
soo daaha *adj* belated
soo dagasho *n* landing
soo dedejin *v* precipitate
soo degid *v* come down, descend
soo dhawaan *n* approach
soo dhawayn leh *v* welcome
soo dhawaynyo *n* hospitality
soo dhaways *n* welcome
soo dhaweeye *n* receptionist, usher
soo dhicid *iv* fall
soo dhow *adj* coming
soo dhuuqid *v* pump
soo fiiqid *v* protrude
soo fooleh *n* Advent

soo gaabinyo *n* brevity
soo galaya *adj* incoming
soo galid *v* import
soo galitaan *v* enter
soo galooti *n* influx
soo gelin *n* importation
soo gelin *v* let in
soo jeedin *v* offer
soo jeedin leh *adj* suggestive
soo jeedin qorshe *v* propose
soo jeedinyo *n* suggestion
soo jeedis *n* proposal
soo jeedis talo *n* proposition
soo jiidad *v* attract, captivate, enthrall, seduce
soo jiidad *n* charm
soo jiidasho *n* allure, attraction
soo jiidasho leh *adj* alluring, appealing, attractive, charming, glamorous
soo jireen ah *adj* long-standing
soo kacayo *n* upturn
soo koobid *v* sum up, summarize
soo korin *v* bring up
soo kuusin *v* bag
soo meerid *v* come over
soo noolayn *v* resuscitate, revive
soo noolaynyo *n* resurrection
soo noqod *v* come back
soo noqosho *n* return
soo noqotin *v* return
soo qore *n* correspondent
soo rogaal celin *n* comeback
soo rogaal celinta *n* recurrence
soo saar *n* production
soo saarid *v* discover
soo saarid buug *v* publish
soo saaryo *n* discovery
soo tuurid *v* eject
soo xero gelin *v* lure
soo xero geshi leh *adj* enticing
soofe *n* chisel
soofeeye *n* sharpener
soo-gaabin *n* abbreviation
sooh *n* string
soohdin *n* boundary
soo-jiidad leh *adj* flamboyant
soo-jiidid *v* hitch up
soomid *v* fast
Soon yuhuudeed *n* Lent
soor *n* bayonet
sooro *n* nun
soo-socota *adj* forthcoming
soo-yarayn *v* abbreviate
su'aal *n* pose
su'aal ka imaan karto *adj* questionable
su'aal ka war-wareegasho *v* fence
su'aalid *v* question
su'aalid dambi *v* interrogate
su'aalo *n* question
su'aalo badan weydiin *n* grill
su'aalo waydiin *n* catechism

su'aalo waydiinyo *n* inquisition
su'aalo-weydiimo *n* questionnaire
sudhid *n* drape
sugid *v* await, obtain, wait
sugida *n* waiting
sulub ah *adj* smooth
sumad *n* brand
sumad *v* earmark
sumayn *v* poison
sumaynaya *n* poisoning
sumcad *n* publicity
sumcad fiican *n* reputation
summad-boosto *n* postmark
sun ah *adj* toxic
sun laysa cayayaan *n* pesticide
sun leh *adj* poisonous, noxious
sunduuq *n* box
suniyo *n* eyebrow
surid *v* hang up
surin *n* alley
surwaal *n* pants
surwaal caadi ah *n* slacks
suuban *adj* virtuous
suuf *n* cotton, gauze
suufinimo leh *adj* mystic
suug wayne *n* mall
suugaan *n* literature
suugo *n* sauce
suul *n* thumb
suuli *n* rest room
suun *n* belt, strap
suuq *n* bazaar, market
suuq wayene *n* supermarket
suuq-geyn *v* market
suura gal *n* possibility
suura gal ah *adj* possible
suurada *n* effigy
suurooba *adj* prone
suurta gal ah *adj* rational
suurtagal ah *adv* likely
suurtawda *n* likelihood
suuxid *v* faint, pass out
suuxis *n* faint
suxul *n* elbow
Swiidish *adj* Swedish
Swis *adj* Swiss

taabad *n* pat
taabad *v* touch
taabasho *n* affection, contact, touch
taabe *n* tangent
taabta dareenka *adj* touching
taag *n* reef; plateau, platform, pulpit
taag daran *adj* tenuous
taageere *n* supporter

taageerid *v* back, endorse, support, uphold
taageerid *adj* second
taageero *pre* for
taageero *n* assistance, endorsement
taagin *adj* erect
taah *n* groan
taahid *v* groan, moan
taaj *n* crown
taajirin *v* enrich
taakule gadaale *n* backup
taakuleeye *n* supplier
taakulo gadaale *n* backing
taalo *n* monument, statue
taariikh *n* date, calendar, history
taariikh ku qorid *v* date
taariikh xasuus mudan *n* milestone
taariikhda ka hor *adj* prehistoric
taariikh-nololeed *n* biography
taariikhyahan *n* historian
taatiko *n* tactics
tab *n* ingenuity
tababar *v* practice, coach
tababar *n* course
tababare *n* coach, instructor, trainer
tababarid *n* coaching
tababarid *v* train
tababarin *v* drill
tababarte *n* trainee
tababaryo *n* training
tabar *n* strength
tabar yari *n* weakness
tabaraysad *v* strengthen
tabardaran *adj* weak
tabarruce *n* benefactor
tabaruce *n* contributor, volunteer
tabaryaraad *v* weaken
tacab *n* yield
tacshiirad *n* crossfire
tacsi *n* condolences
taddawur *n* evolution
tafa tirid *v* detail
tagay *adj* past
tagid *v* depart, go away, leave, move out
tagid *n* parting
tagis *n* departure
tagsi *n* cab
tahay in la bixiyo *adj* payable
tahay inaad haysato *v* have to
takfi *n* flea
takhasuus gaar ah *n* specialty
takhtad *n* crater
takhtarka cilmi-nafsiga *n* psychiatrist
takhtarka indhaha *n* optician
takoor *n* segregation
takoorid *v* segregate
tala siin *v* counsel
tala siiye *n* adviser
talaaba socotin *v* pace

talaabo *n* pace, step
talaabo adag *adj* drastic
talaabo qaadid *n* action
talaabo qaadid *v* come forward, stride
talaabo socod *n* footstep
talaagadayn *v* refrigerate
talaal *n* vaccine
talaalid *v* vaccinate
talaallid *v* immunize
talin leh *adj* advisable
talinyo *n* ascendancy
taliye *n* admiral, boss, commander, lord, master
tallaal *n* graft
talo *n* advice, counsel, guidance
talo soo jeedin *n* motion, input
Talyaani ah *adj* Italian
Talyaaniga *n* Italy
tamar *n* energy
tamar-leh *adj* dynamic
tamashlayn *v* stroll
tamashle *n* excursion
tanaasul *n* compromise
tantoomo *n* fist
tantoonyo *n* fist
taraarax *n* skate
taraarixid *v* glide
taraq *n* match
tarbiyadayn *v* rehabilitate
tareen *n* train
tarjamid *v* interpret
tarjumaan *n* interpreter
tarjumid khalad *v* misconstrue
tarjumis *n* interpretation
tarmid *v* propagate
tarrar *n* crack
tartame *n* competitor, contender, contestant
tartamid *v* challenge, race
tartan *n* match, competition, contest, race
tartan is reeb reeb *n* tournament
tartiib milmid *v* amortize
tartiib tartiib *adv* little by little
tashiil *adj* thrifty
tashiil leh *adj* economical
tashiil xumo *n* waste
tashiila *adj* frugal
tashiilid *v* economize
tashiilitaan *n* frugality
tax qoraal *n* list
taxadar *n* caution
taxadar aan lahayn *adj* careless
taxadar la'aan *n* carelessness
taxadar leh *adj* cautious
taxadara *adj* attentive
taxadarid *v* beware, watch out
taxadarnaan *adj* careful
taxadir badan leh *adj* diligent
taxan *n* range
taxane dhacdo *n* chronology
taxniin *n* sequel
taxti *n* basement

tayada xukun *n* sovereignty
tayo *n* quality
tayo qofeed *n* caliber
tayo wax qabad leh *adj* efficient
teed *n* hurdle
teel teel ah *adj* sporadic
teendhi dhisid *v* pitch
teendho *n* tent
tegay *n* left
telafoon *n* telephone
telefan *n* phone
telefishin *n* television
telefishin laga tusey *v* televise
tidac *n* braid
tidic *n* knot
tifiqlayn *v* trickle
tigidh *n* stamp
tig-noloojiyo *n* technology
tiimbare *n* seal
tiir *n* pillar, post, beam, column, pole, stake
tiir calan *n* flagpole
tiir daldalaadeed *n* gallows
tiir naleed *n* lamppost
tiiranyo *n* regret
tiirin *v* bolster, stake
tiiro *n* slope
tijaabin *v* test
tijaabo *n* experiment; rehearsal
tilmaame *n* adjective
tilmaamid *v* indicate, signal; describe, locate
tilmaan *n* gesture, description; order
tilmaan-bixiye *n* handbook
tima beeneed *n* wig
tima feere *n* hairbrush
tima jar *n* haircut
tima jare *n* barber
tima kar *n* hairpiece
timo *n* hair
timo galoolan *n* curl
timo yara cas *adj* brunette
tira badan *n* bulk
tirabadnaan *v* abound
tirada dhimasho *n* death toll
tirada goolal *n* score
tirin *v* count, reckon
tiro *n* count, number, quantity
tiro aad u wayn *adj* staggering
tiro badan *adv* much
tiro badan *n* multitude, plenty
tiro badan ah *adj* plentiful
tiro badankeed *n* majority
tiro badnaan *adj* abundant
tiro beeshay *adj* countless
tiro guud *n* amount
tiro koob *n* statistic, census
tiro rag diineed *n* brethren
tiro sagaalaad *adj* ninth
tiro wax ku saa'ida *n* increment
tiro yar *adj* meager
tiro yar *n* minority
tirtire *n* eraser

tirtirid *v* cross out, eliminate
tirtirid raad *v* obliterate
tixgalin *v* adore
tixgelin *v* care about
tixgelin *n* consideration
tixid *v* itemize
tixid qoraal *v* list
tixraac *n* reference
tixraac qoraal *n* bibliography
tixraac xogeed *n* documentation
tiyaatar *n* auditorium
toban *adj* ten
tobnaad *n* tenth
todoba *adj* seven
todoba bax *n* honeymoon
todobaad *adj* seventh
todobaad *n* week
todobaad iyo toban *adj* seventeen
todobaadle *adv* weekly
todobaatan *adj* seventy
togan *adj* rigid
togid *v* strain
togis *n* strain
tolid *v* stitch, thread
tolidyo *n* sewing
tolmo *n* seam, stitch
toobad keena *n* penitent
toogid *iv* shoot
toogte *n* gunman
tooj *n* torch
toon *n* garlic

toonno *n* tuna
toorey *n* dagger
toos ah *adj* direct, forthright
toosan *adj* straight
toosh *n* flashlight
toosid *v* arouse, awake
toosin *v* adjust, straighten out
toosyo *iv* wake up
tub *n* route
tufaax *n* apple
tufaax shiidan *n* cider
tufid *iv* spit
tuhmid *v* distrust, mistrust
tuhun *n* misgivings, suspicion
tuhun leh *adj* suspicious
tujin *v* preach
tukashad *v* pray
tuke *n* crow
tuke *n* raven
tukubad *n* crutch
tumaaal *n* blacksmith
tumaal *n* smith
tumid *iv* beat, pound
tumida *n* pound
turjume *n* translator
turjumid *v* translate
Turki *n* Turkey
turubo *n* trumpet
tusaale *n* example, instance, specimen
tusaale ah *adj* exemplary
tusaale noqod *v* epitomize

tusaale tusid *v* exemplify
tusaaleeya *adj* demonstrative
tusbax *n* rosary
tusid *v* demonstrate, hold up, denote, guide
tusmada *n* contents
tusmada ascaarta *n* tariff
tusmo *n* diagram, index
tuubo *n* duct, hose
tuug *n* burglar, thief
tuugid *v* invoke
tuugo *n* theft
tuujin *v* squeeze
tuulo *n* village
tuulo ku noole *n* villager
tuur *n* hunchback
tuur *v* throw away
tuurid *v* dispose, hurl, junk, throw, toss
tuurta *n* crest
tuyaatar *n* theater

u adkaysasho *v* hold out
u arkid *v* regard
u baahatin *v* require
u dayn *v* indulge
u dhalasho wadan *adj* native
u dhaqmid si xun *v* mess around
u dhasay Fiinlaand *adj* Finnish
u dhashay Boolaand *adj* Polish
u dhashay Isbayn *adj* Spanish
u dhashay Meksiko *adj* Mexican
u dhashey dalka Boortaqiis *adj* Portuguese
u dhashey Holland *adj* Dutch
u dhashey Noorway *adj* Norwegian
u dhashey Turki *adj* Turk
u dhawaaqid *v* hail
u dheelmansho *v* gravitate
u dhiganta *v* boil down to
u diidid *v* deprive
u dirid *v* dispatch
u diyaar garaw *v* brace for
u dood *v* lobby
u doodid *v* advocate
u ekaansho *n* likeness
u fiican *adj* better
u fiirsad *v* focus on
u fiirsasho *n* focus
u go'id *v* devote

u hadlid *adv* behalf (on)
u hadlid *v* represent
u halgamid *v* champion
u hambalyayn *v* congratulate
u hibayn *n* devotion, consecration, dedication
u hibayn *v* consecrate
u hor kicid *v* induce
u hurid *n* devotion
u jeedid jiho *adj* bound for
u jihaysi *v* head for
u kala gudbid *v* traffic
u muuqad *v* seem
u nuglaansho *v* cater to
u nugul *adj* volatile
u ooyid *v* cry out
u qaadatin *v* presume
u qalma *adj* eligible, worth
u qalmid *v* qualify
u qarin *v* insinuate
u qaylin *v* call out
u qoondayn *v* assign
u sharaxan *n* candidacy
u sheegid *n* notification
u socdaalid shaqo *v* commute
u soo bandhigid *v* pose
u soo jeedin *v* urge
u taagan *v* stand for
u wacan *adj* better
u waydiin *v* intercede
u waydiinyo *n* intercession
u xiisid *v* miss
u xiiso qaba *adj* eager
u xil saarid qof *v* entrust
u-baahasho *v* entail
u-baaqid *n* hail
ubax *v* bloom, blossom
ubax *n* flower, poppy, rose
ubax guyeed *n* daisy
ubax haye *n* vase
ubuc *n* axis, core
udgoon *n* perfume
u-digid *v* forewarn
ugaarsad *v* hunt
ugaarsade *n* hunter
ugaarsasho *n* hunting
ugu badan *adj* maximum
ugu badnaan *adj* most
ugu badnaanta *adv* mostly
ugu danbayntii *adv* eventually
ugu danbays ah *adj* ultimate
ugu danbeeya *adj* last
ugu danbeeyay *adj* latest
ugu daran *adj* worst
ugu fiicnaasho *n* excellence
ugu heersarayn *v* excel
ugu horeeya *adj* foremost, principal
ugu sareeya *adj* prime
ugu sarreeya *adj* paramount
ugu shishayn *adj* utmost
ugu wayn *adj* main
ugu yar *adj* least
ugu-dhawaan *adv* about

uur sid

ujeedo *n* agenda, goal
ujeedo lahayn *adj* aimless
ujro *n* dues, fee
ukun *n* egg
ukun dhigis *iv* lay
ukun la shiiley *n* omelet
ul *n* club, staff, bat, stick
ul dhuuban *n* rod
ul ku dhufad *n* bat
ul ku kaxayn *v* row
ul madax *v* paddle
ul socod *n* cane
ula bisasho *n* guise
ula dhaqan *n* demeanor
ula jeedid *v* aim, mean
ulayn *n* spanking
umuliso *n* midwife
unkid *v* clone; initiate
unugyada dhiiga *n* corpuscle
ur *n* scent, odor, stink
ur *iv* smell
ur adag *n* stench
ur kaluun leh *adj* fishy
ura *adj* putrid
uraya *adj* smelly, stinking
urid *iv* stink
urin *n* smell
urin *v* sniff
urur *n* corporation, organization, league
urur bulsho *n* institution
urur ciidamo *n* battalion
urur isku-dan ah *n* fraternity
ururid *v* gather
ururin *n* rally
ururka xiddigaha *n* galaxy
urur-xirfadeed *n* guild
uruurin *v* agglomerate, collect
uruurshe *n* collector
uruuryo *n* contraction
usha doonta *n* paddle
usha lagu kaxeeyo doonta *n* oar
usid *v* commemorate
uumi *n* fumes, steam
uumi bixid *v* evaporate, vaporize
uumin *v* fumigate
uur *n* pregnancy
uur jiif *n* fetus
uur ku qaad *n* gestation
uur leh *adj* pregnant
uur sid *n* gestation

waa *n* epoch, era
waa in *iv* must
waabaayo *n* poison, venom
waabari *n* dawn
waadax ah *adj* fair, explicit
waadax-san *adj* graphic
waafaqid *v* correspond
waajib *n* duty, obligation
waajib ah *adj* obligatory
waajibin *v* oblige
waalan *adj* demented, frantic, insane, mad, nutty
waali *n* frenzy, insanity, lunacy, madness
waalid *n* parents
waalinimo *n* craziness
waano *n* advice
waara *adj* durable, everlasting, immortal, perennial
waaraya *adj* lasting
waarida *n* immortality
waax *n* department
waaya arag *adj* expert
waayadii hore *adv* formerly
waayadii hore ah *adj* primitive
waayeel *n* adult, elder
waayeel ah *n* grown-up
waayeel ah *adj* old
waayeelnimo leh *adj* elderly

waayid *n* disappearance
waayo *c* because
waayo *adv* why
waayo arag la'aan *adj* naive
waayo aragnimo *n* experience
wabi yar *n* creek
wacad *n* covenant
wacal *n* bastard
wacdi *n* parable
wacdinaya *n* preaching
wacid *v* hail
wada bixin dayn *v* pay off
wada dhan *adj* intact
wada gaari xamuul *n* trucker
wada hadal *n* conversation, discussion, negotiation
wada hadlid *v* converse
wada iibinyo *n* sellout
wada qarin *v* engulf
wada shaqayn *v* cooperate
wada shaqayn *n* cooperation
wada shaqayn *adj* cooperative
wada xiriirid *v* communicate
wadaad *n* clergy, clergyman, minister, monk, preacher, priest
wadaad kaniisadeed *n* pastor
wadaad kristaan ah *n* friar
wadaad magacaabid *v* canonize
wadaad masiixi *n* chaplain
wadaad masiixi wayn *n* archbishop
wadaad sare masiixi *n* bishop
wadaad yuhuud *n* rabbi

walaacsan

wadaadad *n* priestess
wadaad-madax *n* abbot
wadaadnimo *n* priesthood
wadaagid *n* pool
wadaagid *v* share
wada-dhan *adj* thorough
wada-hadal *n* dialogue
wadajir *n* coordination
wadajir la'aan *n* disunity
wadan *n* country
wadan hiloow *adj* homesick
wadan qalaad ah *adv* overseas
wadani *n* citizen, patriot
wadani ah *adj* patriotic
wadaninimo *n* citizenship
wadar *adj* total
wadar ah *n* plural
wadaryo *n* totality
wadashaqayn *v* collaborate
wadasho *n* docility
wadatin *iv* bear
waddani ah *adj* national
waddo hoose *n* subway
wade *n* driver
wadeey *n* buddy
wadid *v* keep up
wadiiqo *n* aisle
wadiiqo guriyeed *n* driveway
wadnaha ku xiran *adj* coronary
wadnaha la xiriira *adj* cardiac
wadne *n* heart
wadne joogsad *n* cardiac arrest

wado *n* road
wafdi *n* delegation
wajahid *v* face
waji *n* face, forehead
waji akhris *n* countenance
waji bi'in *v* deface
waji daboolid *v* masquerade
waji dadban *n* profile
waji dhaqa *iv* sink
waji kaduud *n* grimace
waji kuudadid *v* frown
waji qariye *n* mask
waji shareer *n* veil
waji shay midkood *n* facet
wajiga dhismo *n* frontage
wajiga ka faydid *v* unveil
wajiga saacadda *n* dial
wakaalad *n* agency
wakhasaynta *n* pollution
wakhti *n* time
wakhti cayiman *adj* due
wakhti ka dib *adv* afterwards
wakhti lahayn *adj* timeless
wakhti leh *adj* timely
wakhtiga *pre* during
wakhtiga firaaqada *n* pastime
wakhtiga la socda *adj* fashionable
wakhtigii la rabay *adv* duly
wakiil *n* agent, proxy
walaac *n* misgiving, suspense
walaacsan *adj* anxious

walaal n brother
walaalka n stepson
walaalnimo n brotherhood
walaalnimo adj fraternal
walaaltinimo adj brotherly
walaaq n agitator
walaaqid v stir
walaasha n sister, stepsister
walac iftiin n flash
walando n kite
walax n element, mass, matter, substance
walbahaar n distress
walbahaar leh adj distressing
walbahaarid v distress
walfada n pendulum
walhid v vacillate
wali n saint
wali ah c yet
waligeed adv forever, never
walwal n anxiety
walwal leh adj disturbing
wan n ram
wanaag n greatness, right, virtue
wanaagsan adj favorable, good, nice
wanaagsani n goodness
wanaajin v touch up
waqaf ah adj common
waqiici ah adj pragmatist
waqooyiga bari n northeast
waqti dheeraad ah adv overtime

waqti firaaqo n leisure
waqti gaaban adj brief
waqti lumin v loaf
waqti yar n moment
war n pool
war cad n statement
war celin n feedback
war celin v reply
war galin v inform
war qaade v snitch
war tiro adj talkative
war wareege n wanderer
war wareegid v whirl; roam
war wareegid meelo v wander
waraab n irrigation
waraabe n hyena
waraabin v irrigate, water
waraabow n syphilis
waraaq dirsad n postage
waraaq qabad n paperclip
waraaq wax lagu tiro n tissue
waraaqo shaqo n paperwork
waran n spear
warankiilo n bleach
waraysi n interview
warbaahin dhacdo soo bandhiga n documentary
warbixin v brief, report
warbixin gaaban n bulletin
warbixin kooban oo ku saabsan dhacdo xiiso leh n anecdote

wax ka oran

warbixis *n* report
wareeg *n* circle, rotation; detour
wareeg *v* cycle
wareeg dalxiis *n* tour
wareegsan *adj* circular, round
wareegto *n* memo
wareegyo *n* circulation
wareejin *v* spin, twist; delegate, transfer
wareejis *n* twist
wareejisan *adj* twisted
wareejiye *n* twister
wareemid *v* zap
wareera *adj* dizzy
wareerid *adv* berserk
wargays *n* newspaper
wargays qore *n* journalist
wariye *n* reporter
warqad *n* letter
warqad cadayn *n* voucher
warqad qoran *n* epistle
warqad sharci *n* patent
warqad sulbis *n* sandpaper
warqada codka *n* ballot
warqad-iib *n* sale slip
warqado-warbixin *n* dossier
warshad *n* factory, industry, mill
warshad *v* manufacture
warshad sifayn *n* refinery
warshad yar *n* workshop
warshadda maraakiibta *n* shipyard

warside yar *n* newsletter
warwareega *v* swivel
war-wareegid *v* hang around
wasaarad *n* ministry
wasakh *n* dirt, filth
wasakh ah *adj* impure, nasty
wasakh ka xoqid *v* scour
wasakh leh *adj* foul
wasakhayn *n* contamination
wasakhayn *v* defile, soil, stain
wasakhays mey *adj* soiled
wasakhaysan ama ah *adj* filthy
wasakhaysid *v* contaminate
wasakhle *adj* dirty
wasakhoobid *adj* tainted
wasiir *v* minister
wax *n* material
wax *adj* regal
wax aan la gaari karin *adj* inaccessible
wax aan la hubin *adj* contingent
wax aduunyo ah *adj* worldly
wax cad *adj* explicit
wax cadayn ah *adj* conclusive
wax cidna fahmi karin *adj* mysterious
wax dhici kara *n* contingency
wax duufsada *v* malign
wax garad ah *adj* shrewd
wax jilicsan ku dahaarid *v* pad
wax ka badalid *v* modify
wax ka oran *v* remark

wax ka sheegid *v* judge
wax ka sheegyo *n* remark
wax kala jeclayn *adj* amoral
wax kale *adv* else
wax kasta *pro* anything, everything
wax kasta *adj* whatever
wax la diiday *n* refuse
wax la hubo *adj* clear-cut
wax la rabo *adj* desirable
wax la ugaarsado *n* prey
wax la'aan *n* lack
wax laga arko *adj* transparent
wax laga tagay *adj* old-fashioned
wax maqal leh *adj* amenable
wax maqla *adj* receptive
wax markaas dhaca *adj* current
wax meel ku qorid *v* write down
wax qabad *n* act
wax qabasho *n* activity
wax qalaad ah *adj* exotic
wax qurxiya *adj* decorative
wax samayn *v* set about
wax shay bila *n* complement
wax soo saar *n* produce
wax soo saar leh *adj* productive
wax tar leh *adj* constructive
wax tilmaama *adj* descriptive
wax uun *pro* something
wax uun *adv* somewhat
wax wadaag *n* association, communion
wax wayn *adj* considerable
wax xiiso loo qabo *n* passion
wax yar ahaanta *n* scarcity
wax yar furan *adj* ajar
wax yeelayn *v* injure
waxa la soo saaro *n* product
waxa xun ee shay *n* drawback
waxaaga *pro* yours
waxaaga *adj* your
waxaan ku iri *adv* incidentally
waxashnimada *n* brutality
waxashnimo *n* barbarism, ferocity
waxayaga *pro* ours
waxayga *n* mine
waxayga *adj* my
waxba ma fahme *adj* dummy
waxbarad *n* learner
waxbarasho *n* learning
wax-barasho *n* tuition
wax-barasho la xiriira *adj* educational
waxbaratin *v* study
waxkasta oo la xirto *n* outfit
waxna *n* nothing
waxqabad *n* achievement
wax-qabad fiicni *n* efficiency
waxqabad wayn *n* triumph
waxshinimo ah *adj* brutal
waxsiin *v* dole out
waxtar aan leheyn *adj* ineffective

waxyaabaha cuntada lagu carfiyo *n* condiment
waxyaabaha cuntada lagu qurxiyo *n* garnish
waxyaabaha shay ama cunto ka kooban yahay *n* ingredient
waxyar socda *adj* fleeting
waxyeelayn *v* harm
waxyeelo *n* damage, danger, detriment, harm
waxyeelo *adj* pernicious
waxyeelo leh *adj* damaging, detrimental, dangerous, harmful
waxyeeloobid *v* damage
waxyi *n* prophecy
waydiin *v* ask
waydiis *n* invitation
waydiis leh *adj* demanding
waydiisad *v* appeal, demand, request
waydiisasho *n* demand, request
waydoobid *adj* emaciated
wayn *adj* magnificent, large; senior
wayn *n* adult
waynaadid *v* grow up
waynaan leh *adv* broadly
waynaansho *n* growth
waynayn *v* enlarge, magnify
waynayso *n* microscope
wayni *n* enlargement
wayni leh *adj* great
webi *n* river

weecad *v* veer
weecasho *n* aberration, deviation, diversion
weecin *v* divert
weedh *n* phrase, sentence
weel *n* container; utensil
weel dhaqe *n* dishwasher
weel dhoobo *n* ceramic
weeradid *v* attack
weerar *n* attack, raid
weerar ah *adj* offensive
weerar ba'aan *n* onslaught
weerar gaadmo *n* assault
weerare *n* attacker, raider
weerarid *v* assail
weeynayn *v* exalt
wehel *n* companion
wehel la'aan *adj* lonesome
wehel la'aan ah *adv* lonely
wehelin *n* escort
wehelin *v* accompany
wel wel *n* worry
welwelid *v* worry
werin *n* version
weyn *adj* big
wicid *v* phone, summon
wicid maxkamdeed *n* subpoena
wii xumaada *adj* worse
wiil *n* boy, lad, son
wiil abti *n* nephew
wiil soddoh *n* son-in-law
wiilka aayo *n* stepbrother

wiilka awoowe ama ayeeyo loo yahay *n* grandson
wiilnimo *n* boyhood
wiiqid *v* diminish, impair
wiiqlayn *v* squeak
wiiqmid *v* sap
wiish *n* crane, elevator
wixiina *pro* yours
wixiisa *pro* his
wiyil *n* rhinoceros
woqooyi *n* north
woqooyiga *adj* northern

xaabo *n* firewood
xaabo sii ifaysa *n* embers
xaad *adj* hairy
xaafiis *n* office
xaafiis khaas ah *n* burger
xaafiis madaxtooyo *n* presidency
xaaji *n* pilgrim
xaakim *n* ruler
xaakim hoose *n* magistrate
xaalad *n* case, situation, predicament; condition, prerequisite; mood
xaalad *n* state
xaalad adag *adj* dire
xaalad dagan *adj* standstill
xaalad degdega *adj* critical
xaalada *n* status
xaalada og *adj* oriented
xaaladayn qorshe *n* scenario
xaanshi *n* paper
xaanshi cadayneed *n* receipt
xaaqid *iv* sweep
xaaqin *n* broom
xaarxaarin *v* scold
xaas *n* family, spouse
xaashi *n* sheet
xaasid ah *adj* inhuman
xaasidnimo *n* envy
xaaxeeyo *n* snail
xabaal *n* grave, tomb
xabaalid *v* bury
xabaalo *n* cemetery, graveyard
xabad *n* bullet
xabad ku ridid *v* gun down
xabad rid *n* gunfire
xabad ridid *v* fire
xabadayn qof *v* shoot down
xabadka *n* bosom
xabag *n* gum, glue
xabag-barsheed *n* beehive
xabbad joojis *n* armistice, cease-fire
xabeebsaday *adj* hoarse
xabeebsan *adj* husky
xabiib *adj* darling

xalin

xabisid *v* arrest, imprison, incarcerate
xabka cad ee ukun *n* egg white
xabkayn *v* glue
xabsi *n* jail, prison
xabsi ilaashe *n* jailer
xabxab *n* watermelon
xad *n* confinement, limit
xad balaaran *n* scope
xad dhaaf *n* intruder
xad dhaaf ah *adj* superfluous, undue
xad gudub *n* intrusion
xad gudub sameeya *adj* delinquent
xad gudub yar *n* misdemeanor
xad lahaansho *v* bound
xadadid *v* limit
xadayn *v* restrict
xad-dhaaf *n* extravagance
xadid *n* heist
xadid *v* pilfer, steal
xadidis *n* parameters
xadidnaanta *n* limitation
xadiga daawo *n* dosage
xadiga u yar *n* minimum
xadka hawada *n* airspace
xadkaad qaadasho daawo *n* overdose
xafidaad *n* upkeep
xafidid *n* conserve
xafidyo *n* conservation
xafiis dawladeed *n* bureau
xafiiska canshuurta *n* customs
xafiiska tikidhyada iibiyo *n* box office
xaflad *n* party; sacrament
xaflad diineed *n* rite
xaflad guur *n* wedding
xaflad meher *n* matrimony
xag jire *adj* extremist
xaga *pre* towards
xaga bari *adj* eastbound
xaga samada ah *adj* heavenly
xaga sare u jeeda *adv* upwards
xagaa *n* summer
xagaa barkeeda *n* midsummer
xagaas *adv* there
xagal *n* angle
xagatin *n* graze
xagee *adv* where
xagsan *adj* secure
xagtin *n* scratch
xajaar *n* battery
xajiino *n* allergy
xajiye *n* linchpin
xajmi leh *adj* thick
xajmiyayn *v* thicken
xakamayn *v* curb, rein
xakame *n* rein
xal *n* solution
xal gaaryo *n* breakthrough
xalay *adv* last night
xalin *v* figure out, solve

xalin dhibaato v tackle
xamaad leh adj ardent
xamaarato n reptile
xamaasad n enthusiasm, zeal, ovation
xamaasad leh adj fervent
xamaasadaysan adj zealous
xamagayn v paste
xamatin v gossip
xambaarsan cudur n infection
xambaarsanid v contain
xamdi n praise
xammeeti n gall bladder
xamsa n apostrophe
xamuul n consignment
xan n gossip
xan dhegaysi badan adj nosy
xan xantayn v tickle
xanaanayn v handle, nurture
xanaaneeye n caretaker
xanaano n care
xanaano leh adj caring
xanaaq n anger, rage, wrath
xanaaq n ferment
xanaaq badan adj grumpy
xanaaq ka bi'in v appeasement
xanaaq leh adj irritating
xanaaq rabsho leh n furor
xanaaqa adj angry
xanaaq-badan adj edgy
xanaaqi og adj nervous
xanaaqsan adj disgruntled

xanaf leh adj coarse
xanfar n tempest
xanib n barrier, obstacle
xanibaad n constraint
xanibid v hinder, clog, inhibit, thwart
xanibid n blockade
xanibyo v blockade
xanjafin v switch
xanjo n bubble gum
xannaaneeye carruur n nanny
xannib n obstruction
xannuunka kala goysyada jirka n arthritis
xanuujin iv hurt
xanuun n ache, ailment, illness, pain, pang
xanuun aad u-daran adj excruciating
xanuun badeed adj seasick
xanuun daran leh adj harrowing
xanuun hayo adj painful
xanuun joojiye n painkiller
xanuun la'aan adj painless
xanuun leh adj hurtful, stinging
xanuuna adj sore
xanxanto n tickle
xanxanto leh adj ticklish
xaq ah adj fair
xaq u leh adj eligible
xaqbixin v compensate
xaqiijin v affirm, assure, attest, confirm, validate

xataa haddii

xaqiijin shay *v* authenticate
xaqiiq *n* detail
xaqiiqo *n* evidence, circumstance
xaqiraad *n* contempt, snub
xaqiraad *adj* derogatory
xaqiraad ah *n* scornful
xaqiran *adj* downtrodden
xaqirid *v* condescend, scorn
xaquuq *n* prerogative, privilege
xaraash *n* auction
xaraashid *v* auction
xaraashle *n* auctioneer
xaraf *n* character, letter
xaraf qorix *v* type
xaraf wayn *n* capital letter
xaraf xaraf ugu soo celin *adv* verbatim
xarafka magac ka bilowdo *n* initials
xarar *n* embroidery, engraving
xardhid *v* emboss
xarfayn *v* codify
xarig *n* rope
xarig *n* cord
xarig kabeed *n* shoelace
xarig lahayn *adj* cordless
xarig yar *n* string, lace
xariif *n* prodigy
xariif ah *adj* clever
xariifa *adj* astute
xariiq *n* outline
xariiq xeebeed *n* coastline

xariiqin *n* line
xariir *n* silk
xarrago leh *adj* elegant
xarun *n* headquarters
xarun koronto *n* circuit
xarunta agoonta *n* orphanage
xarunta dawladda hoose *n* town hall
xaruuri ah *adj* cranky
xasaasiyad *n* allergy
xasaasiyad u leh *adj* allergic
xasdid *v* envy
xashiish *n* hashish
xasilid *v* settle down
xasillooni *n* stability
xasilnaanta *n* tranquility
xasiloonaan *adj* serene
xasilooni la'aan *n* instability
xassilan *adj* low-key
xasuuq *n* carnage, genocide, massacre
xasuuqyo *n* butchery
xasuus *n* memory
xasuus qor *n* diary
xasuusad *v* memorize, recall, remember
xasuusan karo *adj* memorable
xasuusasho *n* remembrance
xasuus-guuryo *n* amnesia
xasuusin *v* evoke, remind
xataa *adj* even
xataa haddii *c* even if

xatooyo *n* larceny
xawaare *n* velocity
xawaareyn *v* accelerate
xawli sare leh *adj* express
xayawaan kudid *n* bestiality
xayaysiin *v* advertise
xayaysiis *n* advertising
xayeeysiin *n* publicity
xayiraad *n* impediment
xayirid *v* intern
xayirmid *n* jam, hold-up
xayr *n* fat, grease
xayr doofaar *n* lard
xayr leh *adj* fat
xayrayn *v* grease, lubricate
xeeb *n* beach, coast, shore
xeeb badeed *n* seashore
xeeb webi *n* bank
xeeb yar *n* cove
xeebta bada *adv* ashore
xeel *n* ploy, strategy
xeelad *n* tactics
xeelad dagaal ah *adj* tactical
xeelad wanaag leh *adj* tactful
xeelad wax loo xaliyo *n* tact
xeelad-badni *adj* cunning
xeer *n* act, charter, rule
xeer la aqbali karo *n* conformity
xeer la xaaro *n* guidelines
xeero *n* disk
xero *n* camp, enclosure
xero ciidan *n* garrison

xero fardood *n* stable
xiddika lagu shubo *adj* intravenous
xidhmo dun *n* yarn
xidid *n* in-laws; root, vein
xidid siibid *v* uproot
xidig *n* star
xidiginta *adj* astronomic
xidigis *n* astrology
xidigiye *n* astronomer
xiga gudaha *adj* inward
xigasho *n* excerpt, quotation
xigatin *v* quote
xiiqlayn *v* wheeze
xiirid *v* shave, shear
xiisa badan *n* climax
xiisa badan *adj* riveting
xiisa galin *v* excite
xiisa leh *adj* climatic, interesting, rousing
xiisad *n* tension
xiisayn *n* enjoyment
xiise gelin *n* intrigue
xiise leh *adj* enjoyable, intriguing
xiiseeya quruxda *adj* aesthetic
xiisid *v* enjoy
xiiso *n* appeal, excitement, ardor
xiiso galin *v* fascinate
xiiso keena *adj* compelling
xiiso lahayn *adj* dull, disinterested
xiiso leh *adj* entertaining, exciting, revealing
xiiso u dhihid *v* enthuse

xishooda

xil ku dambeeye *n* precursor
xil la wareege *n* successor
xildhibaan *n* senator
xilhaye hore *n* predecessor
xili *n* season
xili xukun boqor jiray *n* reign
xilli *n* period
xilqaadis *n* commitment
xilqad *n* earring
xinjiroow *n* coagulation
xinjirow *n* clot
xiqdi *n* malice
xiqdi lagu sameeyey *n* malignancy
xiqdi leh *adj* malignant
xiran *adj* closed
xirasho *n* captivity; wear
xiratin *iv* wear
xirfad *n* career, profession, skill, vocation
xirfad ciyaareed leh *adj* athletic
xirfad ku dhalasho *n* aptitude
xirfad la'aanta *n* incompetence
xirfad leh *adj* artistic, skillful, versed
xirfado badan *adj* versatile
xirid *n* blockage
xirid *v* detain, jail, apprehend; obstruct, clog; shut, shut off, seal, close, slam; tie, fasten
xirii dhow *n* affiliation
xiriir *v* affiliate
xiriir *n* terms
xiriir ganacsi *n* dealings
xiriir ganacsi leh *adj* commercial
xiriir hawleed *n* process
xiriir leh *adj* related
xiriira *adj* continuous
xiriiriye *n* announcer
xiriiriye koronto *n* adapter
xiriirsanaansho *n* continuity
xiriiryo *n* relationship
xiris *n* arrest, capture, detention
xirmo *n* bale, bundle, pack, package, set
xirmo ubax *n* wreath
xirmo wareegsan *n* garland
xiryo *n* closure
xis *n* consciousness
xis la'aan ah *adj* senseless
xisaab *n* math
xisaab is le'eg *n* equation
xisaab jajab ah *n* fraction
xisaab jajabka *n* denominator
xisaabid *v* calculate
xisaabiye *n* accountant; calculator
xisaabta aljebra *n* algebra
xisaabyo *n* calculation
xisbi *n* party
xishmad muujin *n* tribute
xishood *n* blush; modesty
xishood li'i *n* audacity
xishooda *adj* bashful

xishoodka *n* shyness
xishoodsiin *v* embarrass
xog *n* statistic, information, news
xog bixiye *n* informer
xog celis *n* feedback
xog lagu diro baaq *n* telegram
xog qorid yar *n* footnote
xog raadin *v* consult
xog waran *n* briefing
xog waraysi arimeed *v* debrief
xog yar *n* inkling
xoghayn *n* secretary
xoog *v* exert
xoog *n* zest
xoog ku hayn *v* grip
xoog ku joojin *v* quell
xoog ku joojin *adj* stifling
xoog leh *adj* strenuous; strong; violent
xoog saaryo *n* emphasis
xoog sheegad *adj* brute
xoog uga bixin *v* dislodge
xoog yar *adj* feeble
xoogaa *n* batch
xoogaa *adj* minor, paltry; some
xoogaa waqti ah *c* while
xoogaa yar *adj* few
xoogan *adj* sturdy
xoogayn *v* beef up
xooggan *adj* robust
xoon *n* wasp
xoor *n* foam

xoorid *v* discard, scrap
xooryo *n* disposal
xoqado *n* tonsil
xoqid *v* scrape, scratch, scrub
xor *n* autonomy
xor ah *adj* autonomous, independent, free
xorayn *v* free, liberate
xoraynta *n* liberation
xoriyada *n* liberty
xoriyo *n* freedom, independence
xubin *n* joint
xubin goyn *n* amputation
xubin jar *v* amputate
xubuub *n* cereal
xudun *n* navel
xuduud *n* border, frontier
xugun *n* blast
xujayn *n* ordeal
xujo *n* puzzle
xuku xirid quful *n* padlock
xukumid *v* control, govern, reign, rule, dominate, sentence
xukun *n* control; judgment; throne
xukun boqoradeed *adj* sovereign
xukun fadhiisi *v* preside
xukun kali haysi *adj* dictatorial
xukun kali talisah *adj* totalitarian
xulafo *n* ally
xulasho *n* selection
xulufooba *adj* allied

xumaan *n* spite
xumaan leh *n* pomposity
xumaan leh *adj* spiteful
xumaan rajayn *n* pessimism
xumaansho leh *n* displeasure
xumaato *adj* infamous
xumad *n* fever
xumadi hayso *adj* feverish
xumayn *v* disfigure, snub
xun *adj* bad
xun *n* negative
xunbo *n* bubble, lather
xundhur *n* navel, belly button
xuquuqda daabacaadda *n* copyright
xuquuqda woodida *n* franchise
xuquuqsiin *v* emancipate
xurmayn *v* venerate
xurmo daro *n* disrespect
xurmo daro leh *adj* disrespectful
xuruufo *n* code
xus *adj* noteworthy
xushma darro *n* indecency
xushmad *n* decency
xushmayn *v* esteem
xushmo *n* courtesy, honor
xusid *adj* remarkable
xusul *n* elbow
xusuus ah *n* relic
xusuus maskaxda ku soo noqnoqota *v* haunt
xusuus qolaareed *n* memoirs
xusuus qor *n* notebook
xuub *n* membrane
xuub caaro *n* cobweb, spider web, web
xuubka dhegta *n* eardrum
xuuraansad *v* bug

yaab *n* amazement, marvel, surprise, wonder
yaab leh *adj* queer, peculiar, shocking, strange, weird; amazing, astounding, fabulous, wonderful
yaabid *v* astonish, shock
yaabiso *n* oddity
yaanyo *n* tomato
yaasmiin *n* jasmine
yaayakhsi *v* appall
yaayakhsi *n* revulsion
yaayakhsi leh *adj* appalling, revolting
yab qamid *v* slur
yabaal ah *adj* choosy
yabooh *n* pledge
yaboohyo *n* bid
yaqiinsan *adj* aware

yaqiinsanaan *n* awareness
yar *adj* little, petite, small, tiny, petty
yara xanuunsan *adj* indisposed
yaraaday *v* decrease
yaraan *adj* youthful
yaraansho *n* decrease, shortage
yaraanta *n* pettiness
yaraatin *v* lessen
yarayn *v* diminish, cut down, downsize, minimize, reduce; drop off; alleviate; contract
yasid *v* condescend, belittle, look down; despise
yasid leh *adj* demeaning

yaxaas *n* crocodile
yaxaas ka u eg *n* alligator
yeeke *n* ace
yeela *adj* affirmative
yeelad duub duub *v* wrinkle
yeelid *adv* okay
yeelid *v* consent, let, settle for
yeelis *n* acceptance
yeelo *v* acquire
yeerid *v* call on
yeerin *v* call; dictate
yool *n* target
Yuhuud *n* Jew
Yuhuudi ah *adj* Jewish
Yurub u dhashay *adj* European

www.BilingualDictionaries.com

Please visit us online to:

- Download Current Catalogs
- View Samples of Products
- Shop Online
- View Company Information
- Contact Us